식민지 극장의 연기된 모더니티

지은이 **이상우**(李相雨, Lee, Sang-Woo)는 고려대학교 국어국문학과와 동 대학원을 졸업하고, 문학박사를 받았다. 영남대학교 국어국문학과 교수(1996~2007)와 컬럼비아대학교 동아시아언어와 문화학과 방문교수(2002~2003)를 역임하였다. 현재, 고려대학교 국어국문학과 교수로 재직하고 있다.
저서로 『유치진 연구』, 『홍해성연극론전집』(공편), 『우리 연극 100년』(공저), 『근대극의 풍경』, 『연극 속의 세상읽기』, 『세기말의 이피게니아』, 『연극의 즐거움』(공역) 등이 있다.

식민지 극장의 연기된 모더니티

초판 인쇄 2010년 10월 10일 **초판 발행** 2010년 10월 20일
지은이 이상우 **펴낸이** 박성모 **펴낸곳** 소명출판 **출판등록** 제13-522호
주소 서울시 서초구 서초동 1621-18 란빌딩 1층
전화 02-585-7840 **팩스** 02-585-7848 **전자우편** somyong@korea.com
값 23,000원

ISBN 978-89-5626-502-5 93810

식민지 극장의 연기된 모더니티

The Performed Modernity in Colonial Korean Theaters

이상우

소명출판

책머리에

이 책의 제목을 '식민지 극장의 연기된 모더니티'라고 붙여보았다. 여기에는 식민지 조선의 극장에서 이루어진 공연들이 하나의 기획된 근대적 구성물이라는 관점이 내포되어 있다. 이 책에서는 1930～40년대, 즉 식민지 후반기의 극장 공연작품들에 관해 주로 다루었는데, 이러한 작품들에 나타난 문화사적 맥락과 미시정치학의 의미를 분석하는 데 초점을 맞추었다. 이 책의 1부는 식민지 극장에서 연기된 동양주의에 관해, 그리고 2부는 식민지 극장에서 연기된 젠더, 아동, 국민 담론에 관해 다루었다.

1부에 실린 논문 5편에서 식민지 조선의 극장에 동양담론이 어떻게 스며들고 내면화되는지에 대해 보여주고자 했다. 1920년대 경성제국대학의 설립을 계기로 비로소 조선 연극학이 성립되는데, 이는 경성제대의 설립이념인 동양학(東洋學)이라는 맥락과 분리되기 어렵다. 식민지 조선에서 학문으로서의 연극은 동양학(동양 연구)의 일환으로서 성립되는 것이다. 1930～40년대의 식민지 극장은 의식적으로 조선적인 것, 동양적인 것을 연기하고자 하였다. 이때 조선적인 것은 제국의 지방으로서 이국적인 것이기에 그 가치를 인정받을 수 있었다. 그럼에도 불구하고 당시 연극계 지식인들은 제국으로 통합을 원하는 한편 민족주의적 욕망을 충족시킬 수 있는 조선적인 것의 추구에 집착하였다. 당시 전통, 역사(과거), 고전의 이야기가 식민지 극장에 소환되었던 것은 이러한 맥락에서라고 할 수 있다. 즉, 조선적인 것의 지향은 표면적으로는 과거적인 지향으로 보이지만 실제로는 민족주의적 욕망과 제국 국민으로의 통합 욕망이 내면화된 것이라고 할 수 있다. 그것은 전근대로 포장된 근대주의적 욕망의 표상이었다. 그러한 이유에서 식민지 극장에서의 동양 표상은 결국 연기된 모더니티의 양상인 셈이다.

식민지 말기 대동아공영권 질서 하에서 무대 위에서 연기된 대동아(大東亞), 혹은 만주, 대륙이라는 심상지리적 표상 또한 근대주의적 욕망의 표현임은 두말할 나위도 없다. 만주라는 이상향의 동경과 대동아라는 심상지리적 환상은 영토 확장주의, 제국주의적 팽창 욕망의 표현일 뿐 아니라 그 사상적 근저에는 반서양주의라는 옥시덴탈리즘, 백인을 적대시하거나 동양 내의 인종, 종족적 위계질서를 내포하는 인종, 종족주의가 존재하는 것이다. 이는 서양의 오리엔탈리즘, 백인 우월의 인종주의와 외견상 다른 모습처럼 보이지만 본질적으로는 표리부동한 대체 모더니티의 욕망에 지나지 않는다.

2부에서는 식민지 극장에서 연기된 여성, 아동, 국민 담론의 양상과 의미를 다루었다. 극장에서 근대적 젠더의식은 입센의 '노라이즘' 표상을 통해 단적으로 표현되었다. 식민지 조선의 극장에서도 예외는 아니어서 입센의 노라 3부작이 소개되었고, 주요 극작가들은 자신의 창작극에서 조선적으로 변주된 노라의 형상을 창조하였다. 근대 국민국가의 이상은 대체로 소년, 청년의 표상을 통해 표현되었다. 중일전쟁 이전까지 식민지 극장에서 연기된 소년 표상은 대체로 어른의 폭력에 의한 희생자로 표현되었지만, 1930년대 후반 이후로 접어들면 소년, 청년 표상은 국민국가의 미래 전망을 담지한 이상적 존재로 그려지게 된다. 이는 여성 국민 표상의 경우도 예외가 아니다. 소년, 여성과 같은 사회적 약자의 표상이 국민국가의 이상적 국민 만들기라는 모더니티의 기획에 좋은 소재로 활용되었음을 알 수 있다. 소년과 여성이라는 약자까지 이상적 국민의 형상으로 탈바꿈시키는 식민지 극장의 모더니티 기획이야말로 드라마틱한 것의 호출이 아니면 안 되었다. 마초적 남성주의의 편견이 지배하는 사회에서 소년, 여성이 이상적 국민으로 거듭나는 서사는 눈물 없이 볼 수 없는 절절한 드라마가 되었다. 때문에 식민지 극장에서 연기된 소년, 여성의 담론은 자연스럽게 멜로드라마의 서사와 접목되었다. 이 역시 식민지 조선 극장이 만들어낸 모더니티의 특수한 현실이었다.

『근대극의 풍경』 이후 6년 만에 다시 연구서를 출간하게 되었다. 그동안 적지 않은 세월이 흘렀다. 개인 신상에도 많은 변화가 있었다. 대구에서 서울로 삶의 터전을 옮기고 새 직장에서 새로운 동료, 학생들을 만나고 새로운 환경에 적응하느라 분주한 날들을 보냈다. 그러한 와중에 이루어진 연구결과물들이 이 책으로 묶이게 되었다.

이 책은 2005년부터 최근까지 쓴 논문들을 모은 것이다. 이 논문들에 나타난 문제의식들은 대체로 2000년대 초반, 영남대 국문과 대학원 수업에서 학생들과 더불어 공부하면서 싹트기 시작한 것이다. 나와 학생들은 매번 대학원 수업 때마다 새로운 주제를 함께 공부하면서 이를 통해 한국 근대문학과 근대극을 읽는 방법에 관해 탐구했다. 많은 학생들이 뜨거운 학구열로 호응해주었던 덕분에 이러한 시도가 여러 해 동안 지속될 수 있었다. 그리고 이러한 노력은 2002년 여름부터 1년간 컬럼비아대학에서 보낸 방문교수(visiting scholar) 시절에 한 걸음 더 진전되었다. 켄트홀 도서관 서고에서, 혹은 래버린스(labyrinth)서점에서 새로 나온 논문이나 단행본 서적들을 읽으면서 앞으로 무엇을 어떻게 공부해야 하는지에 대해 모색할 수 있었다. 그밖에 대학원 강의실에서 만난 젊은 학생들과의 대화에서, 그리고 웨스트사이드 교수 아파트에서 이루어진 동아시아학 학자들과의 만남에서 학문적 자극을 얻을 수 있었다. 암스텔담 애버뉴의 펍에서 생맥주를 마시면서 이루어진 토론과 대화들 또한 헛된 것이 아니었음을 잘 알고 있다.

오늘날 세상은 빠르게 변해가고 있다. 그러나 한 사람의 인문학자로서 세상이 빠르게 변하면 변할수록 사람의 가치가 더 중요하게 여겨져야 한다고 믿고 있다. 앞으로도 사람의 가치를 존중하는 인문학의 관점에서 근대의 극장 문화를 읽고 분석하는 날카로운 예지의 시선을 갖고 싶다.

채산성 없는 책의 출판을 기꺼이 맡아주신 소명출판의 박성모 사장님, 그리고 편집 작업에 애써주신 공홍 부장님과 편집부 직원 여러분의 노고에 감사의 마음을 전한다.

2010년 6월 안암골 연구실에서

이상우

차례

식민지 극장의 전시된 만주 표상들

극작가들, 동양(東洋)을 향해 가다

2부 근대극과 젠더, 아동, 국민

근대계몽기의 연극개량론과 서사문학에 나타난 국민국가 인식

1부

근대극과 제국/식민, 그리고 동양

한 식민지 국문학자가 마주친 '동양 연구'의 길

표상으로서의 망국사 이야기

심상지리로서의 대동아(大東亞)

식민지 극장의 전시된 만주 표상들

극작가들, 동양(東洋)을 향해 가다

한 식민지 국문학자가 마주친 '동양 연구'의 길

김재철론

1. 국문학 개척자로서의 김재철

노정(蘆汀) 김재철(金在喆, 1907~1933)은 27세의 젊은 나이에 요절한 한국 국문학 연구의 개척자이다. 그는 생애 유일한 저서인 『조선연극사』(1933)를 저술하여 조윤제(趙潤濟)의 『조선시가사강』(1937), 김태준(金台俊)의 『조선소설사』(1933)와 더불어 시, 소설, 극(연극)이라는 3대 장르 문학사의 구도를 완성함으로써 한국 국문학 연구의 체계를 확립하는 데 크게 공헌하였다. 『조선연극사』는 그가 경성제국대학 문학부의 학사학위취득 논문으로 제출한 「조선고대연극의 개관(朝鮮古代演劇の槪觀)」을 수정, 보완한 것이었다. 그는 연극사 연구 이외에도 민요와 국어학 연구에도 관심을 가져 여러 편의 글을 남기기도 하였다. 그가 남긴 저술 목록은 다음과 같다.

「민요 아리랑에 대하여」, 『조선일보』, 1930.7.11~16

「방랑시인 김삿갓」, 『동아일보』, 1930.12.10~16

「조선연극사」, 『동아일보』, 1931.4.15~7.17

「외사(外使)와 조선연극」, 『조선어문학회보』 제1호, 1931.7

「조선민요만담」, 『신흥』 제5호, 1931.7

「아리랑과 세태」, 『조선어문학회보』 제2호, 1931.10

「술과 문학자」, 『조선어문학회보』 제3호, 1932.2

「Palatalization(구개음화)에 대하여」, 『조선어문학회보』 제4호, 1932.4

「조선어화와 조선어」, 『조선어문학회보』 제5호, 1932.9

「조선인형극 꼭두각시」, 『동광』 제39호, 1932.11

「조선 프롤레타리아 연극의 전조」, 『신흥』 제6호, 1932.12

『조선연극사』(조선어문학회총서), 한성도서주식회사, 1933.5(1939년 학예사 재간행)

이 밖에 미간행 원고로 「프롤레타리아 연극의 국제적 결성」, 희곡 〈국경〉, 〈이혼〉, 〈셋방살이와 메이데이〉, 〈R군에게〉, 〈양철집〉, 〈쓸데없는 걱정〉 등의 저술 목록이 전하는데[1] 원고의 실체를 확인할 길이 없다. 그러나 최근에 그의 서거를 기리는 기념문집 『노정기념첩』(1938)과 더불어 유고 시 「종로」, 「바다의 아침」, 「과거다」, 「월광의 곡」, 「서울광진곡」, 「시골광진곡」, 「보따리타령」(이상 1929), 「봄은

1) 「노정김재철군서거」, 『조선어문학회보』 제6호, 1933.2, 1면.

왔다」(1928), 시조 「님이여」(1929), 「이른 봄」(1929), 일어(日語)시 「春は來れど」(1928), 산문 「잡념일속(雜念一束)」 등이 발굴, 소개되어 그가 국문학 연구뿐만 아니라 시와 희곡의 창작에도 몰두했음을 알게 해준다.[2] 그의 저술 가운데에서도 단연 대표 저술로 꼽히는 『조선연극사』는 그의 사망 직후에 대학 동창들의 손에 의해 출간되었다. 그러니까 그의 저술 활동 기간은 시를 습작하던 1929년부터 계산해도 1933년 2월 사망할 때까지 불과 4년이 채 되지 않는다. 그럼에도 불구하고 그는 조윤제, 이희승, 김태준, 이숭녕 등과 함께 이 땅에서 한국 국문학 연구가 성립되는 데 기여한 핵심 인물로 손꼽힌다. 국문학의 개척자로서 그의 확고한 위상에 비해 오히려 그는 상대적으로 세상에 널리 알려지지 못한 셈이라고 할 수 있다.

그 이유는 간단하다. 첫째, 너무도 일찍 세상을 떠났다는 것. 둘째, 연구 대상이 극문학(연극)이라는 주변장르라는 것. 첫 번째 이유에는 더 이상의 설명이 필요 없을 것이다. 그는 조선어문학회와 경성제대 문학과 출신 동료들의 뜨거운 애도 속에 세상을 떠났다. 그가 경성제대 문학과 출신들이 결성한 조선어문학회에서 학회보의 편집과 발행인을 맡은 학회의 핵심인물이었기 때문일 것이다. 김재철이 병마 끝에 세상을 뜨자 그의 동료들은 『조선어문학회보』 제6호를 아예 '고 노정 추도호'로 꾸며 주었다. 제6호 추도호에는 조선어문학회 대표 이재욱의 조사(弔辭)를 비롯해 조윤제, 이희승, 이숭녕, 방종현, 신남철 등 경성제대 문학과 동료들의 절절한 애도가와 추모사가 가득

2) 2003년 민속학자 심우성에 의해 김재철의 『조선연극사』(동문선, 2003)가 재간행되었는데, 이 책의 부록으로 『노정기념첩』과 김재철의 유고가 수록되어 있다.

채워져 있다. 그럼에도 불구하고 그는 세월이 지남에 따라 동료 국문학자들 사이에서 점차 잊혀갔다. 요절로 인해 많은 연구 업적물을 남기지 못한 것도 한 이유가 되었을 것이다.

두 번째 이유도 사실 그의 요절과 무관하지 않다. 해방 이후 월북하지 않고 남한에 남은 경성제대 문학과 조선어문학 전공 출신들은 대체로 해방 이후 한국 국어국문학계의 태두가 되었다. 국어학 분야의 이희승과 이숭녕, 김형규, 그리고 국문학 분야의 조윤제와 구자균, 김사엽 등이 그 대표적 인물들이다. 이들에 의해 국어국문학 분과학문의 편제가 짜이고 이에 따라 대학 국어국문학과의 교과과정이 만들어지고 후속 연구자가 양성되었던 것이다. 반면 극문학의 영역을 처음 개척한 김재철의 죽음과 더불어 국문학의 분과 학문으로서 극문학의 자리는 오랫동안 실종되고 말았던 것이다.

오랜 세월이 지난 후 국문학계에 희곡연구가 활발해지면서 국문학자 김재철의 귀환도 이루어졌다. 가장 상징적 사건이 한국의 대표적 극문학 연구모임인 한국극예술학회가 2000년 무렵에 '노정(蘆汀) 학술상'을 제정한 것이라고 할 수 있다. 이를 전후하여 최근 몇 년 사이 김재철에 대한 주목할 만한 학문적 연구 성과들이 배출되기도 했다.[3] 이 연구들은 주로 대표 저술인 『조선연극사』에 집중되었다. 정형호와 서연호의 연구는 김재철의 생애와 연극사 연구의 성과를 개괄적으로 평가하는 데 초점이 맞추어져 있어서 총론적 성격이 강하

---

3) 정형호, 「김재철의 『조선연극사』 연구」, 『한국민속학』 제28호, 1996; 서연호, 「김재철, 연극사 탐구로 이룬 우리문화 찾기」, 『우리시대의 연극인』, 2001; 김윤정, 「김재철의 『조선연극사』를 통해본 근대적 '연극'개념의 학문적 성립과정 고찰」, 『한국극예술연구』 제18집, 2003; 윤진현, 「김재철과 『조선연극사』」, 『민족문학사연구』 제32호, 2006.

다. 반면 김윤정과 윤진현의 연구는 보다 세부적인 부분에 관심을 기울이고 있다. 김윤정은 김재철의 연극사 서술 태도에 나타난 근대적 연극관의 문제에 주목하였고, 윤진현은 총론적 서술에 기반을 두면서도 특히 김재철의 연구방법이 식민지 관학의 실증주의 태도를 넘어서고 있음을 강조하였다. 네 연구자의 연구 성과를 통해 이제 김재철 연구도 상당한 수준에 도달하였다고 판단된다.

이 글은 앞선 연구 성과들을 수렴하면서 그것과는 다른 시각에서 김재철에 대해 접근해야 하는 부담을 안게 되었다. 한 권의 저서와 몇 편 되지 않는 짤막한 글을 남긴 데 불과한 식민지시대의 국문학자에 대한 연구가 이제까지 많이 이루어지지 못한 데도 아주 이유가 없는 것은 아니다. 남긴 연구업적물의 양이 너무 적은 것이 문제다. 최근에 『노정기념첩』이 발견된 이후 이루어진 연구결과들은 김재철과 그의 연극사에 대해 상당한 수준의 논의를 전개하였다. 이러한 여건 속에서 이 글은 김재철의 연극사 연구를 세세히 분석하고 평가하는 대신에 한 식민지 문학 연구자가 당대의 최고 학부인 경성제국대학이라는 연구 환경을 접하면서 제국의 학문체계에서 무엇을 수용하고 또 어떻게 반응하였으며, 어느 지점에서 자신의 주체적인 국문학 연구체계를 형성해나가는가에 대해 초점을 맞추어 새로운 논의를 보태고자 한다.

2. 김재철과 경성제국대학 '동양 연구'라는 오리엔탈리즘의 안과 밖

김재철은 1907년 8월 충북 괴산에서 안동 김씨 김사원(金思元)과 신씨 사이의 2남 1녀 중 장자로 출생했다. 어려서부터 천자(千字), 당시(唐詩), 통감(通鑑), 사자서(四子書) 등을 읽으며 한학(漢學)을 공부하였는데 7살에 한시를 지을 만큼 총명했다고 한다. 12세의 늦은 나이에 괴산공립보통학교 2학년에 편입하여 비로소 신학문을 접하게 되었다. 1921년 졸업과 더불어 경성제일고보(현 경기고등학교)에 입학하게 되는데, 이 무렵 그의 가족들은 모두 서울 계동으로 이사하게 된다. 그는 이미 경성제일고보 시절에 시인이 될 뜻을 품고 시를 써서 『중외일보』에 발표하고 동서양 시인의 명시들을 닥치는 대로 독파하였다고 한다.[4] 문학에 대한 열정이 이미 어린 시절부터 싹트고 있었음을 말해준다. 경성제일고보를 마치고 1926년에 당대 최고 학부인 경성제국대학 예과에 입학하였고, 2년 후 본과에 진입하여 문학과를 지망하고 '조선문학'을 자신의 전공으로 삼게 된다.

그 당시 '조선문학' 전공 학생으로는 경성제대 입학 1회의 조윤제와 2회의 이희승이 있었고, 3회로는 김재철과 이재욱, 그리고 그 밑으로는 방종현(5회), 이숭녕(5회), 고정옥(6회), 윤응선(7회), 구자균(8회), 김형규(8회) 등이 있었다. 비록 '지나문학(중문학)'과 일본문학 전공으로 입학했지만 조선문학으로 전공을 바꾼 김태준(3회)과 서두수(2회)도 이 범주에 포함시킬 수 있을 것이다. 그 밖에 김재철의 문과 3회 동기생으로 최재서(영문), 신남철(철학) 등이 있었다. 이 가운데 김재철은 특

4) 김태준, 「고 노정선생 소전(故蘆汀先生小傳)」, 『노정기념첩』, 한성도서주식회사, 1938, 3면.

히 '지나문학' 전공이었던 천태산인(天台山人) 김태준과 각별한 우정을 나누었다. 다카하시 교수로부터 '풍류남아(風流男兒)'로, 이희승으로부터 '선풍아(旋風兒)'로 불렸던 쾌활한 성격의 김재철이 내성적인 성격의 김태준과 단짝이 되었던 데는 '한학(漢學)'이라는 공통분모가 있었기 때문이 아니었나 생각된다. 김재철이 7세에 한시를 줄줄 썼을 만큼 한문에 능통했듯이 김태준의 한문 실력도 매우 뛰어났다고 한다.

경성제국대학 재학시절의 김재철

3회 입학의 이변은 이리농림학교에서 김태준(문과B)을 배출한 일이었다. 당시로서는 인문학교에서도 경성제대 입학이 쉽지 않던 터에 실업학교에서 합격자를 냈으니 모두 깜짝 놀랄 수밖에 없었다. 김태준의 뛰어난 실력은 한문이었다. 그는 평소에 말이 없고 한문으로 시도 쓰고 편지도 썼다.

예과의 한문선생 다카다[高田眞治]는 자기보다 나은 그의 실력을 인정, 수업시간에 막히는 문제가 있으면 "김태준 선생, 어떻게 좀 해주오" 하고 도움을 청했다.[5)]

5) 이충우, 『경성제국대학』, 다락원, 1980, 119~120면.

김태준은 뛰어난 한문 실력 때문에 본과에 진입하여 지나문학을 택하게 되었고, 후에 『조선한문학사』(1931)를 저술하게 된다. 한학이라는 공통의 소양을 공유한 김재철과 김태준은 쉽게 친밀감을 느낄 수 있었던 것으로 보인다.

당시 경성제대의 '조선어학 조선문학' 강좌의 교수진으로는 오쿠라 신페이[小倉進平]와 다카하시 도루[高橋亨]가 있었다. 오쿠라는 『향가와 이두의 연구[鄕歌及吏讀の硏究]』(1929)를 저술한 향가와 이두 연구의 대가였다. 그는 향가와 이두 연구 이외에 조선의 방언 연구에 몰두하여 20년 가까이 한반도 각지를 답사하였다.[6] 다카하시는 조선 유학사와 교육사 및 민속 연구에 정통한 학자로서 『조선의 교화와 교정[朝鮮の敎化と敎政]』을 비롯해 조선 연구에 관한 많은 책과 논문을 저술하였다. 조선문학과 관련해서는 특히 민요와 속담 연구에 관심이 많았다. 사회학 전공 소속이기는 하지만 조선 민속(가면극)과 가족 제도, 종교 등을 연구한 사회인류학자 아키바 다카시[秋葉隆]도 조선 문학 전공 학생들에게 많은 영향을 끼친 교수였다.[7] 그 중에서도 특히 다카하시는 김재철의 지도교수이기도 했다.

오쿠라 정도를 제외하면 당시 교수진은 '조선어학 조선문학 강좌'에 걸맞은 강의를 할 만한 적임자들은 아니었다. '조선문학' 전공이라기보다는 넓은 의미의 '조선학' 전공의 교수들이라고 할 수 있다.

---

6) 위의 책, 161면.
7) 1936년에 경성제국대학 창립 10주년을 기념하는 논문집이 문학, 역사, 철학편 3권이 각각 간행되는데, 여기에 아키바는 「大興安嶺 東北部 オロチョン族 踏査報告 1」(『경성제국대학 창립10주년 기념논문집』(철학편), 大阪屋號書店, 1936)라는 논문을, 그리고 다카하시는 「嶺南の民謠に現れたる女性生活の二筋道」(『경성제국대학 창립10주년 기념논문집』(문학편), 大阪屋號書店, 1936)라는 논문을 기고하였는데 이는 이들의 학문적 관심사를 반영해 준다.

그렇다면 이러한 교수진이 구성된 이유는 무엇일까. 그것은 경성제국대학의 설립목적과 관련된다. 일본 중의원에서 조선총독부 정무총감 유아사[湯淺]는 경성제대의 설립목적에 관해 다음과 같이 설명하였다.

> 조선은 고대 이래 중국의 대륙문화가 발달했고 조선을 통해 그 문화는 우리 땅에 전래해왔다. 동양문화에 관해 조선이 공헌한 역할은 매우 큰 것이다. **경성에 설치된 제국대학에는 특히 조선문학, 조선역사에 관한 한 일본 국내에 있는 다른 대학보다 다른 점이 있다는 것을 주의해주기 바**란다. 우리는 강좌의 분배와 교수 선임 등에 중점을 두고 있다. (…중략…) 경성제대는 이런 분야에 관해 각별히 연구해서 동양문화에 공헌할 것으로 생각한다.[8](강조는 인용자)

그리고 경성제대 교수 아베[安培能成]는 경성제대의 설립취지와 관련하여 총독부 기관지 『경성일보(京城日報)』에 "**이 대학은 동양 연구를 표방했고 이 점에 주력할 것이다.** 동양문화의 근원지는 중국이지만, 이 문화의 매개지로서 조선에 있는 대학의 역할은 당연한 것이다"[9](강조는 인용자)라고 주장하였다. 이 두 글에서 지칭하는 '동양문화'란 결국 중국을 의미하는 것이며, 조선은 동양문화를 이해하기 위한 교두보 역할을 하는 것이다. 따라서 조선에 설립된 대학의 목적은 '동양 연구'를 위한 전초기지의 역할을 하는 데 있다는 것이다. 이를

8) 이충우, 앞의 책, 106면.
9) 위의 책, 107면.

환언하면 어떤 의미가 될까. 일본의 동양 연구 목적은 '중국(지나)=대륙'이라는 침탈 대상으로서의 '동양'에 대한 인류학적 연구인 것이고 광의의 동양에 속하는 조선은 제국 일본이 더 넓은 '대륙=중국(지나)'으로 뻗어나가기 위한 동양 연구의 전초 기지여야 한다는 뜻일 것이다. 조선에 제국대학이 세워진 것은 일본의 대륙 진출을 위한 '동양 연구'에 주목적이 있었던 것이다.

중국=대륙을 '동양'으로 인식한 제국 일본의 태도는 흡사 비서양 세계에 대한 서양 제국주의의 태도를 연상케 한다. 그러한 점에서 이는 '전도된 오리엔탈리즘'이라고 부를 수 있을 것이다. 오리엔탈리즘을 서구 오리엔탈리스트들에 의해 조작되고 구성된 왜곡된 동양(비서양 세계) 인식이라고 규정할 때 '서양 오리엔탈리스트'의 자리에 '동양(일본) 오리엔탈리스트'를 대체한 것이 바로 전도된 오리엔탈리즘이 될 것이다. 본래 근대적 주체의 구성은 자기 주변에서 야만적 타자의 발견을 필요로 하게 되는데, 근대 일본은 홋카이도의 '아이누'와 조선, 대만이라는 야만적 타자를 발견(발명)함으로써 일본을 서구 근대 문명과 동일자로 인식할 수 있게 된 것이다.[10] 서양이 야만적 타자로서 동양을 발명하였듯이 근대 일본은 야만적 타자로서 새로운 '동양'을 발명하게 되는데 그것이 바로 '지나=중국'이라는 이름의 동양이었다. 즉, 지나=중국은 야만, 원시, 몰락, 노쇠의 표상에 다름 아니었다. 그렇게 함으로써 문명, 현대, 발전 신생(新生)의 표상인 '근대 일본'의 이미지가 창출될 수 있었던 것이다. 근대 일본에서 사용한 '동양', '동양 연구'라는 말은 근대 일본이 아시아의 선진국으로서 유

10) 고모리 요이치, 송태욱 역, 『포스트콜로니얼』, 삼인, 2002, 32면.

럽과 대등한 나라이며 중국에 비해 우월한 문명국가라는 이질성을 강조하기 위해 창안한 개념이었다.[11] 그러니까 경성제대의 설립목적이 '동양 연구'에 있었다는 것은 '지나=중국=대륙'이라는 '야만적 타자'에 대한 연구에 초점이 맞추어져 있다는 것을 의미한다. '조선'도 여기에서 예외는 아니었다. '조선' 역시 '지나=중국'의 일부라는 점에서 '조선 연구'라는 것도 '야만적 타자'에 대한 연구의 성격을 갖는 것이었다. 경성제대가 일본 내지(內地)의 다른 제국대학들과 달리 조선문학과 조선 역사를 연구하는 데 중점이 두어진 것도 통치와 지배, 그리고 동화 대상으로서의 야만에 대한 연구가 필요했던 점에 있었던 것이다.

경성제대 문학부에 '조선어학 조선문학 강좌'가 개설된 것은 이러한 오리엔탈리즘의 관점에서 비롯된 것이다. 오쿠라와 다카하시가 조선문학 전문가가 아니었음에도 불구하고 이 강좌의 교수진으로 배정되고 강좌의 특성과 다소 거리가 있는 광범위한 '조선 연구'에 몰두했던 것도 이 같은 이유에서였다. 오쿠라와 다카하시, 그리고 아키바 등은 실상 '조선어문학자'라기보다는 제국 일본으로부터 조선과 지나=대륙을 조사, 연구하는 임무를 부여 받은 일본 '동양 연구자'들이었다. 20년 동안 조선 일대에 걸쳐 각 지역의 방언을 조사, 연구한 오쿠라, 조선의 사상과 교육사, 민요와 속담 등을 폭넓게 연구하며 '조선인'의 심성을 탐구한 다카하시, 그리고 조선의 종교와 민속, 가족제도를 통해 조선의 풍속을 연구한 아키바 등은 제국 일본으로부터 부여된 오리엔탈리스트로서의 임무 수행에 충실하였다.[12] 실

11) 스테판 다나카, 박영재 · 함동주 역, 『일본 동양학의 구조』, 문학과지성사, 2004, 18~32면.

제로 일본 외무성은 대(對) 중국 첩보활동의 일환으로 경성제대의 사회학, 민속학 전공 교수들에게 만주, 몽골 지역에 대한 조사 사업을 위촉하였고, 아키바 교수는 만몽(滿蒙)민속학 연구라는 목적으로 무기를 휴대하고 일본 첩보원들과 더불어 만주 오로촌 부족에 대한 현지답사 및 조사활동을 벌이기도 했다.[13] 경성제국대학 당국은 교육보다 연구를 중시한다는 명목 하에 이들의 연구 활동이 전공 영역을 벗어나는 데 대해 개입하지 않았다.

당시 학생들은 이러한 점에 대해 불만이 많았던 것으로 보인다. 다카하시의 첫 제자인 조윤제는 1942년 6월 경성제대 문학회의 제1회 연구발표회에서 '조선인 저작의 교과서에 대하여'라는 주제를 발표하였는데, 여기서 그는 '조선문학 강좌'에서 채용한 교과서가 '조선문학 연구'가 아닌 '조선문학의 외곽적 연구'에 불과하다고 비판하였다. 즉, 경성제대 '조선문학 강좌'에서 다카하시가 구성한 커리큘럼에 대해 정면 도전했던 것이다.[14] 이러한 반발은 유독 조윤제만의 것은 아니었다고 생각된다. 조선어문학에 대한 연구와 교육에 집중하지 못하고 광범위한 조선 연구에만 몰두하는 일본 오리엔탈리스트들에 대한 경성제대 '조선문학 강좌' 학생들의 불만은 컸을 것이다. 이러한 심정을 조윤제가 대변했던 것으로 보인다. 일본인 교수들이

12) 박광현, 「경성제대 '조선어학조선문학' 강좌 연구」, 『한국어문학연구』 제41집, 2003; 이성환, 「조선 총독부의 지배정책과 다카하시 도루」, 『오늘의 동양사상』 제13호, 2005; 전경수, 「학문과 제국 사이의 秋葉隆-경성제국대학 교수론 1」, 『한국학보』 제31호 3권, 일지사, 2005; 최길성, 「아키바 다카시[秋葉隆]의 식민주의 조선관」, 『한국민속학』 제40호, 2004 참조.

13) 전경수, 앞의 글, 157~163면.

14) 박광현, 앞의 글, 362면.

'조선문학의 외곽적 연구'에 몰두하는 동안 '조선문학 강좌' 출신들은 그들 나름대로의 참된 '조선문학 연구'에 매진하였으니 그 대표적 활동무대가 바로 '조선어문학회'였다. 조윤제, 이희승, 김재철, 김태준, 이재욱, 이숭녕, 방종현 등 경성제대 문학부 '조선문학 강좌' 출신들이 결성한 학회였다. 이들은 자신들의 연구 성과를 실은 『조선어문학회보』를 1931년부터 1933년까지 총 7회 발간하였으며, 조선어문학회총서로 김태준의 『조선한문학사』, 『조선소설사』, 김재철의 『조선연극사』를 간행하였다. 일본 오리엔탈리스트 스승들이 충족시켜주지 못했던 장르사에 기반한 국문학 분과학문의 구성 체계를 학생들 스스로가 세워나갔던 것이다. 그 한 축으로서 조선어문학회의 학회보 편집 및 발행인이자 총서 『조선연극사』의 저자인 김재철이 자리했던 것이다.

3. 문헌고증학적 실증주의와 오리엔탈리즘을 넘어서

김재철은 김태준과 더불어 다카하시가 아끼던 제자 중의 한 명이었다. 1931년 3월 경성제대를 졸업하는 그에게 다카하시는 자기 연구실에 남아 주기를 제안했지만 김재철은 이를 거절하고 독자적인 연구의 길을 선택한다. 그 길의 하나가 바로 조선어문학회였다. 그는 학회 일에 매우 헌신적이었던 것 같다. 1호(1931.7)부터 죽기 전에 발간된 5호(1932.9)까지 학회보에 매호마다 빠짐없이 소논문을 게재하였다. 뿐만 아니라 1호부터 3호까지 학회보의 편집 및 발행을 맡아

책이 순조롭게 발간되는데 기여했다. 그러나 평양사범학교 교유로 부임하면서 편집 및 발행 업무를 이희승, 조윤제에게 넘긴 뒤로 얼마 지나지 않아 학회보는 7호(1933.7)로 폐간되고 말았다. 김재철의 죽음(1933.2)과 함께 『조선어문학회보』의 운명도 끝이 난 셈이라고 할 수 있으니 조선어문학회에서 차지한 김재철의 비중이 얼마나 큰지를 알 수 있게 해준다.

그는 『조선어문학회보』에 「외사(外使)와 조선연극」(제1호, 1931.7), 「아리랑과 세태」(제2호, 1931.10), 「술과 문학자」(제3호, 1932.2), 「구개음화(Palatalization)에 대하여」(제4호, 1932.4), 「조선어화와 조선어」(제5호, 1932.9) 등을 실었는데, 대체로 조선의 연극, 민요, 언어에 관한 간략한 연구결과를 실은 소고(小考)들이다. 조윤제, 이희승, 김태준이 비교적 자기 전공 분야의 분과학문 연구에 충실했던 것에 비해 김재철의 관심영역은 문학, 연극, 언어학을 넘나들었다. 이는 지도교수 다카하시를 비롯한 오쿠라, 아키바 등 경성제대의 교수들의 인류학적 연구 스타일에 영향을 받은 것이 아닌가 추측된다. 식민지 통치와 동화의 목적을 위해 제국 일본으로부터 '조선 연구'(넓게는 '동양 연구')의 임무를 부여 받고 식민지 제국대학에 파견된 이 동경제대 출신의 동양 연구자들에게는 '조선 연구'에 관한한 특정 분과학문 연구에 고착되지 않았다. 조선이라는 야만적 타자에 관한 모든 것(사상, 교육, 언어, 문화, 생활)이 인류학적 연구대상이 되었던 것이다. 조윤제, 이희승을 비롯한 '조선문학 강좌' 학생들의 불만은 이 '조선문학의 외곽적 연구'에 있었던 것이고, 이에 따라 그들은 자기들 스스로 조선문학(국문학)의 분과학문 체계를 확립하고 실천해나갔던 것이다. 조윤제, 이희승에 비해 김재철은 상대적으로 분과학문 틀의 경계를 넘나들면서 학문의 관심영역을 넓혔다.

그의 대표 저술인 『조선연극사』도 알고 보면 넓은 범위의 '조선문학의 외곽적 연구'에 해당될 수 있는 것이었다. 다카하시, 오쿠라, 아키바 등 경성제대의 오리엔탈리스트들이 주요 관심대상으로 삼았던 것이 조선의 민속과 언어, 종교였는데, 조선의 민속연희도 그 일환으로서 연구대상에 포함되었다. 사회인류학자 아키바는 「假面む祀る」(『ドルメン』, 1933.1), 「산대희(山臺戲)」(『조선민속지』, 1954.3)를, 조선학 연구자 다카하시는 「산대잡극에 대하여」(『조선』 261호, 朝鮮總督府, 1937.2)라는 글을 남겼을 만큼 이 분야에 대한 관심이 컸는데,15) 이는 조선이라는 야만적 타자에 대한 인류학적 관심에 다름 아니었다. 특히 아키바는 송석하, 손진태 등 조선인 민속학자들과 깊은 관계를 유지하면서 조선의 민속(무속과 가면극) 연구에 몰두하였다. 김재철이 조선 민속연희에 관심을 갖게 된 것은 은연중 자기 스승들로부터 이 전도된 오리엔탈리즘의 영향을 받은 데 그 원인이 있을 수 있다. 김재철이 자기도 모르게 자민족의 민속연희의 가치를 내부의 시선이 아닌 외부 오리엔탈리스트(경성제대 일본인 교수)의 시선을 통해 재발견하게 되었을 가능성이 높다고 보인다. 그 역시 경성제대의 '동양 연구'라는 분위기에서 영향을 받으며 자신의 전공을 연구했던 것이다.

김재철의 『조선연극사』의 구성 체재를 살펴보면 다음과 같다.

15) 서연호, 『산대탈놀이』, 열화당, 1987; 서연호, 『서낭굿탈놀이』, 열화당, 1991 참조.

제1편 가면극

제1장 삼국 이전의 가면극

제2장 신라의 가면극

제3장 고려, 조선조의 가면극

제4장 내용으로 본 산대극

제5장 산대극의 무대구조

제6장 산대극 가면의 구조

제7장 조선 가면극의 계통

제2편 인형극

제1장 인형극의 어의와 발생

제2장 조선 인형극 개관

제3장 내용으로 본 인형극

제3편 구극과 신극

제1장 구극

제2장 신극

결론

부록–꼭두각시극 각본(趙鍾洵 구술, 金志淵 채록)

전체적으로 가면극, 인형극, 구극과 신극의 3부 체재를 갖고 있는

데 절대적 지면을 가면극과 인형극이라는 민속연희 연구에 할애하고 있다. 근대 이후의 연극에 관해 다룬 구극(판소리 또는 창극)과 신극 부분은 소략하다. 그의 관심은 주로 민속연희에 치중된 것이었는데, 아마도 이는 조선 민속연희에 대한 경성제대 교수들의 인류학적, 민속지(民俗誌)적 경도 경향과 근대적인 것을 연구 대상으로 여기지 않고 식민지 조선의 과거적인 것에 몰두했던 경성제대의 연구풍토에 기인한 것이 아닌가 생각된다. 그는 가면극과 인형극에 관해 연구하면서 한국의 고문헌뿐만 아니라 미국, 일본, 중국, 대만 등의 외국 문헌을 폭넓게 참고하여 가면극과 인형극의 역사와 계통, 작품 내용, 연행원리, 무대구조와 배우 등에 관해 서술하였다. 이러한 연구방법은 경성제대의 문헌고증학적 실증주의 학풍으로부터 많은 영향을 받았음을 알 수 있다.

이와 관련하여 다카하시의 증언을 들어보자.

> 산대극은 무대장치, 춤사위, 줄거리, 대사 등이 복잡하나 옛 연극의 백미라 하겠다. 1929년 경복궁에서 박람회가 개최되었을 때 양주의 산대놀이패를 초치하여 공연하였는데, 그들은 그것이 대중을 향한 최후의 공연임을 각오하고 공연 후에는 사용하던 가면이나 의상을 팔아버리고 단체를 해산하였다. 그 가면은 현재 京城帝國大學 土俗硏究室에 보관되어 있다.
>
> 당시 나는 조선의 유일한 가면극의 각본이 그 공연과 함께 사라져가는 것을 애석히 여겨 놀이패 우두머리인 趙鍾洵을 연구실에 초빙하고, 극의 유래, 전수, 조직 등에 관하여 가능한 대로 소상히 알아보았다. 그리고 마

침내 그가 암기하고 있는 각본을 자세히 구술하게 하여 기록하였다. 분명 사흘 정도 소요되었던 것으로 기억된다.

바로 그때 朝鮮文學科 학생이던 文學士 金在喆이 朝鮮演劇史를 연구 중이었는데, 그 역시 이러한 조사, 기록을 토대로 산대극을 연구하여 졸업 논문의 일부로 삼게 되었다. 그리고 그가 일찍이 세상을 떠나자 친구들이 1933년 5월 『朝鮮演劇史』라는 제목으로 출판해내었다. 현재 산대잡극에 대하여 알고자 하면 우선 그 책에 의지할 수밖에 없다.[16](강조는 인용자)

다카하시의 증언에 의하건대, 김재철의 조선연극사 연구는 다카하시를 중심으로 '경성제대 토속연구실'에서 수행된 조선 민속조사 연구의 일환이었던 셈이다. 토속연구실에는 당시 가면(탈)과 인형을 비롯한 조선 민속연희 자료가 상당수 보관되고 있었고, 민속 연희자를 초빙하여 자료를 구술케 하여 채록했던 것이다. 물론 이 또한 일본 오리엔탈리스트들의 식민지 조사, 연구의 하나였음은 물론이다. 이러한 과정에서 김재철의 『조선연극사』가 탄생한 것이고, 이 때문에 다카하시는 김재철을 자신의 문하에 두고 싶어 했다.

그러나 김재철은 다카하시를 비롯한 경성제대 일본 오리엔탈리스트들의 조선 연구의 시선과 연구태도에 대해 호의적이지 않았던 것 같다. 경성제대를 졸업(1931.3)하고 평양사범학교에 교유(敎諭)로 부임(1932.4)할 때까지 1년가량 뚜렷한 소속이 없었음에도 불구하고 학교 연구실에 남아달라는 다카하시의 요청을 거절한 것, 이 기간 동안 조

16) 다카하시 도루[高橋亨], 「산대잡극에 대하여」, 『朝鮮』 261호, 朝鮮總督府, 1937.2(서연호, 『산대탈놀이』, 열화당, 1987, 119면).

선어문학회 일에 열정을 바쳤던 것 등으로 미루어 볼 때 그러하다. 아마 일본 오리엔탈리스트들의 연구 관점이나 태도, 방법론 등에 대해 불만을 가졌던 것으로 보인다. 그러나 그는 경성에서 멀리 떨어진 평양에서 근무하면서도 학문에 대한 열정만큼은 놓지 않았던 것 같다. 평양에서 절친한 친우 김태준에게 보낸 편지에서 그는 평양사범학교에서 국어(일본어)와 한문을 일주일에 18시간을 가르쳤다고 말한다. 그는 "공부할 겨를도 없고 품삯도 적고 교수과목이 전공 이외이며 관료 분위기는 돌고 있고 여관에 오면 고적하고 우인(友人)도 없"[17]는 평양 생활에 대해 불만을 갖고 있었다. 공부에 대한 열정이 뜨거웠음에도 불구하고 그가 다카하시의 문하생이 되어 경성제대에 남는 것을 거절한 이유는 무엇일까.

경성제대를 지배한 오리엔탈리즘의 분위기를 알아챘기 때문이다. 그는 다카하시, 아키바, 오쿠라 등에게 문헌고증학적 실증주의의 영향을 받았지만 그것이 지닌 허구적 본질을 간파하고 있었던 것이다. 이를 민족의식이라고 볼 수도 있을 것이다. 신석호(國史, 1회)의 증언에 의하면, "다카하시 교수는 우리말을 썩 잘했지만 곧잘 조선인을 멸시하는 통에 질색"[18]이었다고 전한다. 실제로 그는 자신의 저술에서도 그러한 식민주의자의 태도를 드러냈다. 불교연구서인 『이조불교(李朝佛教)』(1929)의 결론에서 그는 조선인의 사상적 특성을 고착성과 비독립성이라고 규정하였다. 조선의 사상에는 고착적인 정체성(停滯性)과 지나(중국) 사상에 대한 예속성과 비창조성이 두드러져 결국 조선의 불교

17) 김태준, 앞의 글, 6면.
18) 이충우, 앞의 책, 110면.

는 '소규모 지나 불교사'에 지나지 않는다고 폄하하였다.[19] 조선 문화의 타율성과 정체성, 예속성을 강조하려 했던 것이다. 이뿐만 아니다. 조선총독부의 의뢰를 받아 쓴 『조선인(朝鮮人)』(1920)에서도 그는 조선 역사는 2000년 동안 내홍(內訌) 아니면 예속(隷屬)의 역사에 지나지 않는다고 단정하면서 한국사의 타율성을 강조하였다.[20] 이러한 태도는 역시 경성제대 토속연구실의 아키바 다카시도 마찬가지였다. 그도 조선 사회가 일체감이 결여된 내적 분열성을 가진 '이중조직'이라는 측면을 강조하면서 비통합성과 분열성이라는 열등한 인자를 조선의 표상으로 삼으려 했다.[21] 일본 오리엔탈리스트들의 '동양 연구'가 특히 의도했던 것은 조선의 타율성과 예속성을 강조하여 조선인에게 민족적 열등감을 갖도록 만드는 것이었다.

다카하시의 민속연희의 연구에도 이러한 태도가 잘 나타난다. 그는 산대극에 관해 연구하면서 산대극이 고려, 조선에서 중국 사신들을 위한 놀이였다는 점을 부각시켜 조선인의 타율성과 예속성을 강조하는 오리엔탈리스트의 서술전략을 구사하고 있다.

> ㉮ 그들의 대사 가운데는 마음에 맺혀 있던 내용이 많으며 표현이 활달하고 기교적인 부분이 많은데, 이러한 요소를 알지 못하고서는 관극의 재미를 만끽할 수 없다. 그러나 아무래도 교양이 없고, 지식 정도가 얕은 대

19) 박광현, 앞의 글, 351면.
20) 이성환, 「조선 총독부의 지배정책과 다카하시 도루」, 『오늘의 동양사상』 제13호, 2005, 242~243면.
21) 전경수, 「학문과 제국 사이의 秋葉隆—경성제국대학 교수론 1」, 『한국학보』 제31호 3권, 일지사, 2005, 147면.

중을 상대로 한 연극이므로 전체적인 면에서는 상당히 저속하여 도저히 고급 유머에 접할 수는 없다. (…중략…) 산대극을 일본 能, 狂言과 비교하면 가면상 能面과의 미술적 가치에 커다란 격차가 있고, 문학, 예술적 가치에 있어서도 큰 차이를 인정하지 않을 수 없다.

㉯ 이 산대극을 외국 사신에게 관람시킴으로써 조금도 이 나라의 밝은 광경을 보였다고 할 수 없다. 따라서 이것을 보여준 조선 측의 생각에도 그들 자신이 단순히 골계적이고 재미있다고 느끼기 때문에, 중국 사람들도 그렇게 느껴서 여행의 객고를 잊도록 하자는 의도가 아니었을까 한다. 이러한 면에서는 조선의 태평스러움이 나타나 있다. 그리고 이것을 본 중국 사신들은 과연 어떠한 감상을 느꼈을까. (…중략…) 아마도 대사는 생소하여 이해할 수 없으나 가면, 의상, 무대는 극히 원시적이고 기괴하며 세련, 우아하지 못한 잡극으로 이해되었을 것이다.[22](강조는 인용자)

㉮는 산대극이 평민층에 의해 연희되었기 때문에 전반적으로 저속한데 일본의 노[能]와 교엔[狂言]과 비교할 때 문학적 예술적으로 격차가 심하다는 것이며, ㉯는 산대극이 주로 중국 사신을 대접하기 위해 공연되었는데 그것을 본 중국 사신들은 산대극에서 원시적인 기괴함을 느꼈을 것이라는 서술이다. 이는 산대극 자체의 예술적 가치에 대한 멸시이면서 동시에 조선 역사의 예속성과 타율성에 대한 경멸이 느껴지는 서술이 아닐 수 없다. 김재철이 이러한 다카하시의 '조선

22) 다카하시 도루[高橋亨], 「山臺雜劇에 대하여」, 『朝鮮』 261호, 朝鮮總督府, 1937.2 (서연호, 『산대탈놀이』, 열화당, 1987, 124~125면).

멸시'의 연구태도를 모를 리 없다. 그 역시 「외사(外使)와 조선연극」(『조선어문학회보』 제1호, 1931.7)이라는 글에서 산대극과 중국 사신과의 관련성에 대해 언급하기는 했으나 타율성과 예속성의 시선으로 그것을 바라보지는 않고 객관적 사실로만 다루었을 뿐이다.

그의 연극사에서 두드러진 서술태도는 무대와 배우, 관객이라는 근대적 연극개념을 통해 가면극과 인형극을 서술했으되[23] 특히 배우와 관객에 관한 서술에서 양반계층에 대한 비판과 민중계층에 대한 애정이 잘 나타난다는 점이다. 그는 산대극에 나타난 파계승에 대한 모욕이 척불사상을 의미하는 것은 아니라고 주장하면서 이는 고려 말엽 신돈과 거의 동시대에 발생한 산대극에서 자연히 신돈의 파계와 탈선행동에 대한 민중의 탄식과 분노가 표출된 것이라고 해석한다. 또 양반의 횡포로부터 학대받은 평민들이 많았기 때문에 산대극의 배우들은 이와 같은 심정을 잘 아는 평민 관객의 동감을 구하여 산대극에서 같은 계급 사람들끼리 양반을 마음껏 모욕하였다고 보았다. 그리고 배우(광대)들의 생활이 매우 빈곤하고 처참하였으며, 사당패의 경우에는 여사당들이 매음까지 하는 절박한 빈궁 상황이었음을 기술하였다.[24]

지배 계층에 대한 반감과 기층 민중에 대한 애정은 김재철의 여러 글들에서 산견된다. 「서울광진곡」, 「시골광진곡」 등과 같은 그의 유고 시라든가, 「조선민요만담」, 「아리랑과 세태」와 같은 민요 연구 논

23) 김윤정, 「김재철의 『조선연극사』를 통해본 근대적 '연극'개념의 학문적 성립과정 고찰」, 『한국극예술연구』 제18집, 2003 참조.
24) 김재철, 『조선연극사』, 한성도서주식회사, 1933(동문선, 2003, 120~125면).

문에서도 가진 자, 놀고먹는 자에 대한 분노, 적개심, 그리고 가난한 자, 노동하는 근로인민에 대한 애정과 관심이 뚜렷하게 드러난다. 그러나 프롤레타리아 계급에 대한 그의 인식이 보다 뚜렷하게 드러나는 것은 그의 연극론에서다.

4. 진보적 무산자계급의 연극을 향하여 결론을 대신하여

그의 사후에 동료들에 의해 간행된 『조선연극사』(1933)의 결론 부분은 검열에 의해 3분의 2 정도가 삭제되었다. 그 삭제된 부분은 『동아일보』 연재본 「조선연극사」(1931)에 전모가 드러나 있다. 따라서 그의 단행본만을 검토했을 때 김재철의 계급의식을 발견하기 쉽지 않지만 『동아일보』 연재본 「조선연극사」를 살펴보면 얘기가 달라진다. 『동아일보』 연재본 「조선연극사」의 결론 부분의 중, 후반부는 장래 조선연극의 새로운 대안으로서 프롤레타리아 연극을 제시하고 있는데 이를 통해 그의 진정한 연극관이 무엇인지를 살펴볼 수 있다.

> 연극이 부르조아의 완롱물이 될 시대는 가고 최근에 와서는 연극을 볼세비키화 하자는 운동이 일어났다. 관중도 노동자, 농민 중심이래야 하고 따라서 연극도 공장으로 농촌으로 진출하지 않으면 아니 된다. 공장에서는 노동자들이 극단을 조직하고 지방에서는 농민들이 극단을 조직하여 오랫동안 부르의 완롱물이었던 연극을 파멸시키고 프로연극을 수립하자는 운동이 일어나게 되었다. (…중략…) 조선의 신극은 미약하기 짝이 없

다. 무엇 하나를 들어서 자랑할 만한 것이 없으니 한심한 일이다. (…중략…) 나는 주저한다. 종래의 극을 일소한 신극의 가엾은 상태를 걱정하는 동시에 명일의 조선연극은 어떻게 될까? 언제든지 요 모양 대로 있을 것인가? 그렇지 않으면 移動劇이 출현하여 農, 勞動者가 지지하고 농촌으로 공장으로 진출하여 프로극을 연출하여 조선연극사상에 일시기를 획하게 될 것인가?[25]

이것이 김재철의 단행본 『조선연극사』(1933)에서 삭제된 결론이었다. 그의 결론을 정리하자면 연극은 일부 부르주아지 계급의 전유물이어서는 안 되며 일하는 사람들인 노동자, 농민의 것이어야 한다는 것이다. 현재의 지지부진한 신극의 상태를 과감하게 극복하고 프롤레타리아 연극의 시대를 열어야 한다는 그의 소망이 담겨져 있는 것이다. 그는 『동아일보』 연재 「조선연극사」에 이어서 '선풍아(旋風兒)'라는 필명으로 잡지 『신흥』에 「조선프롤레타리아 연극의 전조」(『신흥』, 1932.12)라는 글을 실었다. 여기서 그는 전국에 프롤레타리아 연극을 수립하려는 기운이 보이게 된 것은 기쁜 현상이라면서 대구 가두극장, 개성 대중극장, 해주 연극공장, 이동식 소형극장 등 조선 각 지방의 프로극단들의 활동 상황과 일본, 독일, 체코 등 외국의 프로연극운동 상황에 대해 소개하면서 프로연극운동에 대한 자신의 신념과 소망을 드러냈다.

그가 좌익 이념에 기울었던 데에는 경성제대의 동료들의 영향이 컸으리라고 생각된다. 그의 대학 1~2년 선배들인 유진오, 이강국, 박

25) 김재철, 「조선연극사 40 · 41」, 『동아일보』, 1931.7.15~17.

문규, 최용달 등이 참여하여 진보적 사상을 공부하였던 '경제연구회', 그리고 역시 이들이 주축이 되어 1920년대 말에 창간한 잡지 『신흥』의 좌파적 경향에 김재철이 많은 영향을 받지 않을 수 없었을 것이다. 그가 『신흥』에 선풍아라는 필명으로 글을 기고한 것은 이러한 사실을 뒷받침해주는 것이다. 더욱이 그의 일생의 절친한 벗 김태준이 좌익사상에 기울었던 점도 간과하지 않을 수 없다. 김태준은 1935년에 「춘향전」에 대한 진보적 해석을 통해 이미 실증주의에서 벗어나 유물변증법적 입장에 도달하였고,[26] 1940년경에 접어들어서는 조선공산당의 핵심적 활동가가 된다. 그리고 해방 직후 남로당 문화부장으로 활동하다가 체포되어 1949년에 처형되었다. 죽기 전에 그는 고전 연구에만 몰두하고 싶다는 말을 남겼다고 한다. 김재철이 요절하지 않았더라면 친구 김태준과 똑같은 길을 걸었을지 아닐지는 알 수 없는 일이다. 그러나 그는 죽기 전까지 좌익연극을 꿈꾸었다. 그는 1932년 11월 중순 병상에 누워 선풍아라는 필명으로 「조선프롤레타리아 연극의 전조」라는 글을 즐거운 마음으로 써 내려갔다.[27] 전국 각지에서 요원의 불길처럼 일어나는 프로 연극 운동의 소식에 기뻤기 때문이다. 그리고 이듬해 1월 27일에 세상을 뜨고 말았다. 그의 나이 27세의 일이었다.

26) 박희병, 「천태산인의 국문학 연구 상」, 『민족문학사연구』 제3호, 1993, 279면.
27) 김재철은 글의 말미에 병석에 누워서 이 글을 집필했음을 다음과 같이 밝혔다. "병상에서 원고 독촉을 받고 두서없이 쓰느라고 단순한 소개에 지나지 못하게 된 것은 독자에게 미안한 일이다. 11월 13일"(김재철, 「조선프롤레타리아 연극의 전조」, 『신흥』, 1932.12, 223면).

표상으로서의 망국사 이야기

식민지 후반기 역사극에 나타난 민족담론과 식민담론의 문제

1. 동양담론으로서의 역사극

한국에서 근대 역사극이 본격 등장하게 되는 시기는 1930년대 중반 이후로 볼 수 있다. 필자는 희곡 〈소〉(1935)로 인한 투옥과 고문 이후 유치진이 리얼리즘 극에서 역사극으로 전환하게 된 사건이 식민지 후반기 역사극 시대의 신호탄이라고 생각한다. 유치진은 고전 각색극 〈춘향전〉(『조선일보』, 1936.2.1~4.15) 상연의 성공적 시도를 거쳐 역사극 〈개골산〉(『동아일보』, 1937.12.15~1938.2.6)을 지상에 발표하면서 본격 역사극 시대를 열게 된다. 1940년대에 접어들면 이 역사극의 흐름은 다른 극작가들이 이어받게 되는데, 함세덕의 〈낙화암〉(『조광』, 1940.1~4), 〈어밀레종〉(『국민문학』, 1943.2), 송영의 〈김삿갓〉(『삼천리』, 1941.7), 〈신사

임당〉(극단 청춘좌, 1945.1 공연), 임선규의 〈동학당〉(극단 아랑, 1941.5 공연) 등이 그것이다. 1930년대 중반 이후부터 1945년경까지 식민지 후반기의 우리 연극계에 역사극 전성시대가 열리게 된 배경은 무엇인가.

식민지 후반기의 역사극 시대에 물꼬를 튼 인물이 유치진이긴 하지만 유치진 개인의 역량에 의해 역사극 시대가 시작된 것은 결코 아니다. 당시 시대적 상황이 역사극을 요구했다고 보는 것이 정확할 것이다. 그렇다면 역사극을 요청한 시대적 상황은 무엇인가. 한마디로 그것은 중일전쟁(1937)으로 표상되는 반(反)근대의 흐름, 즉 동양주의(東洋主義)의 조류와 연관된다. 1931년 만주사변에서 1937년 중일전쟁으로 이어지는 시기는 제국 일본이 전근대 시대 동아시아의 중심[中華]이었던 중국을 대신하여 아시아의 새로운 맹주를 추구하는 대동아(大東亞) 기획이 추진되던 때이다. 교토대[京都大] 학파가 중심이 된 '근대=서양'을 극복하자는 '근대 초극론'은 이러한 맥락에서 탄생한다. 제국 일본을 정점으로 한국, 대만, 만주국, 중국, 남양 군도를 포괄하는 대동아 제국의 맹주를 자임하기 위해 일본이 동아시아를 대상으로 개발한 설득 논리가 동양을 침탈한 제국주의적 서구 근대를 반대하는 근대 비판, 근대 초극(반근대)의 논리이고 이는 자연스럽게 '근대=서양'을 탈피하는 동양담론의 성격을 띠지 않을 수 없었다. 동양담론은 '근대(또는 서양)의 위기(근대 또는 서양의 종언)'라는 새로운 담론을 발명, 유포하면서 '문명 / 야만, 서양 / 동양, 미래 / 과거'라는 근대적 계열체에서 우월적 지위를 차지하던 '서양'의 지위를 탈락시키고 열등한 지위에 있던 '동양'과 '과거'의 지위를 복권하는 근대성의 가치전도를 통해 발현된다.[1)]

1930년대는 이 동양담론의 영향권으로부터 식민지 조선의 문화계가 자유로울 수 없는 시기이다. 1920년대 후반부터 1930년대 초반을 풍미했던 사회주의 운동이 좌절하면서 또 하나의 대안적 서구 근대가 무너지자 동양담론 위세는 막을 수 없는 시대의 파고가 된다. 카프의 붕괴(1934) 이후 식민지 조선의 문학예술 진영이 동양담론으로 휩쓸리게 되는 이유는 바로 이러한 사정에서라고 할 수 있다. 유치진의 역사극 전환은 이 동양담론의 대세에 대한 불가피한 수락이라고 볼 수 있는 것이다.

이번에 졸작 〈소〉가 검열 불통과가 된 이후로 아닌 게 아니라 나도 한동안 퍽 우울해졌습니다. 여기에 대해서 일개 극작가로서 나는 어떻게 걸어 나가야 하며 어떤 태도를 취해야 할 것인가? 희곡이란 것은 더구나 이중 삼중의 관문을 안 거치고는 무대에까지 올라설 수 없는 것이므로 이 문제에 대한 반성은 적을 수가 없습니다.

(…중략…)

하지만 한 연극이 공개되는 이상 시대적 조건을 도외시할 수는 없는 형편입니다. 그래서 나는 요즈음 이렇게 생각합니다. 내가 내 작품에서 채용하는 '취제(取題)'를 좀 바꾸어 보았으면 어떨까? 그러나 '취제'를 바꾼다는 말은 '내용'의 변환을 말함이 아닐 것입니다.

즉 여태까지 나는 농민의 생활을 주로 한, 대체로 '빈궁'을 그렸습니다. 그러던 것을 이제부터서는 역사에서 소재를 구해볼까 합니다. 역사에 대한 일반의 관심은 요즘 큽니다. 그리고 우리의 역사극은 아직 처녀지 그

1) 차승기, 「1930년대 후반 전통론 연구」, 연세대 박사논문, 2002, 32~46면.

대로 남아 있느니만큼 개척의 여지도 퍽 많다고 생각합니다.

만일 역사적 사실을 빌려서 과거를 비판한다면 어느 정도까지 너그러운 대접을 받을 줄 생각합니다. 그러나 우리가 테마를 '과거'에서 구한다고 해서 그것이 결코 '현재'와 무관련한 것은 아닐 것입니다. **과거란 언제든지 현재와 연(連)한 것입니다.** 우리가 과거를 말하는 것은 드디어 그것은 현재를 말하는 것이요, 현재를 비판하는 것일 것입니다. 이상과 같은 견지에서 우선 나는 〈춘향전〉을 4막 9장으로 각색해 보았습니다.[2] (강조는 인용자)

〈춘향전〉 탈고 직후에 쓴 이 글에서 유치진은 〈소〉가 검열에서 통과되지 못한 '문단 위기'의 시대를 헤쳐 나갈 대안이 바로 역사극에 있음을 주창한다. 그래서 그는 '빈궁'이라는 소재 대신에 '과거'를 다루겠다고 말한다. 그 출발점으로 〈춘향전〉의 각색을 시도한다고 하였다. 1935년은 농촌의 '빈궁'한 현실을 드러낸 〈소〉와 같은 리얼리즘 극이 더 이상 상연될 수 없는 전형기였다. 작가가 작품을 계속 쓰기 위해서 새로운 타개책이 필요했던 상황인데 바로 그 타개책의 하나가 '과거(the past)', 즉 역사의 문학화에 있었던 것이다.

'과거'라는 소재는 동양담론이 움트던 전형기의 문단 상황에서 바람직한 타개책이 될 수 있었다. 만주사변 이후 동아시아의 지배를 노리던 일본의 헤게모니 담론으로서 등장한 동양담론은 서구 근대적 원리(개인주의, 민주주의, 자유주의, 합리주의)에 대한 비판담론의 성격이 강했다.[3] '근대가 곧 서양'으로 인식되었기 때문에 동양담론은 자연히

2) 유치진, 「역사극과 풍자극」, 『조선일보』, 1935.8.27.

근대 비판이면서 동시에 서구 극복의 담론으로 기능했다. 따라서 동양담론은 공간적으로는 서양을 비판하고 '동양적인 것'을 대안으로 모색하게 되었고, 시간적으로는 근대를 비판하면서 '과거(전근대)'로부터 대안을 찾을 수밖에 없었다.[4] 동양주의라는 거스를 수 없는 시대적 제약 속에서 발견할 수 있는 문화적 추이는 응당 '역사'와 '전통'일 수밖에 없을 것이다. 동양적인 것이면서 근대 비판적인 것은 '과거'로부터 가져온 역사 아니면 전통, 고전(古典)이었기 때문이다. 1930년대 고전부흥에 대한 논의 역시 카프 운동의 좌절로 인해 초래된 전형기의 정신적 공백을 메우기 위해 촉발된 것인데,[5] 이는 카프의 좌절이 결국 조선의 학계와 문화계에 동양담론의 대세를 수락할 수밖에 없도록 만들었다는 이야기가 된다.[6] 전통문화와 고전문학에 대한 관심과 연구, 역사문학의 창작 붐은 이러한 시대적 맥락 위에서 싹트게 된 것이다. 리얼리즘 극을 더 이상 쓸 수 없게 된 상황에서 유치진이 역사극을 써야겠다고 판단하게 된 것은 자신의 독창적인 사고였다기보다는 시대적 요구에 가까운 것이었다고 보는 것이 옳을 것이다.

---

3) 파시즘은 개인주의, 합리주의로 특징화되는 민주주의 원리와 자본주의, 사회주의를 반대하고 민족과 자연을 신성시한다는 특징을 갖고 있다. 이러한 점에서 동양담론은 애초부터 파시즘과 연결된 가능성이 매우 높은 담론이었다. 마크 네오클레우스, 정준영 역, 『파시즘』, 이후, 2002 참조.

4) 정종현, 「식민지 후반기(1937~1945) 한국문학에 나타난 동양론 연구」, 동국대 박사논문, 2005, 5면.

5) 김병구, 「고전부흥의 기획과 '조선적인 것'의 형성」, 『민족문학사연구』 제31호, 2006, 14면.

6) 물론 마르크스주의자들 중에서 서인식, 김남천 등은 '조선적인 것'에 대해 비판적인 태도를 보였다. '조선적인 것'의 지향을 쇼비니즘적인 것, 나치스 문화정책의 조선적인 적용이라고 비판하였다.

그렇다고 해서 시대의 객관적 조건으로 지식인 작가 주체의 행위를 일반화하는 것도 문제다. 제아무리 억압적 상황이라고 해도 작가의 창작행위에는 행위주체의 욕망을 배제하고 설명하기 어려운 측면이 있게 마련이다. 특히 식민지 후반기 지식인 작가들의 문학작품에 나타난 동양담론은 시대적 요구사항이기에 수락된 것이기도 하지만 주체 구성의 욕망에 의해 수행된 측면이 있는 것도 사실이다. 비록 동양담론이 제국 일본의 헤게모니 담론이긴 하지만 식민지 조선으로 전이되면서 의사—제국 주체가 되고자 한 식민지 조선 지식인들의 제국적 주체 구성의 욕망에 의해 자발적으로 전유된 것을 부인하기 어렵기 때문이다. 일본의 만주 점령과 중일전쟁 승리로 인해 일제에 대한 저항의 가능성이 좌절된 1930년대 중반 이후 식민지 지식인들은 제국의 담론인 동양주의를 받아들임으로써 식민지인으로서의 수동성을 극복하고 제국적 주체, 즉 보편적 주체로서 자기를 재구성할 수 있는 기회가 엿보이게 된 것이다. 때문에 제국 일본의 동양담론이 식민지 조선에서 '조선적인 것'의 구성으로 전이된 것은 당연한 일이었다. 식민지 지식인들은 커다란 회의 없이 조선적인 것의 창출을 통해 의사—제국 주체 구성의 욕망을 실현할 수 있게 되었다. 조선적인 것의 창출은 제국 일본이 추구하는 동양담론 형성의 한 지류가 될 수 있는 까닭에 의사—제국적 주체를 구성하는 논리가 되는 동시에 민족적 주체 구성의 논리로 기능할 수 있는 양수겸장의 담론이 될 수 있었다. 즉, '조선적인 것'으로 표상되는 식민지 조선의 동양주의는 일본에 대한 종속과 의존을 표방함으로써 '반민족적' 논리로 보이지만 조선의 '독립'을 추구하는 '민족주의'의 요소도 내포하고 있

었던 점을 간과하기 어렵다.[7]

이 때문에 식민지 후반기의 역사극을 두고 훗날 민족주의 논리로 볼 것인가, 식민주의 논리로 볼 것인가에 대한 논란이 벌어지게 되는 것이다. 유치진과 함세덕이 자신의 역사극에 대한 훗날 회고가 주목되는 것도 이러한 연유에서다.

이 작품을 나는 1935년에 기고하였다.[8] 그때 계획은 5막으로 쓸 생각이었다. 그러나 마지막 제5막 개골산(皆骨山) 장면이 쓰여지지를 않아서 제4막에서 붓을 놓지 않을 수 없었다. 그 이듬해인 1936년에 동아일보 지상에 제4막까지를 연재했었다. 그때 이 작품의 제목을 개골산이라 한 것은 이 작품의 초점이 개골산 장면에 있었던 까닭이었다.

그러나 종시 제5막을 쓰지 못한 채 이 작품은 각광을 보게 되었으니 때는 1942년이며 상연 극단은 당시 우리나라의 대표적인 극단의 하나인 고협(高協)이었다. 고협은 이 작품을 시내 동양극장에서 상연함에 제목을 바꾸어 〈마의태자와 낙랑공주〉라 하였다. 이 작품의 고협 공연은 관중의 열성적인 환영을 받았다. **그때 우리 민족은 일제의 압정 하에서 신음하고 있었던 때라 작중에서 나라를 잃고 애통해하는 마의태자의 설움은 그대로 나라를 잃은 우리 관중의 울적한 가슴에 스며들었던 모양이다.**[9](강조

7) 도면회, 「자주적 근대와 식민지적 근대」, 『국사의 신화를 넘어서』(임지현 · 이성시 편), 휴머니스트, 2004, 216면.

8) 〈개골산〉의 원고를 1935년에 탈고했다는 주장은 유치진의 착오가 아닌가 싶다. 다음 구절에서 탈고 이듬해 『동아일보』에 발표했다고 말했는데, 실제 발표 시기는 1937년 12월부터 1938년 2월까지이다. 발표 시기를 1936년으로 착각한 것으로 미루어 볼 때 실제 탈고 시기는 1936년인 것으로 보인다.

9) 유치진, 「〈마의태자〉와 나」(1964), 『동랑유치진전집』 8권, 서울예대 출판부, 1993, 355면.

는 인용자)

유치진은 〈개골산〉의 작의가 민족주의의 고취에 있었다고 말한다. 신라의 마지막 태자인 마의태자의 설움은 나라 잃은 망국민인 우리 민족의 설움을 표상하는 것이었다고 주장한다. 이에 따라 〈개골산〉이 "일제의 침략주의를 왕건의 치밀한 정복주의에 비유하고, 경순왕을 중심으로 한 신하들의 무능을 한말의 군신에 상대적으로 견주어"[10] 관객들로 하여금 민족의식을 고취하게 한 작품이라는 해석이 나올 수 있었다. 함세덕 역시 해방 직후에 출간한 희곡집 후기에서 일제 말기 자신의 역사극이 민족주의적 주체 구성의 욕망에서 비롯된 것이었다고 말하고 있다.

> 그러므로 내 작품의 거의가 일본 제국주의의 침략전쟁 중에 씌어졌으며 문학과도 달리 도 경찰부, 경무국, 관할서의 삼중사중의 주선(朱線)과 헌병대, 군 보도부의 부전(符箋)을 뚫지 않으면 안 되는 야만적 검열망은 뻗어나가려는 나를 문자 그대로 질식거세하고 말았다. 혁명가가 못되는 옹졸한 나는 〈무영탑〉, 〈낙화암〉, 〈어밀레종〉 등의 낭만극으로 향수와 회고적인 민족 감정에 호소하여 일제에 소극적이나마 반항하였고, 〈추장의 말로 뿌뿌랑(순사)〉 등을 극화하여 약소민족의 비분을 노래했지만, 결과에 있어서는 조선 문화의 정(正)한 발전에 역행적 역할을 한 것에 불과하게 되었다.[11]

---

10) 서연호, 「역사의식과 역사극」, 『한국연극론』, 삼일각, 1975, 71면.
11) 함세덕, 「『동승』을 내놓으며」, 『동승』, 박문출판사, 1947, 207면.

비록 결과적으로 식민주의에 이용당한 점을 인정하기는 했지만, 작품의 본래 의도는 민족주의의 은밀한 표현에 있었음을 감추지 않고 있다. 작가 자신의 이러한 변명에 설득력이 전혀 없는 것은 아니어서 함세덕의 〈낙화암〉은 "멸망한 과거사를 흥미롭게 재구성하는 데 치중하기보다는 오랜 식민통치하에서 부끄러운 과거사의 반성을 통해 날로 상실되어가는 애국의 정신을 비유적으로 일깨우고자 한 역사극으로서 새로운 의의"를 가지며, "식민지 치하에서 점차 망각되어 가던 민족적 주체성을 일깨우고 자각시키고자 한 의도"12)에서 쓰였다는 평가도 가능했던 것이다.

극작가 유치진과 함세덕

반면, 함세덕이 백제 고도 공주의 대화숙(大和塾)에서 사상교육을 받고 내선일체의 성지인 부여의 낙화암에 얽힌 역사를 작품화한 것

12) 서연호, 『한국근대극작가론』, 고려대 출판부, 1998, 252 · 254면.

이 〈낙화암〉이므로 내선일체 논리를 내면화한 목적극으로 해석하는 견해[13] 역시 타당함은 물론이다. 이렇듯 식민지 후반기 역사극을 둘러싸고 벌어지는 해석의 차이는 어디에서 연유하는 것일까. 결론부터 말하자면, 식민지 후반기 역사극에 내재한 식민지 무의식의 분열과 동요가 그 이유라고 할 수 있다.

2. '조선적인 것'으로서의 멸망사 이야기

제국의 헤게모니 담론으로서 1930년대의 동양담론이 식민지 후반기의 역사극 전성시대를 성립시켰다고 한다면 식민지 조선의 극작가들에게 역사극이 흔쾌히 받아들여질 수 있었던 이유는 어디에 있을까. 그것은 역사극이 민족적 주체 구성의 욕망과 제국적 주체 구성의 욕망을 모두 충족시켜줄 수 있는 장르로 인식되었기 때문일 것이다. 민족의 과거 삶을 회고, 재현하는 역사극을 통해 '조선적인 것'을 창출함으로써 민족 정체성의 구성을 상상하는 한편 제국의 지방(locality)으로서 조선적인 것을 재현함으로써 결과적으로 제국의 일원으로서 주체를 재구성할 수 있다고 판단했을 것이다.

실제로 유치진과 함세덕은 신라와 백제라는 고대 국가의 멸망사 이야기를 극화한 〈개골산〉과 〈낙화암〉의 창작을 통해서 민족의식을 고취시킬 수 있다고 판단했을 가능성이 높다. 그러한 가능성은 이미

13) 김만수, 『함세덕』, 건국대 출판부, 2003, 104면; 윤석진, 「전시 총동원 체제기의 역사극 고찰」, 『어문연구』 제46집, 2004, 374면.

작가 자신의 회고를 통해 확인한 바 있다.

〈개골산〉에서 유치진은 신라 멸망사 이야기를 극화하면서 이야기의 초점을 망국의 슬픔에 맞추고자 했다. 이는 〈개골산〉의 기원이 되는 이광수의 역사소설 〈마의태자〉로부터 받은 영향 때문이기도 하다. 여하튼 그는 작품의 제목을 지면 발표 당시 미처 완성하지 못한 제5막 개골산 장면에서 따왔을 만큼 개골산 장면을 통해 망국민의 슬픔을 묘파하는 데 목표를 두었다. 그러나 실제로 작품에 두드러지게 표현된 것은 망국의 슬픔보다는 왕건의 딸 낙랑공주를 사이에 두고 빚어진 경순왕과 마의태자의 애정갈등 양상이라고 할 수 있다. 극중 상황은 경순왕 5년 신라의 투항을 유도하기 위해 서라벌 궁으로 찾아온 왕건 일행을 놓고 신라 내부에서 투항 세력(경순왕과 간신배들)과 저항 세력(마의태자와 충신들)으로 나뉘어 갈등이 벌어지는 데서 시작한다. 저항 세력의 구심점인 태자는 투항 세력을 공박하는 한편 왕건 암살을 시도하지만 왕건의 딸 낙랑공주의 미모에 취해 결정적 기회를 놓치고 만다. 낙랑공주를 사랑하는 경순왕은 태자에 대한 질투심으로 인해 왕건에게 항서를 써준다. 태자는 저항 세력의 정신적 지주인 유렴의 딸 백화에게 질책을 받고서 낙랑공주를 내친다. 그러나 낙랑공주가 분노함으로써 태자는 개골산으로 유배되고 백화는 처형된다.[14] 1937년 작 〈개골산〉 전4막에도 태자에 의해 망국민의 슬픔이 군데군데 표현되어 있지만 미처 쓰이지 못한 제5막 개골산

14) 해방 후에 〈마의태자〉(1953)라는 제목으로 개작된 텍스트의 결말은 이와는 달리 애정 삼각관계에서 백화가 스스로 물러서지만 경순왕이 질투심으로 항서를 바치자 태자가 스스로 개골산으로 떠나는 것으로 되어있다. 텍스트 개작양상에 대해서는 이상우, 『유치진 연구』, 태학사, 1997, 113~123면을 참조.

장면에서는 신라 유민들의 대사 "애달퍼라. 저 모양! 천녀 사직 망친 죄를 한 어깨에 짊어지고 저렇게도 뼈를 깎는 우리 태자 애달퍼라! (…중략…) 나라 잃은 원한 하도 기가 막혀 보지 못하고 듣지 못하고 느끼지도 못하는 돌이 되려 하심이오"15)를 통해 망국의 정서가 보다 잘 드러난다.

비록 낙랑공주를 둘러싸고 태자와 경순왕 사이에 빚어진 애정 갈등에 의해 빛이 바래기는 했지만 〈개골산〉은 신라의 마지막 태자의 애국적 열정과 기개, 그리고 망국의 처절한 죄의식이 표현된 작품이다. 〈개골산〉에서 읽혀지는 민족주의는 바로 이러한 측면에서 찾을 수 있다.

1940년 『조광』지에 발표된 함세덕의 〈낙화암〉16)은 〈개골산〉에 비하면 역사극으로서 보다 더 웅장한 면모와 높은 완성도를 갖춘 작품이다. 그러나 다른 각도에 보면 유치진의 〈개골산〉에 대한 대타의식이 나타난 작품이라는 해석도 가능하다. 우선 고대 국가의 멸망사 이야기를 토대로 삼고 망국의 슬픔을 다루고 있다는 점에서 그러하고, 주인공이 태자의 신분이라는 점, 극중 공간이 왕궁과 그 주변이라는 점, 적국의 공주를 사이에 두고 빚어지는 부자간의 애정 갈등구도를 가진 점, 멸망의 배경에는 적과 내통하는 간신배들의 음모가 도사리고 있고 이들과 태자의 무리가 갈등을 벌인다는 점에서 두 작품은 상당히 유사하다. 우연의 일치라고 보기에는 유사성이 너무 강한

---

15) 유치진, 〈마의태자〉, 『동랑유치진전집』 2권, 368~369면.

16) 이해랑의 증언에 따르면 함세덕의 〈낙화암〉의 실제 창작 시기는 지면 발표 시기보다 약간 당겨질 수 있다. 1938년 3월에 〈낙화암〉이 극연의 희곡 모집에 응모했던 것으로 되어 있기 때문이다. 이해랑, 『허상의 진실』, 새문사, 1991, 283면.

데, 지면 발표 시점만을 놓고 볼 때 시기적으로 뒤에 발표된 〈낙화암〉이 〈개골산〉의 모티프와 인물, 구성, 분위기 등을 모방했을 가능성이 높아 보인다. 그러나 김동원은 〈낙화암〉이 1932년경에 탈고되었다고 회고하였고,[17] 이해랑은 〈낙화암〉이 1938년 3월 극예술연구회 희곡 공모에 응모하여 2등상을 받았다고 말하였으며, 함세덕의 동생 함성덕은 형 함세덕이 1939년 후반 일제의 사상교화기관인 대화숙(大和塾)의 신세를 지고 난 후 창작하였다고 증언하였다.[18] 〈낙화암〉의 실제 탈고 시점에 대한 증언이 서로 엇갈려 누가 누구의 것을 모방했는지에 대해 판가름하기 매우 어렵다. 그러나 〈개골산〉이 제5막 개골산 장면이 빠진 미완성작일 뿐 아니라 지나치게 애정 갈등에 치우쳐 감상주의에 흐른데 비해 〈낙화암〉은 완벽한 결말을 갖추고 있으며 애정 갈등보다는 태자 륭을 비롯한 충신들과 간신배들 사이의 권력투쟁을 그리는데 치중하고 있어서 높은 완성도를 보여준다.

'백제 멸망사'라는 부제가 붙은 〈낙화암〉은 부여 사비성을 배경으로 멸망 위기에 처한 백제를 일으켜 세우려는 태자 륭의 충신 세력(문사, 흥수, 연희, 계백 등)과 적국 신라와 내통하면서 백제의 멸망을 획책하는 간신배들(임자, 미곤, 그리고 그들에 의해 조종당하는 의자왕과 태) 사이

17) 김동원은 함세덕이 "서점 점원 생활을 하면서 18세때 희곡 〈낙화암〉을 쓰는 글 재능을 보였다. 그의 희곡을 유치진 선생에게 보여준 것이 인연이 돼, 그로부터 극작 기법을 사사함으로써 일종의 사제지간이 되었다"고 증언하였다. 김동원, 『미수의 커튼콜－김동원, 나의 삶과 예술』, 태학사, 2003, 129~130면. 이에 따르면 〈낙화암〉의 실제 탈고 시기가 1932년경이 된다. 김동원의 증언이 사실이라면 거꾸로 유치진의 〈개골산〉이 함세덕의 〈낙화암〉에서 착상을 얻었을 가능성도 있다.

18) 노제운, 「자유를 향한 동경에서 닫힌 현실로」, 『함세덕문학전집』 2, 지식산업사, 1996, 535면.

의 갈등을 그리고 있다. 이 극의 프로타고니스트인 륭의 불타는 충성심과 애국적 열정에도 불구하고 결국 백제가 멸망하게 됨으로써 망국의 비애감을 자아낸다. 망국의 비애감을 성공적으로 드러내는 대목은 사비성이 나당연합군에 의해 함락당하는 제4막이다. 궁성을 빠져나와 피난길에 오른 의자왕 일행의 처참한 피난 장면, 궁성 수비전투에서 패한 태가 성을 빠져나와 륭의 일행과 헤어지는 장면, 고구려 원병을 청하러 가던 륭의 일행이 신라군에 의해 체포되어 수난을 당하는 장면, 궁에서 나와 우왕좌왕하던 삼천궁녀들이 적군에게 욕을 당하지 않기 위해 낙화암에서 투신하는 장면 등이 그것이다. 유치진이 〈개골산〉에서 제대로 표현하지 못한 망국의 슬픔이 〈낙화암〉에서 감동적으로 재현되고 있다.

연희 : (륭을 보고) 마마께서는 어디로 가시려 하나이까?

륭 : 고구려로 가려 하오.

연희 : 저희들도 따르게 하여 주옵소서. 같은 종이 되오되 고구려의 종이 됨이 오랑캐와 신라 필부에게 욕을 당하는 것보다 나을 것 같나이다.

홍수 : (소리를 높여) 못 온다면 못 오는 줄 알아.

근향 : 앙천복지(仰天伏地)에 숨을 곳이 초암 한 군데도 없는데 어찌하면 좋겠습니까?

근소노 : 그놈들이 우리들을 잡으면 가진 욕을 다할 것이고 데려다가 종을 시킬 것입니다.

홍수 : 마마, 그대로 두고 갈 수밖에 없소.

륭 : 동서남북도 모르는 것들을 여기 다 두고 어떻게 가겠소?

홍수 : 앞으로 할 일이 태산 같은데, 이러고 망설이다 정말 가도 오도 못하게 되오면 어찌 하시려 하오?

륭 : 못 봤으면 모르되 보고서 어떻게 묵과하겠소.

문사 : 숙부, 선생과 전들 마음이 아니 저릴 줄 아오? 내려가자니 불탄 장안이요, 넘어가자니 적군의 진지가 아니요?

륭 : 그럼, 나루를 건너가지.

문사 : 배가 한 척밖에 없나 분데 어느 하가에 전부 건너 놓겠소.

어린 궁녀 : 왕세손마마, 데리고 가주옵소서.

륭 : (단호히) 죽어도 같이 죽기로 하지.

문사 : 그러면 왜 아까 우리는 배를 가르지 않았소?

홍수 : 마마, 눈 감으시고 그대로 뿌리치고 가야 하오.

륭 : 나는 못가겠소.

문사 : 그럼 아까 큰 숙부와 맹세한 포부는 어떻게 하실 테요?

륭 : 저것들을 오랑캐나 적군들에게 욕을 뵈고, 나라를 일으키면 무얼 하겠나?

(…중략…)

륭 : (연희를 보고) 내 그럼 보고 올 테니 여기 있으오. (일동을 보고) 만일 운수불길하여 너희가 적군에게 붙잡히는 한이 있더라도 결코 망한 나라에 누명을 씌우지 않도록 해라. (근향과 근소노를 보고) 내가 언젠가 너희들에게 들려준 무궁화의 전설을 잊지 않았지. 네 둘 이름에는 근화의 근자가 붙은 것을 알아라. 향기로운 꽃은 필 때도 곱지만 가을바람에 질 때도 아름답게 지는 것이다.

근향 · 근소노 : 네.

(…중략…)

근향 : (…중략…) 칠백년간 부귀영화를 자랑하든 우리나라는 저 불타는 궁성과 함께 영원히 망했습니다. 우리가 앞으로 살아있으면 돌아올 것은 욕밖에 더 있습니까? 만일 잡혀서 적군 놈들에게 이 깨끗한 몸을 더럽힌다면 우리는 끝끝내, 백제의 멸망에 설상가상으로 누명을 씌울 것입니다. (일동, 긴장 속에 조용히 듣는다.) 룽 대군마마께서 아까 하신 말씀과 같이 우리는 백제의 꽃입니다. 아름다운 꽃처럼 향기로운 죽음을 하는 것이 후세에 나라의 끝을 아름답게 한 것인 줄 압니다. 그럼으로 나는 구구히 사느니보다 조초롭게 백제의 왕실을 따라 저 사자수 푸른 물에 몸을 던져, 궁녀로서의 정절을 지키려 하오니, 여러분 가운데 제 뜻에 찬동하시는 분이 계시면 서슴지 말고 저를 따르십쇼.

(…중략…)

어린 궁녀 : 언니, 죽으면 이 저고리 빛 새가 되서 목구멍이 터지도록 울 테야. 강 위를 날으면서 맘껏 실컷 울 테야.

늙은 궁녀 : (앞으로 나오며) 우리가 죽고 나면, 치마 주름주름, 머리칼 카락카락 사무친 원한을 어디다가 풀겠냐? 죽어 새가 되서 우느니보다 살아 마지막 실컷 울기나 하자.

늙은 궁녀, 머리를 풀고 왕실을 향하여 곡을 한다. 일동 따라 운다.

어린 궁녀 : (절벽 아래를 넘어다보고 기겁을 해서 뒤로 물러서며) 언니, 아이 무서.

근향 : 치마로 얼굴을 싸렴.

어린 궁녀 : 이 치마는 상감마마께서 주신 치마야.

근향과 근소노, 어린 궁녀의 3인, 치마로 얼골을 싸고 물에다 몸을 던진다. 남아 있는 궁녀들도 제각기 2,3인씩 꼭 붙들고 물로 뛰어든다. 뒤이어 산록에서 이 광경을 보았나 보다. "같이 가자", "나도 죽겠다" 하며 궁녀들 떼가 올라온다. 비바람은 점점 높아가고 전광, 뇌명의 소야에 사방에서 물로 뛰어드는 풍덩풍덩하는 소래만이 처참히 들려올 뿐.[19]

궁성을 빠져나와 갈 곳 몰라 헤매던 백제 궁녀들이 태자 륭 일행을 따르게 해달라고 애원하지만 륭이 신라군에게 붙잡히자 낙화암에서 투신하는 이 장면은 망국의 비애감을 극적으로 표현해주는 장면으로서 전혀 손색이 없다. 그러나 그보다 중요한 것은 망국의 슬픔이 여성 육체의 훼손을 통해 표상되는 민족의 젠더화 과정이 여기에서 반복되는 점에 있다고 할 수 있다. 민족을 강간당하는 여성의 표상으로, 이민족을 강간하는 남성의 표상으로 설정하는 방식에 의해 대개 민족의 수난 이야기는 더욱 강화된다.[20] 적군 병사들로부터 몸을 더럽히지 않기 위해 백마강에 몸을 던지는 망국의 궁녀들은 수난당하는 민족의 이미지를 표상하는 것으로 읽혀질 수 있다. '연약한' 여성의 육체를 통해 민족 이미지가 재구성됨으로써 '약소국', '약한 민족'이라는 민족의 젠더화가 이루어지고, 이에 따라 망국의 비애와 비분

19) 함세덕, 〈낙화암〉, 『함세덕문학전집』 1권, 지식산업사, 1996, 257~259면.
20) 권명아, 「수난사 이야기로 다시 만들어진 민족 이야기」, 『문학 속의 파시즘』(김철 · 신형기 외편), 삼인, 2001, 239면.

의 감정은 극대화된다.[21] 더욱이 궁녀들의 이름에 '무궁화 槿자'가 붙어있는 것은 투신하는 망국의 궁녀 이미지를 통해 식민지 조선 민족을 표상하려한 작가의 의도를 읽을 수 있는 것이다. 따라서 〈낙화암〉을 통해 소극적이나마 민족의식을 고취하려 했다는 작가의 말은 틀리지 않은 것이라 할 수 있다.

그러나 그렇다고 해서 〈낙화암〉이 내선일체의 상징인 특정 장소를 극화함으로써 일제의 동조동근론(同祖同根論)이라는 맥락에 부응하는 작품이라는 사실이 달라지는 것은 아니다. 실제로 일본은 1910년대부터 부여고적보존회를 만들어 집요하고 면밀하게 백제 유적을 내선일체 논리의 근거로 삼기 위한 작업을 해온 만큼[22] 함세덕이 백제 멸망사 이야기를 다룬 이면에는 제국 일본의 지배 담론이 도사리고 있음은 두말할 나위도 없는 것이다. 이러한 사실은 국민문학 시대에 제일의 국민연극 이론가로 자처한 함대훈이 "내선교류 관계의 역사를 극으로 만든다는 것도 여기서 등한시할 수 없는 것이니 이미 함세덕 군이 발표한 백제의 사실(史實)을 엮은 〈낙화암〉에도 이런 내선교류의 관계가 짜여있느니 만큼 이것을 개작한다면 훌륭히 국민연극으로서의 좋은 연극을 보여줄 것"[23]이라고 긍정적으로 평가한 점으로 미루어 보아도 충분한 것이다. 더 나아가 신라와 백제의 망국 원인이 적의 외침에 대해 군사적으로 대비하지 않고 내부에서 분열한 점에 있다는 점을 강조하여 '고도 국방국가 체제'를 지향하는 제

21) 이화진, 「일제 말기 역사극과 그 의미」, 『한국극예술연구』 제18집, 2003, 150면.
22) 최석영, 「일제 식민지 상황에서의 부여 고적에 대한 재해석과 '관광명소'화」, 『비교문화연구』 제9집 1호, 서울대 비교문화연구소, 2003, 109~137면.
23) 함대훈, 「국민연극의 방향」, 『춘추』, 1941.6.

국 일본의 담론에 부응한다는 점에서도 식민담론의 측면을 갖고 있다고 할 수 있다.[24)]

한마디로 〈개골산〉을 포함하여 〈낙화암〉에는 민족담론과 식민담론의 양가성(ambivalence)이 교차하고 있는 것이다. 이러한 양가성은 물론 제국 일본의 지배담론인 동양담론의 영향을 받는 식민지 조선의 문학작품을 관통하는 특징이라고 할 수 있다. '조선적인 것'을 지향하는 문학작품이 이러한 양가성의 측면을 잘 나타내주고 있다. '조선적인 것'은 제국 일본의 동양담론에 지방적인 것(향토적인 것)으로 포섭됨으로써 식민담론으로서 기능하는 한편 식민 지배자 일본과 다른 민족 정체성을 구성하여 제국 일본에 대해 저항하는 측면도 있는 것이다. 즉, '조선적인 것'은 동양주의라는 지배 담론에 대해 공모적 관계이면서 동시에 비판적 관계인 정치적 양가성을 띠고 있는 것이다.[25)]

그렇다면 식민지 후반기의 역사극에서 '조선적인 것'은 어떻게 재현되는가. 멸망사 이야기라는 표상을 통해 '조선적인 것'이 역사극에서 재현되고 있다고 보아야 할 것이다. 우리 민족의 과거 가운데 특히 멸망사 이야기를 선택함으로써 민족 이미지를 여성으로 젠더화하여 약소국, 약소민족의 비애와 슬픔을 극대화하는 전략을 채택했다는 것이다. 이러한 전략은 유치진과 함세덕이 훗날 회고하듯이 '소극적인 저항'이라고 스스로 항변했을 만큼 민족 정체성의 형성에 기

24) 삼천궁녀의 투신을 국가를 위한 숭고한 죽음으로써 국가 총동원 체제의 이념을 상징하는 것으로 해석할 수 있다. 이화진, 앞의 글, 147면.
25) 고부응 편, 『탈식민주의－이론과 쟁점』, 문학과지성사, 2003, 233면.

여했을 가능성이 높다. 이 같은 민족 정체성의 주장은 분명 민족의식을 고취시키는 측면이 있다. 유치진이 〈개골산〉이 1941년에 〈낙랑공주와 마의태자〉라는 이름으로 상연되었을 때 나라 잃은 식민지 관중의 열렬한 호응을 얻었다고 말하는 것은 이러한 측면 때문일 것이다. 제국 일본에 대해 민족의 독자적 정체성을 강조하면서 '차이'를 주장한다는 측면에서 민족담론의 성격을 지니는 것은 사실이다.

그러나 문제는 그 민족 정체성이 어떤 성격을 갖는 것이며, 그것이 누구의 시선에 의해 창출된 것이냐 하는 점이다. 식민지 후반기 역사극에 재현된 민족 정체성은 민족을 여성으로 표상하는 구성방식, 즉 자기 민족의 이미지를 여성적인 것으로 젠더화 하는 점에 중요한 특징이 있다. 이는 민족의 정체성을 약한 것, 슬픈 것으로 규정하여 민족의 이미지를 스스로 타자화 하고 심미화 하는 태도인 것이다. 이러한 점에서 역사극 〈개골산〉과 〈낙화암〉은 자기 민족의 정체성을 심미화 하여 구경거리로 삼아 보여주는 전시공간으로서의 연극, 즉 자기 민족지(auto-ethnography)의 성격이 강하다. 요컨대 〈개골산〉, 〈낙화암〉은 자기 민족 정체성의 형성을 멸망사 이야기를 통해 표상함으로써 자기 민족의 이미지를 고대 국가의 원시성에 결부시켰다. 이는 민족적 자의식의 양가성을 표현하는 것에 다름 아니다. 즉, 고대 국가 신라와 백제의 멸망사 이야기를 극화함으로써 자기 민족 정체성의 수치와 자부심을 한꺼번에 드러내는 민족적 자의식의 양가성이 표현된 것이다.[26] 신라와 백제의 멸망사 이야기는 적의 외침에 철저히 대비하지 못하고 음풍농월로 세월을 보낸 국왕(경순왕, 의자왕)의 무능

26) 레이 초우, 정재서 역, 『원시적 열정』, 이산, 2004, 58면.

함과 국권을 노리는 적에게 매수당해 이적 행위를 일삼는 간신배들의 사악한 음모라는 민족의 '수치'를 드러내는 한편 멸망 위기에 처한 나라를 구하기 위해 분연히 싸우는 태자(마의태자, 륭)와 충신들(유렴, 홍수 등)의 애국적 열정과 헌신이라는 민족의 '자부심'이 모두 나타나고 있다.

그런데 이 수치와 자부심이라는 민족 자의식의 양가성은 곧 '조선적인 것'의 양가성으로서 민족담론, 식민담론과 결부된다. 수치와 자부심은 민족 정체성을 구성하는 서로 다른 감정이지만 분리하기 어려울 정도로 서로 얽혀 한편으로는 '충성심'과 '애국심'이라는 아이콘으로 민족적 자부심을 고취시키는 데 작용하기도 하고 다른 한편으로는 '무능'과 '분열'이라는 아이콘으로 민족적 열등감을 심어주는 역할로 기능하기도 한다. '충성심'과 '애국심', 그리고 '무능'과 '분열'이라는 민족 자의식의 양가성은 민족담론으로 기능하면서 동시에 식민담론으로 작용하기도 한다. 식민지 조선 민족의 '충성심'과 '애국심'의 역사를 강조하면서 식민지 조선이 군국주의적 제국 일본의 '가치 있는 지방'[27]이라는 사실을 과시하고, 한편으로는 '무능'과 '분열'의 흠결 있는 역사를 전시함으로써 제국 일본에 대한 열등함을 표명하여 스스로를 주변화(orientalizing)하는 것이다. 실제로 1937년이라는 상황은 진정한 의미의 민족담론이 작품화되기가 거의 불가능한 상황이었다. 〈개골산〉이 발표되기 직전인 1937년 6월에 소위 일장기 말소사건으로 인해 동아일보는 총독부로부터 '언문신문지면쇄신요

---

27) 박노현, 「조선의 지속을 상상하는 연극적 리소르지멘트」, 『한국극예술연구』 제21집, 2005, 97면.

령'을 받아들일 것을 강요당하는데, 여기에 따르면 "조선의 역사적 인물, 산악, 고적 등에 관한 기사로서 민족의식을 자극하거나 배일사상을 고조할 혐의가 있는 기사는 게재하지 말 것"이라는 조항이 삽입되어 있는데 이는 문화적 민족주의의 우회적 표현조차 용인될 수 없다는 의미인 것이다.[28] 즉, 민족의 역사를 표현하더라도 흠결 있는 민족 이야기가 아니면 표현이 불가능했다는 것이다. 과거의 역사를 통한 민족 이야기의 극화가 멸망사(망국사) 이야기가 아니면 안 되었던 것은 이 같은 이유 때문이다. 결국 이것은 유치진, 함세덕이 역사극을 통해 민족의식을 고취하려 했다는 진술을 액면 그대로 믿기 어렵다는 사실에 다름 아닌 것이다. 그들이 자신의 역사극에서 강조한 민족의 충성심과 애국심이라는 미덕은 제국 일본을 위한 헌신을 의미하는 것이고, 무능과 분열은 제국 일본의 하위주체일 수밖에 없는 조선 민족의 야만성과 원시성을 표현하는 것일 뿐이다. 따라서 그들이 신라와 백제의 멸망사 이야기를 극화한 것은 '조선적인 것'을 표현하는 일환으로서 자기 민족의 고대사 이야기를 원시적인 것, 야만적인 것, 지방적인 것(향토적인 것), 여성적인 것으로 심미화 하고 페티시(fetish)화 하는 것에 가깝다. 신라와 백제 왕실에서 벌어지는 무지와 무능, 부패, 암투, 계략, 내부 분열 등이 민족 고대사의 원시적이고 야만적인 이미지를 창출한다.

지식인 작가가 문학 작품을 통해 자기 민족의 이미지를 야만화, 원시화 하는 데서 내적 분열이 나타날 수밖에 없다. 이는 작가가 자신을 근대적인 주체로 구성하는 작업과 관련된 문제이기도 하다. 자기 민

28) 천정환, 『끝나지 않는 신드롬』, 푸른역사, 2005, 324~325면.

족 내의 열등한 요소(무지, 무능, 부패, 분열 등), 또는 열등한 존재들(향토, 자연, 여성, 어린 아이 등)을 호출하여 야만화 하고 타자화 함으로써 식민지 지식인 작가 자신은 열등한 요소들과 거리가 먼 근대적 주체로 구성되는 것이다.[29] "스스로가 '문명'이라는 증거는 주변에서 '야만'을 발견하고 그 토지를 영유함으로써만 손에 넣을 수 있다. '아이누'는 최초의 야만으로 발견되었던 것이다"[30]는 고모리 요이치의 말은 이러한 맥락과 궤를 함께 하는 것인데, 식민지 후반기 한국에서 발견된 야만으로서 아이누의 역할을 했던 것이 바로 고대 백제와 신라의 망국사 이야기라는 것이다. 결국 고대 국가의 멸망사 이야기라는 표상은 결국 지식인 작가의 식민지 근대적 주체 구성의 욕망을 위한 내부 식민 만들기의 일환으로 호명된 것이라고 볼 수 있다. 그런데 이러한 시선은 식민지 지식인의 자생적인 것이라기보다는 식민지 조선을 대하는 제국 일본의 오리엔탈리스트적 시선을 흉내 낸 것(mimicry)에 불과하다. 서양이 야만적이고 원시적인 '익숙한 동양'에 대해서는 조롱의 시선을 던지고, 낯선 미지의 '새로운 동양'에 대해서는 호기심과 즐거움(또는 두려움)을 나타내는 양가적 태도를 보이듯이[31] 제국 일본이 제국의 '지방', '향토'로서 '조선적인 것'을 대하는 태도가 그러했으며, 식민지 조선의 작가가 자기 고대 멸망사를 취하는 태도가 역시 제국 일본의 흉내 내기였음은 분명하다. 〈개골산〉과 〈낙화암〉에 나타난 무지, 무능, 분열, 부패가 '익숙한 동양'으로서 조롱의 대상이고, 충성심

29) 레이 초우, 앞의 책, 43면.
30) 고모리 요이치, 송태욱 역, 『포스트 콜로니얼』, 삼인, 2002, 32면.
31) 고부응 편, 앞의 책, 227면.

과 애국심은 '새로운 동양'으로서 호기심과 즐거움(두려움)의 대상이 되는 것인데, 이는 제국 일본의 오리엔탈리스트적 시선이 식민지 작가에 의해 전유된 것이라 할 수 있다.

3. '조선적인 것'의 허구성과 내적 분열

식민지 지식인이 식민지 안에 내부 식민지를 설정하여 하위주체화 하고 자신을 의사-제국 주체로 구성하려는 욕망은 애초부터 내적 분열을 수반할 수밖에 없는 운명을 갖고 있다. 식민지에 대해 동화와 차별화를 병행하는 식민지 종주국의 정치적 양가성 때문에 그러하다. 제국 일본 내에는 제국과 식민지의 동화, 통합을 추구하는 '제국'으로서의 일본, 그리고 제국과 식민지를 구별하려고 하는 배타적인 '민족'으로서의 일본이 공존하고 있었다. 혼합 민족론을 주장한 총독부, 내선 동조동근론을 주장한 일본 인류학자들의 입장이 전자에 속하는 것이라면, 순혈 민족론을 주장한 후생성의 입장은 후자를 대표하는 것이라고 할 수 있다.[32] 배타적인 '민족'으로서의 일본이 엄연한 현실로 존재하는 한 식민지 지식인의 의사-제국 주체 만들기는 허구일 수밖에 없는 것이다. 이는 곧 내부 식민지 만들기를 전제로 하는 '조선적인 것'의 허구성을 말해주는 것이다.

민족 내부의 열등하고 원시적이고 야만적인 것을 상정하여 만들

32) 윤대석, 『식민지 국민문학론』, 역락, 2006, 51~52면; 오구마 에이지, 조현설 역, 『일본 단일민족신화의 기원』, 소명출판, 2003, 306~351면.

어진 '조선적인 것', 그리고 그것을 타자화 하여 근대적 주체로서 자신의 정체성을 구성하려는 욕망은 표상 작업을 필요로 할 수밖에 없는데 고대 국가의 멸망사와 망국 이야기가 그러한 표상의 역할을 하였다. 이광수의 〈마의태자〉, 김동인의 〈제성대〉, 〈백마강〉 등의 장편소설과 〈왕자의 최후〉, 〈왕부의 낙조〉와 같은 야담 및 사화, 그리고 〈장야사〉(『조광』, 1939.6), 〈낙화암〉(현대극장 1944년 공연), 〈낙랑공주와 마의태자〉(고협 1941년 공연), 〈사비루의 달밤〉(『문장』, 1941), 〈백마강〉(동양극장 1942년 공연), 〈백제와 낙화암〉(조선성악연구회 1940년 공연) 등의 희곡 및 연극 상연을 비롯한 멸망사 이야기의 문학화가 당시 대중적으로 대량 제작, 유포된 것[33]은 이와 같은 사실을 말해준다고 할 수 있다.

멀리 고란사의 야종(夜鐘) 소리 은은히 들려온다.

일동, 침묵

륭 : (호소한다) 오, 상서로운 달아. 무한과 변화를 자랑하는 달아. 너의 빛을 머금은 우리나라는 너와 갖이 태평하고 사직이 무궁해야 하겠다만 나라는 어즈러운 지 이미 오래라 백성이 도탄에 울고 부왕과 백관들이 정사를 잊었으니. 오! 철월, 이 일을 어쩌면 좋으랴.

근향 : (울며) 마마께옵서는 이렇게 국사에 옥흉을 태우시는데 어째서

33) 공임순, 「식민지시대 홍망사 이야기와 여성 육체의 시각화」, 『시학과 언어학』 제9집, 시학과언어학회, 2005, 101~102면.

상감마마께옵서서 밤낮으로 연유만 베푸시오는지.

문사 : 숙부, 너머 애태우지 마오.

륭 : 웨 허구 많은 사람들을 다 두고 태자로 태어났을까?

문사 : **숙명인 걸 어떻게 하오.**[34](강조는 인용자)

국왕이 무능하여 백성이 도탄에 빠지고 국운이 기울어가는 나라의 태자의 슬픈 '숙명'은 제국 일본의 시선으로 보면 낯선 이국적 정취와 동정심을 유발하면서 동시에 우월감을 느끼게 하고, 민족 내부의 시선으로 보면 흠결 많은 과거의 멸망사에 대한 안타까움과 더불어 민족적 열등감을 불러일으킨다. '슬픈 운명은 곧 조선적인 것', 민족적인 것으로 표상되는 것은 제국 일본 오리엔탈리스트의 시선에 의해 발견되어 식민지 지식인에게 전이된 것이다. 그러한 시선의 발견이 일본 민예운동가이자 조선미술 수집가인 야나기 무네요시[柳宗悅]에 의해 이루어진 것은 주지의 사실이다. 그는 수많은 외침과 내란에 시달린 "**조선 역사의 운명은 슬픈 것**"이라고 하면서 "오랫동안 참혹하고 처참했던 조선의 역사는 그 예술에다 남모르는 쓸쓸함과 슬픔을 아로새긴 것이다. 거기에는 언제나 **비애의 아름다움**이 있다. 눈물이 넘치는 쓸쓸함이 있다"[35]고 하여 식민지 조선 예술의 아름다움을 '비애(悲哀)의 미'로 규정하였다. 야나기는 진정으로 조선인과 조선의 예술을 아끼고 사랑한 인물로 평가받지만 식민지 조선의 역사와 예술을 슬픈 것으로 규정하여 상대적으로 주변화(orientalizing) 하

34) 함세덕, 앞의 글, 160면.
35) 야나기 무네요시, 심우성 역, 『조선을 생각한다』, 학고재, 1995, 18 · 86면.

는 비서구 식민주의의 양가적 태도를 유지한 것은 부인하기 어렵다.[36] 일본 식민주의에 대해 비판적 태도를 취한 야나기 역시 강하고 남성적인 것은 제국의 중심 일본의 전유물로 인식했던 것이다. 이러한 태도는 야나기만의 것이 아니었다. 고니시 미쯔오[小西三雄] 역시 연극 〈춘향전〉 공연을 보고난 후에 〈춘향전〉의 "이야기 밑에 흐르는 **애완우미**(哀婉優美)**한 시정**(詩情)**은 반도인 특유의 것**이지만, 그것은 또한 내지인의 감정에도 통하는 것"[37](강조는 인용자)이라고 하여 '애완우미'의 정서를 조선적인 것으로 규정하였다.

이는 일본의 경우도 다를 바 없어서 일본 미술의 아름다움을 발견하고, 일본 미술사를 분류하고 체계화하여 일본 미술사의 담론을 최초로 구성한 것이 미국인 미술연구가 어네스트 페놀로사였던 것이다.[38] 이와 마찬가지로 세키노 다다시의 연구 이래 식민지 조선의 미술사는 찬란한 발전을 이룬 신라 미술과 쇠퇴한 '이조(李朝)' 미술이라는 식으로 일본이 창작해낸 담론방식에 의해 규정되었다.[39] 자기 민족과 문화의 정체성이 식민주의 타자에 의해 규정되고 정의되며, 또 그것이 자명한 것처럼 받아들여지는 담론방식은 미술사에만 국한되는 것이 아니다. 이미 박노현에 의해 언급된 바 있지만,[40] 식

36) Kim, Brandt, "Objects of Desire-Japanese Collectors and Colonial Korea", *Positions* Vol.8 No.3, Duke University Press, 2000, p.714.

37) 小西三雄, 「藝術からの內鮮一體」, 『朝鮮』, 1939.1(백현미, 「민족적 전통과 동양적 전통—1930년대 후반 경성과 동경에서의 〈춘향전〉 공연을 중심으로」, 『현대문학이론연구』 제23집, 2004, 236면에서 재인용).

38) 가라타니 고진, 왕숙영 역, 「미술관으로서의 역사」, 『창조된 고전』(하루오 시라네 · 스즈키 토미 편), 소명출판, 2002 참조.

39) 다카기 히로시, 「일본미술사와 조선미술사의 성립」, 『국사의 신화를 넘어서』(임지현 · 이성시 편), 휴머니스트, 2004, 186~187면.

40) 박노현, 앞의 글, 111면.

민지 후반기의 희곡에서 신라, 백제와 같은 고대 국가의 멸망사 이야기는 연민어린 시선에 의해 그려진 반면, '이조(Yi dynasty)'의 이야기는 지워지고 있는 경향이 있는데 이는 미술사 담론구성 방식의 또 다른 변주라고 할 수 있다. 송영의 〈김삿갓〉, 임선규의 〈동학당〉, 장혁주의 〈춘향전〉 등에서 볼 수 있는 것처럼 피지배계층과 달리 조선 왕조의 지배계층은 무능하고 부패하여 나라를 망친 존재들로 묘사되어 있다. 그 대표적인 경우의 하나로 장혁주가 쓴 일문(日文) 희곡 〈춘향전〉을 들 수 있다.

사또 : (낮은 소리로) 이방. 오십 냥도 낼 수 없다고 하느냐?

이방 : 도저히 자기는 낼 수 없다고 합니다.

사또 : (목소리를 높여) 여봐라, 여봐라.

제1 죄인 : 예.

사또 : 이것이 마지막이다. 알았느냐? 나의 명령대로 하면 된다. 그렇지 않으면 내일은 참수하겠다. 멍청한 놈. 잘 들어라. 몇 번을 말해도 못 알아듣는 놈이군. 내가 명한 대로 돈을 지참하면 너의 목숨은 건질 수 있을 뿐 아니라 싸운 상대에게서 소 값을 전부 받아준다고 하지 않느냐. 네가 손해 보는 일은 없을 텐데. 어떠냐? 알겠느냐?

제1 죄인 : 예. 모르겠습니다.

사령 : (죄인을 쿡쿡 찌르며 낮은 목소리로) 어이. 너처럼 못 알아듣는 놈은 없다. 알겠습니다 하고 아뢰두면 되잖아. 반드시 50냥 전부라고는 하지 않아. 30냥이나 40냥이나 준비할 수 있는 만큼 가지고 오면 되는 거야.

제1 죄인 : 아무리 그래도 마찬가지다. 나는 50냥은커녕 단 닷 푼도 낼 수 없다. 먼저 사또였다면 이런 일은…….

사령 : 쉿.

사또 : 뭐라고 하는 거냐?

사령 : 아무리 해도 안 되겠다고 합니다.

사또 : 음. 형리. 그놈을 지하 감옥에 쳐 넣어라. 내일은 참수시켜라. 그놈 대신에 그놈의 자식과 부모형제는 물론이고 연고 있는 자는 모조리 끌고 와 가두어라.[41]

장혁주의 〈춘향전〉 3막 '신관 사또'의 한 대목을 인용한 것이다. 전체 6막으로 구성된 이 작품에서 가장 눈에 띠는 부분이 바로 신관 사또의 학정과 가렴주구를 묘파한 3막이라 할 수 있다. 1930년대 중반 유치진이 각색한 〈춘향전〉을 극예술연구회가 상연한 이래 몇 차례에 걸쳐 〈춘향전〉이 연극 형태로 각색 상연되었는데, 장혁주의 〈춘향전〉이 갖는 두드러진 특징이 바로 이 부분에 있기 때문이다. 유치진의 〈춘향전〉에도 물론 신관 사또의 학정과 가렴주구는 이해조의 〈옥중화〉와 같은 이전의 〈춘향전〉 판본에 비해 두드러지게 나타나지만[42], 그것은 원작의 연극적 변주를 크게 벗어나지 않기에 유치진 고유의 창작적 요소라고 보기 어렵다. 그러나 조선 후기 지방 관리의 폭정에 관한 극단적 표현은 장혁주가 일본어로 쓴 〈춘향전〉에서 표

41) 장혁주 · 박연희 역, 〈춘향전〉, 『해방전(1940~1945) 일문 희곡집』(이재명 편), 평민사, 2004, 202~203면.

42) 이상우, 앞의 책, 109면.

나게 나타난다. 3명의 죄인들(제1 죄인, 제2 죄인, 제3 죄인)들을 차례로 등장시켜 이들에게 죄를 뒤집어씌우고 재산을 약탈하는 '이조' 부패관료의 표상으로서 신관 사또라는 인물의 전형이 창조되고 있는 것이다. 그것은 마치 이인직의 〈은세계〉에 등장하는 부패관료의 표상인 정감사라는 인물을 연상시키는 것이기도 하다. 이러한 장면은 장혁주 스스로도 기존의 〈춘향전〉 판본과 다른 자신의 창작적 요소라고 자인한 바 있다.43)

주지하는 바와 같이, 장혁주의 〈춘향전〉은 무라야마 도모요시[村山知義]의 요청에 의해 씌어져서 1937년 일본 잡지 『신조(新潮)』(35권 3호)에 처음 수록되고 이를 저본으로 하여 1938년 봄과 가을에 일본의 극단 신협이 각각 동경과 경성에서 연극으로 상연하였고, 1941년 일본의 아카츠카서방[赤塚書房]에서 단행본으로 출간된 바 있다. 그런데 1937년과 1941년, 두 개의 희곡 판본이 갖는 두드러진 특징은 3막 신관 사또의 부패 행적을 확대, 과장하여 탐관오리의 패악을 강하게 부각하고 있다는 점이다.44) 흥미로운 점은 제국 일본의 연극인 무라야마의 요청에 의해 한국의 고전 〈춘향전〉이 일본어로 쓰이고 일본인에 의해 연극으로 상연되었다는 사실이다. 물론 근본적인 이유는 제국 일본의 지방인 조선의 향토적인 고전작품을 발굴, 상연함으로

43) 장혁주는 〈춘향전〉 후기에서 "일년 가까이 원작의 줄거리나 분위기만을 필자의 머리 속에서 주무르는 사이 마침내 시대와 인물의 줄기만 잡고 다른 것은 필자 자신의 감각으로 살을 붙여 근대문학적 요소도 상당히 포함되도록 했다. 예를 들면 제3막에 죄인이 나온다든지 어사와 역졸의 장을 넣는다든지 그 외 창작적인 궁리를 한 것이다"라고 말했는데, 이는 3막에 자신의 창작적 요소가 가장 많았다는 사실을 자인한 것으로 볼 수 있다. 이재명 편, 앞의 책, 244~245면.

44) 백현미, 앞의 글, 224~226면.

써 궁극적으로는 제국 일본과 식민지 조선의 동질성[同祖同根]을 강조하고 제국 일본의 문화적 풍요를 과시하려는 의도일 것은 분명하다. 그런데 중요한 문제는 제국의 지방이자 향토로서 식민지 조선의 과거인 '이조'의 형상화에 나타난 담론구성방식에 있다. 장혁주의 〈춘향전〉에 나타난 '이조' 형상화 방식은 신분차별을 초월한 청춘남녀의 숭고한 사랑이라는 보편적 정서가 주조를 이루는 것이긴 하지만 그에 못지않게 강조되고 있는 것은 '이조'의 부패상이다. 물론 이는 '이조'가 망할 수밖에 없었던 필연성을 반복적으로 재구성함으로써 제국에 대한 식민지의 열등감을 유포하는 데 목적이 있을 터이다. 이러한 점에서 '이조'의 부패상을 묘파한 것도 광의의 망국사 이야기 범주에 포함시킬 수 있다.

즉, '이조'의 부패와 패악 이야기는 망국사 이야기의 새로운 변이형이라고 할 수 있다. 따라서 이조를 망하게 만드는 원인을 제공하여 결국 식민지 민중을 망국민으로 떨어뜨린 존재(지배계층)들에 대한 비난 역시 계급의식으로 평가하기보다는 모든 부정적인 속성을 피식민지인에게 전가하고 덮어씌우는 피해자 비난하기(blaming the victim)의 심리로 해석하는 것이 타당할 것이다. 이 피해자 비난하기의 심리는 원래 식민주의자의 전유물인데, 식민지 지식인에게도 전이되는 것이다. 그들은 자기 내부에 또 다른 내부 식민지를 만들어 이들을 '피해자'로 만들면서 자신은 근대적 의사-제국 주체가 되고자 욕망한다. '이조'를 배경으로 한 '조선적인 것'으로서의 희곡작품들에서도 역시 이러한 측면이 잘 나타나고 있다. 그러나 이러한 근대적 주체되기의 욕망은 제국 일본의 식민주의자나 식민지 조선의 지식인들 모두 내적 분열로 인해 실패할 수밖에 없는 것이다. 근대적 주체를 자처하는 자신들이 인간으로서 또는 민족으로서 지닌 모든 부정적 속성에 대해 마치 자신과 무관한 듯이 시치미 떼고 타자의 정체성에게 이 모두를 전가하여 열등화 시키려는 시도는 진실한 것이 아니기 때문에 근대적 주체 내부에서 분열을 겪을 수밖에 없는 것이다. '조선적인 것'의 일환으로서 식민지 후반기의 역사극에 나타난 민족담론과 식민담론이 서로 공존하면서도 내부적으로 균열할 수밖에 없는 것은 이러한 이유에서일 것이다.

4. 민족담론과 식민담론의 공존, 분열 결론을 대신하여

유치진의 〈개골산〉과 함세덕의 〈낙화암〉을 통해서 우리는 식민지 후반기의 역사극에서 민족담론과 식민담론이라는 양가성이 교묘하게 공존하고 있는 양상을 살펴 볼 수 있었다. 이는 앞서 살펴본 것처럼 동양주의 담론의 일환으로서 '조선적인 것'을 추구하는 식민지 조선의 문학에 나타나는 보편적 특징이라고 할 수 있을 것이다. 따라서 이 시기에 '조선적인 것'을 추구하는 문학을 어느 한쪽의 편향적 관점에서 평가하는 것은 문제가 있는 태도로 보인다. 이 시기의 조선적인 문학은 자체 내에 체제담론적인 성격(반민족성)과 체제저항적인 성격(민족주의)의 모순적 양가성이 병존하고 있었던 것이다. 당시 최고의 비평가로 이름을 떨치던 최재서의 평론에서도 이와 유사한 맥락을 볼 수 있다.

일본문학과 대립하여 조선문학이 있는 것이 아니다. 일본문학의 일환으로서 조선문학이 있는 것이다. 다만 **조선문학은 충분히 독창성을 가진 문학**일 터이므로, 장래의 일이기는 하지만 조선문학으로서의 일부분을 확보하게 될 것이다.

조선문학을 논하는 경우, 그것을 규슈문학이나 북해도문학과 비교하는 사람이 많다. 물론 일본의 지방문학으로 파악한 것이겠지만, 그렇다고 틀렸다 말할 수는 없다. 그러나 양자는 결코 동렬에 나란히 놓을 성질의 것은 아니다. 조선문학은 규슈문학이나 동북문학이나 아니면 대만문학 등이 가지고 있는 지방적 특이성 이상의 것을 갖고 있다. **그것은 풍토적으로나 기질적으로도 다르다. 따라서 사고형식상으로도 내지와는 다를 뿐만 아니라, 오랫동안 독자적인 문학전통을 함유하고 있으며, 또 현실적으로도 내지와는 다른 문제와 요구를 지니고 있다.** 앞으로도 조선문학은 이들 현실과 생활 감정을 소재로 하게 될 것이므로, 내지에서 생산되는 문학과는 상당히 다른 문학이 될 것이다. 굳이 예를 찾는다면, 그것은 **영국문학에 있어서 스코틀랜드 문학과 같은 것이** 아닐까? 그것은 영문학의 일부분이지만 스코틀랜드적 성격을 견지하여 다수의 공헌을 하고 있다. 또 언어문제가 시끄러웠던 때에 자주 **조선문학을 아일랜드문학에 비교하는 경향도 있었는데, 그것은 위험하다.** 아일랜드문학은 역시 영어를 사용하고는 있지만, **정신은 처음부터 반영(反英)적이며 영국으로부터의 이탈이 그 목표였다.**[45](강조는 인용자)

45) 최재서, 노상래 역, 「조선문학의 현단계」(1942.8), 『전환기의 조선문학』, 영남대 출판부, 2006, 71~72면.

최재서는 이 글에서 일본문학의 일환으로서 조선문학은 영국문학 내에 스코틀랜드문학에 비견되는 조선적 특수성과 독자성을 갖고 있지만, 그렇다고 해서 아일랜드문학처럼 식민 본국에서 이탈하려는 반제(反帝)적 성격을 가져서는 안 된다고 말한다. 일본문학이라는 한계 안에 존재하는 것이기는 하지만 조선문학은 풍토적으로나 기질적으로나 사상적으로 내지와 다르며 독자적인 문학전통을 갖고 있다고 조선문학의 '차이'(독자성)를 강조하는 측면은 최재서 비평의 민족담론적 측면이라고 볼 수 있다. 더 나아가 최재서는 같은 글에서 "다음으로 까다로운 것이 민족론인데, 이것도 반도 내에서 생기는 문제이기보다는 내지 언론이 여러 가지로 빚는 물의이다. 즉 나찌투의 민족순혈론이 그것이다. 말하는 사람은 아무래도 고의로 조선을 배척하려고 말하지는 않겠지만, 어찌되었든 결론에 가서는 국민문화를 건설함에 있어서 조선동포를 제외 하듯 하면 결코 바람직한 일은 아니"[46]라면서 내지 언론과 문학자의 민족 순혈주의적 태도를 강한 어조로 비판한다. 국민문학을 주창하는 대표적 문학자의 한 사람이었던 최재서의 비평 역시 민족담론의 측면을 아주 비켜가지는 않았던 것이다. 그러나, 그는 조선문학이 독자성을 갖더라도 제국 일본으로부터 이탈하려는 아일랜드식의 저항문학이어서는 결코 안 된다고 말함으로써 체제순응적인 식민담론의 그늘에서 크게 벗어나지도 못하고 있는 것이다.[47]

---

46) 위의 글, 75면.

47) 최재서 비평의 신지방주의론이 갖는 양가성에 대한 보다 상세한 논의는 윤대석의 「『국민문학』의 '신지방주의'론」(사에구사 도시카쓰 외, 『한국 근대문학과 일본』, 소명출판, 2003)을 참조할 것.

이러한 양가성의 모순은 당시 연극계에도 비슷하게 나타난다. 국민연극론을 주창한 대표적 이론가인 함대훈의 다음 글을 살펴보자.

> 그런데 이것은 현대에서 그 제재를 취하는 데 대한 것이어니와 역사상에서 취급하는 데 있어서도 또한 여기는 **조선적인 특수성이 內地의 國民演劇의 소재와 相異가 있다는 것**을 인식하지 않을 수 없다. 조선의 역사상의 인물을 취급해서 거기 개척정신이나 영웅적인 행동 등에 있어서 이것을 통해 직접 관중에게 이 동아공영권 확립에 직접적인 노력을 하라는 것은 못준다 해도 **이 영웅적인 역사상 인물의 행동으로서 넉넉히 조선인도 오늘날처럼 이렇게 哀傷하지 않았으니 옛사람의 피를 본받아 우리도 英雄的인 開拓精神으로의 이 동아를 한 一線 안에 들도록 하자는 그런 영웅심을 길러줄 수 있다는 점에서 국민연극에 있어서 歷史劇을 무시할 수가 없는 것이다.** (…중략…) 역사상의 낭만성, 다시 말하면 그 한번 세운 뜻을 이루려는 그런 영웅적인 낭만성, 이것을 길러줄 **史劇이야말로 국민연극의 한 가지 중대한 과제이니** 이 역사극에 대한 금후 우리의 갈 방향은 또한 연구할 범위가 상당히 많은 것이다.[48](강조는 인용자)

함대훈의 이 글에서 역시 국민연극의 일환으로서 조선연극이 "내지의 국민연극의 소재와 相異가 있다는 것", 즉 특수성, 독자성을 갖는다는 점이 설파된다. 국민연극의 한 방향으로서 조선적 특수성을 반영하는 역사극의 중요성을 강조한 것이다. '국민문학의 일환으로서 조선연극'을 주장하는 논조의 기조에는 식민담론이 전제되어 있

48) 함대훈, 「국민연극의 방향」, 『춘추』, 1941.6.

기는 하지만, 결국 조선연극의 독자성을 요구하는 저변에는 민족주의의 욕망이 개입되어 있음을 부인하기 어렵다. 즉, 함대훈이 주장하는 역사극에는 과거의 영웅적 인물의 행동과 정신이 표현되어야 하는데 여기에는 "선인도 오늘날처럼 이렇게 哀傷하지 않았으니 옛사람의 피를 본받아 우리도 영웅적인 개척정신으로서 이 동아를 한 一線 안에 들도록 하자"는 민족적 자긍심의 표현 욕망이 내재되어 있는 것이다. 이를 조선적인 독자성의 강조라고도 할 수 있을 것이다. 이러한 표현 욕망 안에는 제국의 신민으로서 스스로의 위치를 부인하지 않는 식민담론의 성격과 더불어 조선민족으로서의 독자성과 자부심을 잃지 말자는 민족담론의 성격이 공존하고 있는 것이어서 주목을 끈다. 특히 함대훈이 제국의 신민이 되면서도 민족의 자긍심과 독자성을 고취시키는 국민연극의 방향으로서 '역사극'의 가능성을 제시했다는 점에 주목할 필요가 있다. 민족의 과거를 다룬 역사극 안에서 국민연극이 지향하는 도도한 동양주의 담론과 궤를 같이 하면서도 조선 민족의 민족 자긍심과 독자성을 내세울 수 있는 가능성을 함께 발견했던 것이라고 할 수 있다.

그렇다면 당시 관객들은 이러한 역사극에 대해 어떠한 반응을 보였을까. 대체적인 결론은 역사극에 대해 호의적 반응을 보였다는 것이다. 이해랑의 회고가 그러한 예증이 될 수 있다.

> 高協은 大和塾의 전속단체였다. 沈影은 대화숙과는 아무 관계가 없는 자였다. 민족주의자이거나 공산주의 사회주의 운동으로 혐의를 받고 풀려난 사람만이 대화숙생이기 때문이다. 심은 일제에 아부하느라고 자진

해서 머리 깎고 숙생이 된 작자였다.

(…중략…)

심영은 대화숙이란 백그라운드를 끼고 마음대로 레퍼터리를 선정했다. 유치진씨의 〈마의태자〉(〈개골산〉과 같은 작품—인용자)도 했다. 〈마의태자〉는 극예술연구회 시절 쓴 것으로 셰익스피어의 햄릿을 방불케 하는 좋은 작품이다. 독백 같은 것도 좋은 게 있고 연극으로도 스케일이 큰 대작이다. 유치진 선생이 써서 그때 드물게 동아일보에 연재가 됐는데 상연은 못했었다. 망국사라 해서 한국 사람들을 민족적으로 자극시킨다고 금지를 시켜 10여 년간 희곡으로만 있던 거였다. 그것을 고협에서 무대상연을 했다. 가는 곳마다 관객이 터져 넘쳤다. 신파연극과 다른 민족혼이 살아있는 작품을 알아본 것이다.[49]

이 인용문에서 우리는 두 가지 중요한 사실을 확인할 수 있다. 첫째, 관객의 반응. 둘째, 유치진의 〈개골산〉(〈마의태자〉와 같은 작품)에 대한 일제 당국의 대응방식. 첫째, 〈개골산〉과 같은 망국사 이야기에 대한 관객의 반응은 매우 호의적이었던 것 같다. 관객 대중은 우선 작품 표면에 나타난 민족의식에 열광하였던 반면, 작품 이면에 잠재된 식민주의 담론에는 미처 주목하지 못했다. 대체로 망국사 이야기에 나타난 식민담론은 정치적 무의식을 통해 주입되는 은밀한 특징이 있으므로 당대 관객이 그 숨은 의도를 쉽게 간파하기 어려웠을 것이다.

둘째, 일제 당국은 〈개골산〉과 같은 조선의 망국사 이야기에 관해

49) 이해랑, 앞의 책, 280~282면.

억압과 장려의 이중적 태도를 취했다는 사실이다. 〈개골산〉을 10여 년 동안 상연 금지시킨 것은 망국사 이야기가 갖는 민족담론의 위험성에 대한 억압적 정책을 편 것인 반면, 이른바 '불령선인(不逞鮮人)'의 사상교화기관인 대화숙(大和塾)의 전속극단 고협에서 〈개골산〉을 상연[50)]했다는 것은 일제 당국이 망국사 이야기를 넓은 의미의 식민담론으로 보았다는 이야기가 되는 것이다. 한 마디로 일제 당국은 시세에 따라 망국사 이야기의 양가성에 대해 다른 판단을 했다는 것이다. 그만큼 식민지 당국조차 망국사 이야기가 갖는 민족주의와 식민주의의 이중성에 대한 판단이 혼란스러웠다는 것이다. 이와 같은 양상은 함세덕의 〈낙화암〉에서도 비슷하게 나타난다. 1944년 현대극장에 의해 상연된 〈낙화암〉은 당초 '역사를 그대로 보여주는 것은 국민정신 함양에 유익하다'고 하여 당국의 공연 허가를 받았지만, 실제로 평양 공연 도중에 민족적 색채가 짙은 작품이라는 이유로 맹만식, 강계식, 이화삼, 박노아 등의 단원이 경찰에 연행되고 공연이 중단되기도 했던 것이다.[51)] 〈낙화암〉이 국민정신의 함양에 유익하다는 판단과 민족적 색채가 짙어서 상연이 곤란하다는 판단은 결국 같은 식민 당국이 내린 것이지만 시기와 상황에 따라, 집행자의 시각에 따라 얼마든지 달라질 수 있었던 것이다. 그만큼 조선적인 것으로서의 망국사 이야기에 나타난 민족담론과 식민담론의 양가성은 공존하면서도 분열을 겪을 수밖에 없는 것이었다.

50) 1941년에 〈낙랑공주와 마의태자〉라는 제목으로 상연하였음.
51) 노제운, 앞의 글, 554~555면.

심상지리로서의 대동아(大東亞)

1940년대 전반기 희곡에 나타난 반서양주의와 인종적 상상력

1. 대동아라는 상상의 지리

'대동아공영권(大東亞共榮圈)' 사상은 '대동아(大東亞)'라는 상상적 지리 관념에 기반을 둔 제국 일본의 패권주의, 팽창주의적 산물이다. 이 블록개념으로서 대동아라는 지리 관념은 특히 1937년 중일전쟁 시기에 발흥하여 1940년대 초반 태평양 전쟁기에 걸쳐 널리 유포된 하나의 상상적 산물이라 할 수 있다. 중일전쟁 직후 일만지(日滿支, 일본 · 만주 · 중국) 블록 개념으로 성립된 '동아신질서'가 1940년대에 들어서 남방권(동남아시아와 남태평양)까지를 포괄하는 광의의 블록개념으로 확대되면서 '대동아신질서'로 확장, 변경되었다. '대동아공영권' 사상이라는 범아시아주의(Pan-Asianism)[1]의 지리 관념의 뿌리는 멀게는 1880년대 메이지 시대에 이미 싹을 보인 현양사(玄洋社), 흑룡회(黑龍會)의 팽창, 침략주의 사상과 타루이 토오키치[樽井藤吉]의 저술 『대동합방론(大東合邦論)』(1885), 오카쿠라 덴신[岡倉天心]의 『동양의 이상』(1902) 등에서 기원한다.[2] 이러한 아시아주의의 상상적 지리 관념은 특히 제국 일본이 진주만 공습으로 미국과의 전쟁을 개시한 1941년 이후 보다 명확하게 확립된다. 즉, 미국, 영국으로 대표되는 서양 중심의 '세계 구질서'에 대한 재편 요구로서 '대동아' 이념이 주창되면서 대동아공영권 사상이 보다 명징하게 확립된 것이라고 할 수 있다.[3] 이러한 지리 관념을 '대동아전쟁' 시기의 문학작품에서 발견하기란 그리 어렵지 않다. 다음 시를 보자.

아세아의 세기적인 여명은 왔다
영미의 독아에서
일본군은 마침내 신가파(新嘉坡)를 뺏아내고야 말았다

동양 침략의 근거지
온갖 죄악이 음모되는 불야의 성
싱가폴이 불의 세례를 받는

---

1) 아시아주의라는 용어는 매우 다양하고 복잡하게 사용된다. '대아시아주의', '범아시아주의', 또는 '동양', '동방', '동아'라는 다양한 표현이 함께 사용된다. 범아시아주의라는 용어는 '범슬라브주의', '범게르만주의'라는 용어와 같은 지역주의, 민족주의의 맥락에서 사용된 것이다. 'Pan-ism'이라는 표현은 19세기 말부터 20세기 초반에 사용되던 세계적인 유행어였다. 다케우치 요시미, 서광석 · 백지운 역, 『일본과 아시아』, 소명출판, 2004, 232면.

2) 위의 책, 246~269면.

3) 고야스 노부쿠니, 이승연 역, 『동아, 대동아, 동아시아』, 역사비평사, 2005, 89~93면.

이 장엄한 최후의 저녁

(…중략…)

얼마나 기다렸던 아침이냐
동아민족은 다 같이 고대했던 날이냐
오랜 압제 우리들의 쓰라린 추억이 다시 새롭다4)

태평양전쟁 발발 직후에 쓰인 노천명의 시 「싱가폴 함락」(1942)에서는 일본군의 싱가포르 점령 사건을 전(全)아시아인의 기쁨인 것처럼 과장되게 묘사하고 있다. 영미(英美)로 대표되는 서양을 동양에 대한 압제자, 침략자로, 동양을 대표하는 일본을 억눌린 동양의 해방자로 표상하는 담론구성방식은 당시 식민지 조선에서는 아주 관습적인 것이었지만 주목을 요하는 대목이다. 여기서 유난히 여러 번 반복되는 '아세아', '동양', '동아민족'이라는 어휘는 서양('英美')을 '동양 침략'의 원수로서 타자화 하기 위해 발명한 상상적 동일자('우리')의 이미지인 것이다. 이 동아, 혹은 대동아라는 상상적 우리의 이미지가 패권주의적 제국 일본과 그 식민지, 점령지들을 동양이라는 동일자로 표상하기 위해 조작된 허구적 심상지리였음은 두 말할 나위도 없다. 이 시에서 '동양인(아시아인)'이란 "얼굴이 검은 친구여! / 머리에 터번을 두른 형제여! / 잔을 들자 / 우리 방언을 모르는 채 / 통하

4) 노천명, 「싱가폴 함락」, 『매일신보』, 1942.2.19(김규동 · 김병걸 편, 『친일문학작품선집』 2, 실천문학사, 1986, 244면).

는 마음— 굳게 뭉쳐지는 마음과 마음 // 종려나무 그늘 아래 횃불을 질러라 / 낙타 등에 바리바리 술을 실어 오라 / 우리 이 날을 유쾌히 기념하자—"라는 구절을 통해 알 수 있듯이 피부색, 종교, 인종, 민족, 지역을 초월하는 범아시아적 심상지리의 개념인 것이다. 제국 일본이 대동아라는 이름으로 묶어내고 싶어 했던 상상의 지리는 일본 열도를 포함하여 조선, 대만, 중국, 만주국 등 동아시아(East Asia) 지역뿐만 아니라 몽고, 티베트 등 내아시아(Inner Asia), 인도차이나(Southeast Asia), 남양 군도(South Pacific), 인도(South Asia)를 포괄하는 범아시아(Pan-Asia)의 광활한 지리 개념이다. 이 대동아라는 환상은 근대 이전에는 개념조차 없던 근대적 심상지리의 산물에 지나지 않는 것이다.[5)]

대동아라는 범아시아주의 사상의 기원은 메이지 일본에서 발명된 것이다. 뜻밖에 그것은 미술사의 영역과 깊은 연관을 갖는다. 도쿄미술학교 교장이기도 했던 미술사상가 오카쿠라 덴신[岡倉天心]은 『동양의 이상』(1902)이라는 영문 저술에서 아시아는 히말라야 산맥을 중심으로 중국문명과 인도문명으로 나누어지지만 이는 편의상의 구분일 뿐 아시아 문명은 하나라고 주장하며 동양문화(미술)의 동일성(oneness)을 강조하였다. 그는 더 나아가 이러한 동양문화가 대륙에서는 그 자취가 많이 사라졌지만 일본으로 흘러들어와 저장고처럼 쌓

5) 근대 이전의 동아시아에 존재했던 지리개념으로서 '중화(中華)'라는 권역이 있기는 하다. 그것은 중국 천자(天子)의 덕(德)의 통치가 미치는 영역을 나타내는 추상적 개념으로서 유교적 덕치관념에서 비롯된 것인데, 다분히 중국 중심의 나르시스적인 천하관이라 할 수 있다. 모테기 도시오, 「국민국가 건설과 내국 식민지—중국 변강의 '해방'」, 『국사의 신화를 넘어서』(임지현 · 이성시 편), 휴머니스트, 2004, 142면.

여서 일본이 동양문명의 박물관으로 기능하게 되었다고 주장하였다.[6] 이로써 그는 동양문화의 동일성을 강조할 뿐 아니라 동양문화의 저장고, 수호자, 계승자로서의 일본 이미지를 창출함으로써 자연스레 범아시아 문명의 대표 국가로서의 일본상을 창안하였던 것이다. 이 메이지 36년에 창안된 "아세아(亞細亞)는 하나다"라는 오카쿠라의 사상이 중일전쟁 이후 대동아공영권의 사상적 근거로 포획되었던 것이다.[7]

오카쿠라 덴신의 범아시아주의는 1878년의 파리 만국박람회 이후 유럽에서 나타난 일본문화에 대한 서양인의 열광 현상, 즉 자포니즘(Japonisme)과 연관된다. 자포니즘으로 인해 일본문화는 비로소 서양으로부터 그 가치를 인정받게 되는데, 일본은 이 자포니즘을 통해 자국의 전통미술품(회화, 공예품)을 유럽에 상품으로서 수출할 수 있게 되었을 뿐만 아니라 고유한 문화전통을 가진 문명국가의 이미지를 만들 수 있게 된다. 오카쿠라 덴신은 이러한 맥락을 잘 이해하였기에 도쿄미술학교의 교과과정을 '동양미술' 중심으로 작성하게 된 것이다. 대외적으로 일본을 대표할 수 있으면서 서양인에게 내세울 수 있는 상품적 가치로서의 일본적인 것, 아시아적인 것을 발견했기 때문이다.[8] 그러나 자포니즘은 서양의 오리엔탈리스트들이 창안해낸 것이고, 그것을 일본이 역수입한 것이기에 근본적인 문제가 있다. 자포니즘은 서양인이 이국취미의 태도로 동양을 전유하고, 그 대상을 여

---

6) 가라타니 고진, 왕숙현 역, 「미술관으로서의 역사」, 『창조된 고전』(하루오 시라네 · 스즈키 토미 편), 소명출판, 2002, 310~318면.
7) 趙演鉉, 「亞細亞復興論 序說」, 『東洋之光』, 1942.6.
8) 가라타니 고진, 앞의 책, 299~305면.

성화, 심미화한다는 점에서 전형적인 오리엔탈리즘의 성격을 가진다.[9] 자포니즘을 일본이 역수입하였다는 것은 결국 서양발(發) 오리엔탈리즘을 일본인이 자기의 것으로 내면화하였다는 것을 의미한다. 이는 곧 서양의 오리엔탈리즘을 동양이 스스로 내면화하면서 전통 / 근대, 야만 / 문명, 정신 / 물질, 전체 / 개인, 여성 / 남성의 이분법적 도식을 기반으로 한 동양 / 서양의 인식론적 배치를 받아들인다는 것을 의미한다. 이에 따라 서양을 역으로 근대, 문명, 물질, 남성으로 규정하고 그것의 이미지를 자의적으로 조작하는 옥시덴탈리즘의 논리체계가 만들어지게 된다. 또 이것은 자연스럽게 동양 자신의 정체성을 도의(道義), 전통, 정신, 여성으로 재구축하는 내면화된 오리엔탈리즘의 역조명을 이끌어낸다. 이러한 논리체계는 특히 1937년 중일전쟁 이후 반근대, 반서구 극복 담론의 일환으로서 '동양담론'(근대 초극론)이라는 이름으로 본격 등장하여 1945년 8월 일본의 패망 시기까지 제국 일본의 담론체계를 지배하게 된다.

그렇다면, 동양담론, 근대 초극론이라는 미명하에 반(反)서양 전쟁 시기를 풍미했던 동양(일본)의 반서양주의는 어떠한 방식으로 식민지 조선의 극작가에게 내면화되고 있으며, 또 그것이 당시 연극 극장에서는 어떻게 극적으로 재현되고 있는 것일까. 이에 대한 의문을 해명하는 것이 이 글의 관심사가 될 것이다.

9) 임지현 · 사카이 나오키, 『오만과 편견』, 휴머니스트, 2003, 238~240면.

2. 반서양주의의 극적 상상력

태평양전쟁 시기 극장에서 상연되거나 지면에 발표된 희곡들 가운데 반서양주의의 경향이 나타나는 작품들은 넓게 보자면 그 수가 적지 않다. 특히 이 시기가 미국, 영국과의 전쟁을 치르던 때라는 사실을 감안하면 지극히 당연한 결과라고 할 수 있다. 무엇보다도 적성국가인 '미영귀축(美英鬼畜)'에 대한 증오와 적개심을 이끌어내는 데 전시체제 예술정책의 초점이 맞춰져 있었기 때문이다. 그렇다면 전시 예술정책의 핵심 내용은 무엇인지 살펴보자. 국민총력조선연맹(國民總力朝鮮聯盟) 문화부장 야나베 에자부로[矢鍋永三郎]는 일본과 미국, 영국 사이에 치러지는 전쟁을 '문화의 전쟁'이라고 규정하고 전시(戰時)예술은 문화전의 일익을 담당한다고 주장한다.

> 첫째는 文化戰 意識의 파악이다. 전쟁은 군함과 비행기에 의해 화약을 가지고 수행된다. 美英國 태평양 함대의 근간 부대는 대부분 우리 해공군의 기습작전에 의해 무너져 내렸다. 탄환으로 적의 火門을 마비시켜 버린 지금, 전쟁의 의의는 여러 관점에서 천명, 파악되어야 할 것이지만, 그 한 가지는 인간적, 정신적 방면에서의 이해이며, 이런 입장에서 볼 때 문화의 전쟁이라는 성격이 내포되었음을 고찰하여야 한다. 우리가 새로운 질서를 건설하려는 세계관과 美英이 현상을 유지하려는 세계관은 상극을 이루고 있다. 세계는 이번 開戰으로 완전히 두 개의 진영으로 분리되었다.
>
> 하나는 국가주의적, 국수주의적, 전체주의적 입장에서 세계 신질서 건

설을 목적으로 하는, 현상 타파의 주축 진영인 日, 獨, 伊 등이다. 다른 하나는 세계주의적, 자유주의적, 개인주의적 입장에서 이상의 주축국과 대응하고 있는 美英 등의 현상 유지 노선의 국가들이다. (…중략…) 그 영향을 받은 우리 日本에도 지금까지 그 餘香이 남아 있어, 美英 숭배의 경향에서 완전히 벗어났다고 할 수는 없다.

특히 半島(朝鮮)에 있어서는, 오래 전부터 美國系 기독교가 전파되어 美國에 대한 숭배가 뿌리 깊으며, 美英文化에 대한 호응이 그 얼마나 강하냐 한 것은 쉽게 알 수 있다. 저 滿洲事變 이래로 그 迷夢이 점차 타파되어 오기는 하였으나 아직도 그런 생각이 도도히 흐르고 있는 실정이다. 이런 미영문화 숭배를 먼저 타파하고, 東亞共榮圈 건설을 주제로 한 日本的 思想에 입각해서 일본문화의 宣揚에 진력하지 않으면 안 될 것이다.[10] (강조는 인용자)

야나베 에자부로는 태평양전쟁을 "세계 신질서 건설을 목적으로 하는, 현상 타파의 주축 진영"인 일본, 독일, 이탈리아가 현상 유지 노선의 미국, 영국에 대항하는 문화전쟁으로 규정한다. 즉, 태평양전쟁은 일본, 독일, 이탈리아의 국가주의적, 국수주의적, 전체주의적 문화가 미국, 영국의 세계주의적, 자유주의적, 개인주의적 문화에 대해 대립, 투쟁하는 문화전의 성격을 갖는다는 것이다. 따라서 이러한 문화전을 수행하는 전시 상황에서, 문화예술의 임무는 미영 숭배의

10) 矢鍋永三郎, 「戰時文化方策」, 『朝光』, 1942.1, 76면(일본어로 된 원문은 서연호의 『식민지 시대의 친일극 연구』(태학사, 1997)에 번역하여 수록되어 있다. 이 인용문은 서연호의 번역문을 게재하였다).

문화를 타파하는 것이었다. 타파 대상인 미영 문화의 핵심은 세계주의, 자유주의, 개인주의 이데올로기로 단정되었다. 미국과 영국으로 대표되는 서양 세력(구질서)을 제국 일본으로 대표되는 동양 세력(신질서)과 선명하게 이분법적으로 구분하는 이 반서양주의적 전체주의, 국가주의 사상이 태평양전쟁의 이념적 근거가 되었던 것이다. 서양의 적을 '세계주의, 자유주의, 개인주의' 문화로 단정하였으므로, 동양의 '우리'는 자연스럽게 '국가주의, 국수주의, 전체주의' 문화로 규정될 수밖에 없었던 것이다.

오리엔탈리즘이 서양이 자신의 우월한 정체성을 동양이라는 타자를 통해 확인하기 위한 나르시시즘(narcissism)의 거울[11]이었다고 한다면, 옥시덴탈리즘 또한 서양에 대한 동양의 가치를 주장하기 위한 또 다른 반사경이라고 할 수 있다. 즉, 서양에게 있어 동양이란 서양의 우월한 정체성을 보증받기 위해 허구적으로 창안된 상상적 지리(imaginative geography)에 불과한 존재이다. 그러나 서양이 그러했던 것처럼, 동양도 서양에 뒤지지 않는 자신의 정체성을 창조하기 위해 왜곡되고 조작된 서양의 이미지를 발명할 수밖에 없었던 것이다. 다만 차이점이 있다면, 서양의 오리엔탈리즘이 동양(비서양 세계)에 대한 세계 지배의 전략으로 활용되는 것이라고 한다면, 동양의 옥시덴탈리즘은 국내 정치 전략으로 이용되는 측면이 강하다는 점일 것이다. 동양 사회에서 종종 내부 결속과 사회 통합을 도모하거나 정치적 반대파를 억압하기 위한 수단으로서 (관변, official) 옥시덴탈리즘이 활용되곤 하였다.[12] 태평양전쟁 시기에 제국 일본이 동양을 위협하는 적으

11) 강상중, 이경덕 · 임성모 역, 『오리엔탈리즘을 넘어서』, 이산, 1997, 80면.

로서 발명한 서양의 이미지는 관변 옥시덴탈리즘의 성격을 갖는 것이라고 할 수 있다. 일본 군국주의 정부가 주도하는 관변 옥시덴탈리즘이 동양에 대한 '위협'으로 간주한 것은 한마디로 서양의 세계주의, 자유주의, 개인주의였던 것이다.

그렇다면 왜곡되고 조작된 서양 이미지는 과연 식민지 조선의 연극 극장에서 어떻게 연극적으로 재현되고 있었을까. 이는 미세한 현상부터 괄목할 만한 현상까지 다양한 모습을 갖고 있다. 가령, 함세덕의 〈황해〉(유치진 연출, 극단 현대극장, 1943)와 같은 경우를 보면 전반적 내용은 어린 선원 천명이 일본 해군지원병에 입대하게 되는 황민화의식의 성장과정을 다루는 것이지만, 미국이 황해에 세균을 오염시켜 수산자원을 훼손케 하는 서사가 삽화의 형태로 잠깐 등장하는데, 이러한 예가 미세한 경우라 할 수 있을 것이다.[13] 더 미미한 사례도 있다. 계모와 전처소생 자식 사이의 미묘한 심리적 갈등을 그린 함세덕의 〈심원의 삽화〉(『문장』, 1941. 2)에서 남의 집 벚꽃나무 가지를 꺾은 아이의 행위를 고자질하는 인물을 '서양인집 쿡크'로 설정함으로써 '고자질하는 서양인'의 이미지를 만들어내고 있다. 이러한 사례는 매우 다양하고 그 편폭이 크기 때문에 여기서는 그 괄목할 만한 극적 재현 양상이 나타난 작품에 주목하고자 한다. 이럴 경우 대표적인 작품들

12) 서양의 타자를 국가, 또는 사회의 '위협'으로 규정하여 비판하는 것을 관변 옥시덴탈리즘(official Occidentalism)이라고 한다면, 다른 한편에서는 서양의 타자를 저항 구조(counter structure)로 활용하여 '해방'의 의미로 재구성하는 전복의 기능을 갖는 반관변 옥시덴탈리즘(anti-official Occidentalism)이 존재할 수 있다. Chen, Xiaomei, "Occidentalism as Counter-discourse—"He Shang" in Post-Mao China", *Critical Inquiry* Vol.18 No.4, Summer, 1992, p.710.

13) 이상우, 「현대극장 시절의 함세덕과 〈황해〉」, 『근대극의 풍경』, 연극과인간, 2004, 참조.

로 꼽을 수 있는 것이 함세덕의 〈추장 이사베라〉(『국민문학』, 1942.3), 임선규의 〈빙화〉(전창근 연출, 극단 고협, 1942 · 1943), 이원경의 〈海賊 フリイヘイズ〉(『국민문학』, 1943.5~6), 박영호의 〈좁은 문〉(『조광』, 1943.12~1944.1; 이서향 연출, 극단 전진좌, 1943 · 1944), 임선규의 〈새벽길〉(나웅 연출, 극단 조선연극사, 1945), 조천석[14]의 〈개화촌〉(안종화 연출, 극단 황금좌, 1945) 등이 있다.[15] 이 중에서 이 글은 당시 극장에서 실제로 공연된 작품을 중심으로 〈빙화〉,[16] 〈새벽길〉,[17] 〈개화촌〉[18]에 주목하고자 한다.

이 작품들에 자주 등장하는 대표적인 서양의 이미지는 무엇일까. 이 시대에 서양하면 떠오르는 이미지는 대체로 기독교, 자유주의, 개인주의, 물질만능주의다. 여기에 공산주의(〈빙화〉)가 추가되기도 한다. 〈좁은 문〉, 〈새벽길〉, 〈개화촌〉은 미국의 기독교 선교 활동이 주요한 소재로 등장한다. 여기서 기독교는 서양(특히 미국)을 연상시키는 지배적 이미지로 나타나는데, 주로 학교(교육=미국 유학), 병원(진료)과 연관되어 동양에 대한 서양의 제국주의적 침탈기관으로 묘사된다. 이러한 모습은 〈개화촌〉에 특히 잘 나타난다.

〈개화촌〉의 갈등구조는 한약국 집 아들이자 공립학교 학생인 재

---

14) 조천석(朝天石)은 박로아(朴露兒)의 필명이다.

15) 조천석의 〈무장선 셔먼호〉(유치진 연출, 극단 현대극장, 1944)도 여기에 속할 만한 작품이나 아쉽게도 현재 대본이 전하지 않는다.

16) 〈빙화〉는 제1회 국민연극경연대회 참가작으로서 극단 고협이 전창근 연출, 김정환 장치의 진용을 갖추고 부민관에서 공연하였다. 제1회 국민연극경연대회는 성군, 아랑, 현대극장, 고협, 청춘좌 등 5개 극단이 참여하여 1942년 9월 18일부터 11월 25일까지 경연을 벌였고, 고협의 〈빙화〉는 단체상을 받았다.

17) 〈새벽길〉은 조선연극사 창립공연으로 1945년 2월 20일부터 21일까지 2일 간 제일극장에서 상연되었다. 나웅이 연출을, 원우전이 장치를 맡았다. 『매일신보』, 1945.2.9.

18) 〈개화촌〉은 극단 황금좌가 안종화 연출로 1945년 2월 20일에 중앙극장에서 상연하였으며, 제3회 국민연극경연대회 참가작 중의 하나였다. 『매일신보』, 1945.2.18.

욱과 교회 장로의 아들이자 미션계 전문학교 학생인 현익을 축으로 진행된다. 일찍부터 기독교와 더불어 근대문명이 전파되어 개화촌이라 불리게 된 한 시골마을이 극중 장소이다. 여기서 약 20년의 연대기적 시간에 걸친 사건진행이 이루어지는데, 기본적인 갈등구도는 재욱과 현익으로 표상되는 일본(동양)주의 대 미국(서양)주의의 가치관 대립이다. 여기에 여학생 애라를 둘러싼 재욱과 현익의 애정대결 양상이 이중적으로 얽혀 있다. 그런데, 중요한 것은 현익을 미국숭배(서양주의)에 물들게 한 것, 그리고 재욱의 약혼자였던 애라가 파혼을 무릅쓰고서도 현익에게 끌리도록 만든 원인은 바로 기독교에 있다는 사실이다. 그 결정적 장면은 유학생회가 핸더슨 목사의 내한 10주년을 기념하여 연극 공연을 준비하는 데 대해 같은 회원인 재욱이 불만을 표출하는 데서 확연하게 드러난다.

현익 : 목사님은 우리 고을에 큰 공적을 남긴 사람이요. 공로자를 위해서 그만한 성의를 표하는 것은 당연한 일인 줄 아오.

유학생들 중에서 몇 사람 "옳소" 하고 주먹을 든다.

재욱 : 그 공적이란 뭐요?

병철 : (내달으며) 여보 그걸 모르겠소? 놈 미련하게 생겼다.

현익 : (그를 밀어내며) 자넨 가만있어……. 공적? 많지……. 학교를 세운다. 병원을 설립한다……. 교회당을 짓는다…….

재욱 : (말을 가로막고) 그건 당신 같은 야소교인들이나 할 소리요. 그런 설비는 야소교 전도기관에 불과한 것이오. 야소교인 아닌 사람들에게 그런 기관을 언제 한번이나 떳떳이 개방한 일이 있었소? 주일학교에서는

> 첨 신자아닌 사람의 자제도 받아주기는 하지만 예수를 믿지 않으면 결국 학대와 모욕에 견디지 못해 자연 댕기지 못하게 되는 거요. 바로 내가 그랬소. 병원에서도 신자를 먼저 봐주고 신자에게만 약값을 할인해주지 않소?
>
> 현익 : 그야 하루바삐 교를 믿어 착한 사람이 되고 영미국 문명을 배우라는 호의에서 나온 수단이겠지.
>
> 재욱 : 영미국 문명? 영어나 지절대고 예쁜 여학생이나 달고 댕기는 게 문명인가? 젊은 여자들이 예배당에서 연설이나 하고 남녀평등이니 여자해방이니 산아제한이니 하고 떠드는 게 영미국 문명이요? 그런 건 문명을 배우는 게 아니라 **우리 동양인에게는 유해무익한 영미풍습만을 본받**은 것이오. 그 폐해가 얼마나 큰 가 당장 우리 개화촌을 한번 살펴보시오……. **사치하고 거만하고 풍기가 문란해지고 부자형제간 정리까지 없어지고**……. 우선 당신들부터 그렇지 않고 뭐요?[19](강조는 인용자)

유학생회의 연극연습 장면은 서양숭배의 진풍경으로 묘파된다. 셰익스피어의 〈베니스의 상인〉 공연을 준비하면서 학생들끼리 영어로 대사를 주고받는 모습은 '동양인'의 의식으로 무장된 재욱의 눈에는 서양 자유주의의 퇴폐상으로 비쳐질 뿐이다. 기독교 비판은 자연스레 서양 자유주의의 폐해에 대한 공격으로 확대된다. 이러한 서양 자유주의에 대한 비난에 묻혀 '남녀평등', '여자해방', '산아제한'과 같은 합리적 주장마저 "유해무익한 영미풍습"으로 매도당하고 만다. 서양의 기독교와 자유주의의 영향을 받은 개화촌은 "사치하고 거만

19) 조천석, 〈개화촌〉, 『해방 전 공연희곡집』 5(이재명 편), 평민사, 2004, 340~341면.

하고 풍기가 문란해지고 부자형제간 정리까지 없어"진 마을, 즉 도의와 절제, 미풍양속이 무너진 공동체가 되었다는 것이다. 이러한 대사 속에는 서양=사치, 거만, 풍기 문란 / 동양=도의, 절제, 미풍양속이라는 인종주의적, 심상지리적 도식이 도사리고 있다. 당시 이러한 인종주의적, 심상지리적 논리는 매우 일반적이었다. 김동원(金東元)은 「아세아(亞細亞)의 효종(曉鐘), 일억일심확고단결(一億一心確固團結)」(1942)이라는 글에서, 기독교 선교와 육영자선사업 덕분에 많은 조선인들이 미국인은 훌륭한 인류라고 착각하는데, 실제로 겪어보면 미국인은 "불친절, 비인격, 방종", "남비(濫費)와 나태(懶怠)" 그 자체라는 사실을 알게 된다고 주장한다.[20] 동양인은 친절하고 인격적이고 절도가 있으며, 서양인은 그 반대의 성질을 갖는다는 인종주의적 편견은 동양과 서양이라는 심상지리적 인식론 내면에 이미 잠재되어 있는 것이다.

이후 재욱은 일본으로 유학을 다녀와 중학교 교장이 되고, 현익은 미국에서 철학박사를 받고 돌아와 미션계 전문학교 교수가 된다. 그런데 그는 처 애라를 버리고 메리라는 미국여자와 결혼하였을 뿐 아니라 서양식 저택에서 파티를 벌이며 사치스런 생활을 하면서도 곤궁에 처한 부모와 본처 애라, 친아들 준석을 외면한다. 이에 참다못한 재욱은 현익에게 "여보시오. 손박사! 당신이 미국 가서 가져온 타락된 자유주의의 선물이 우리나라에서 얼마나 큰 해악을 끼치고 있는가, 우선 당신 가정을 다시 한 번 살펴보시오!"라고 질책한다.

당시의 문학예술계에서 서양의 자유주의, 개인주의 문화의 청산

20) 김동원, 「亞細亞의 曉鐘, 一億一心確固團結」, 『大東亞』, 1942.3, 84면.

문제는 매우 중대한 작가적 과제가 되었다. 당시 가장 대표적인 문학 잡지 『국민문학』의 편집요강 제1항의 내용은 "국체개념의 명징 : 국체에 반하는 민족주의적, 사회주의적 경향을 배격하는 것은 물론, 국체관념을 명징하지 않게 하는 개인주의적, 자유주의적 경향을 절대 배제함"이라고 명시되어 있다. 그만큼 일본의 국체(國体)를 명확하게 세우는 데 있어서 자유주의, 개인주의 사조가 위협이 되는 것임을 말해준다. 최재서의 「국민문학의 입장」이라는 글을 보자.

> 개인주의나 자유주의가 국민주의의 입장에서 보면 매우 위험하다는 것은, 우선 첫째, 그것이 개성의 도야, 인격의 완성이라고 하는 지극히 당연한 것에서 출발하고 있다는 것. 둘째, 개인의 자유라는 늘 매력적인 제목을 달고 있기 때문이며, 마지막으로 전일체로서의 국가 해체를 가져오기 때문입니다. 그러나 유물사관과 같이 바로 인간을 혁명적 비상수단으로 몰아세우는 것이 아니고, **국가에 대한 무관심과 이기심과 나태와 퇴폐에** 의해 점차로 붕괴시킨다는 세 가지 점에 있습니다.[21](강조는 인용자)

최재서는 개인주의와 자유주의가 "지극히 당연한 것"이고 "매력적"이라는 사실은 인정한다. 그렇기 때문에 그것은 "국가에 대한 무관심과 이기심과 나태와 퇴폐"를 불러일으킬 수 있어서 국가 '국체(國体)'에 대해 위협적인 존재가 될 수 있다고 주장한다. 다분히 국가주의, 전체주의적인 발상이라 할 수 있다. 이러한 의식은 문학평론가

21) 최재서, 노상래 역, 「국민문학의 입장」(1942), 『전환기의 조선문학』(1943), 영남대 출판부, 2006, 104면.

최재서에게만 머물러 있는 것은 물론 아니다. 연극의 경우도 마찬가지였다. 국민연극의 이론가 함대훈은 "**국민연극**은 건전한 국민정신 또는 국민도덕이 정당화하게 된 연극이어야 할 것이다. 어떤 연극이든 모랄이라는 것이 있으나 금일에 있어서 우리의 최고의 도덕이란 것은 **자유주의, 개인주의, 사회주의를 지양한 전체주의의** 국민도덕"(강조는 인용자)이라고 주장한다.[22] 즉, 국민연극은 자유주의, 개인주의, 사회주의를 지양한 전체주의의 도덕에 토대를 둔 연극이어야 한다는 의미인 것이다.

한편 〈새벽길〉에서도 미국 유학이라는 서양숭배의 환상은 비극적 참상을 불러일으키는 모티브로 작용한다. 〈새벽길〉에서 주요 극적 갈등은 송진사 일가와 미국 광산업자 모리슨 사이에서 발생한다. 금광을 찾는 미국인 모리슨은 금맥을 깔고 앉은 송진사의 선산을 탐내지만 송진사는 선영을 팔 수 없다고 버틴다. 이에 모리슨은 교육과 근대의학의 힘으로 송진사에게 접근하여 금광 채굴권을 얻어낸다. 서울에서 의사 아놀트를 불러내서 위암을 앓고 있는 송진사를 치료해주고, 송진사의 아들 영철의 미국 유학을 주선해주면서 신임을 얻어낸 것. 모리슨은 기독교와 근대교육과 의학의 힘을 내세워 금광에서 막대한 이득을 추구할 수 있게 되었을 뿐 아니라 영철을 미국으로 보내고 그 애인 박마리아까지 아내로 취하게 된다. 그러나 결국 기독교, 교육, 의학이라는 서양(미국) 문명의 표상은 철저하게 허구라는 것이 드러나게 된다. 송진사의 위암 치료방법이란 진통제(모르핀) 주사를 놓아준 것에 불과하였고, 영철의 미국 유학도 사기에 불과했다

22) 함대훈, 「국민연극의 현단계」, 『조광』, 1941.5, 78면.

는 것이 드러난다.

20년 뒤 미국에서 가까스로 돌아온 영철의 앞에는 모리슨에게 짓밟히고 버림받은 마리아와 그 혼혈자식 헨리가 남아있을 뿐이다. 이 참담한 결과의 원인은 물론 모리슨의 사악함에서 비롯된 것이지만, 미국 유학을 갈망한 영철의 서양숭배의식에도 일말의 책임이 있는 것이었다. 끝까지 선산을 지키려했던 송진사도 결국 영철의 설득에 결심이 흔들리고 말기 때문이다.

서 : 미국이야말로 새로운 세계의 왕자가 될 이 아니냐. 그 불같이 일어나는 과학 각종 학문을 보아라.

영진 : 그렇다. 우리가 마땅히 땀을 흘리고 배울 것은 미영국의 학문이다. 모리슨 씨의 말이 조금도 틀림이 없는 것이다.

영철 : 오년 동안 최선의 노력을 다해서 무엇이든지 많이 배워가지고 와야만 한다. 식욕이 왕성한 소와 ㅁ이 무엇이나 주는 대로 모두 뱃속에 다 집어놓고 와야 한다.

서 : 아, 오년 동안의 우리의 노력이 그 캄캄한 사회에 얼마나 큰 공헌을 할지 헤아릴 수 없을 것이다.

영진 : 사랑과 자유의 나라, 나이아가라의 거대한 폭포가 있는 나라, 캘리포니아의 우스름 달밤.

서 : 이백층 빌딩 위에서 내려다보는 세계 제일의 화려한 도시 뉴욕의 기관, 네온과 네온이 춤추고 돌아가는 환락의 불야성.

영철 : 세계 제일의 문명국 미국의 대학생활, 원래의 객을 반기는 미국 젊은 동무들의 뜨거운 악수 악수, 하하하.[23)]

함께 미국 유학을 가기로 한 영철과 동료들은 미국의 신학문과 발전된 문명, 그리고 환락과 낭만의 자유주의적 분위기에 한껏 매료되어 있다. 이러한 서양숭배가 자신의 운명에 파멸을 부를 수밖에 없다는 것은 작품의 후반부에서 극명하게 제시된다. 이 유학생들은 모리슨에게 속아 노예선을 타게 되고 20년 후 영철만 유일하게 살아서 돌아온다. 미국에 처자식이 있는 모리슨에게 속아서 결혼하고 혼혈아를 낳게 되는 박마리아에게도 자기 책임이 전혀 없는 것이 아니다. 독실한 기독교 신자이고 미션계 병원의 간호사였던 그녀의 서양숭배의식이 결국 자신의 불행을 낳게 했다는 것이다.

〈개화촌〉에서 미국에서 돌아온 현익의 서구식 호화생활과 물질적 사치, 그리고 〈새벽길〉에서 광산업자 모리슨의 집요하고 탐욕스런 이윤 추구는 서양의 물질만능주의와 자유주의적 속성을 대변한다. 이는 역으로 동양은 물질보다는 정신, 개인보다는 전체를 지향하는 것으로 표상됨을 의미한다. 〈새벽길〉에서 송진사는 모리슨에게 황금보다는 조상의 선영을 지키는 것이 더 중요한 가치를 가진다고 주장한다. 절제, 근검, 절약, 충성, 효도, 우애 등을 동양의 가치로 주장함으로써 서양에 대한 동양의 정신적 우월함을 강조하는 것이라고 할 수 있다. 절제, 근검, 절약 등의 가치가 반물질주의적인 것이라고 한다면, 충성, 효도, 우애 등의 가치는 반자유주의, 반개인주의적인 것이다. 후자가 집단주의, 전체주의 사상과 연결됨은 두말할 나위가 없다. 그러나 전자 역시 개인의 삶이 국가에 의해 관리, 통제되는 '생활(lifestyle)'개선운동의 일환이기에 국가주의적인 것이다. 일본은 제1

23) 임선규, 〈새벽길〉, 『해방 전 공연희곡집』 3(이재명 편), 평민사, 2004, 204~205면.

차 대전 이후 '문화생활'이라는 미명하에 일상생활 개선운동, 심플라이프(simple life) 운동을 추진해 왔는데, 이것은 국가가 개인의 일상생활을 합리화와 효율성이라는 관점에서 관리, 통제하는 체계를 말한다. 이에 의해 국가는 개인이 상품문화의 소비와 낭비, 사치에 현혹되지 않도록 통제하고 유도했던 것이다.[24] 이러한 일본의 국가 주도의 생활문화 관리체계가 대동아공영권 시기에 와서 한층 더 심화되었다. 1941년 일본 상공부는 '국민생활용품전'이라는 전시회를 개최하였는데, "고도국방국가는 국민들에게 기초생활환경의 영역인 의식주를 표준화하고 합리화하길 요구한다"라고 그 취지를 밝혔다.[25] 국민의 일상생활이 근검, 절약, 절제의 방식으로 합리화, 표준화되도록 국가가 개인의 일상을 압박했던 것이다. 한 걸음 더 나아가 국가는 이러한 일본인의 생활방식을 서양에 대해 우월성을 주장할 수 있는 동양주의적 가치로 활용하고자 했던 것이다.

한편 〈개화촌〉에서 현익의 아들 준석은 사치와 방종의 생활에 빠져있는 미국숭배주의자 아버지를 비난하면서 다음과 같이 말한다.

> 준석 : (흥분해서) 아버지! 정말 눈을 뜨십시오. 오늘날 아버지 일신을 망치고 우리 가정을 불행하게 만든 것이 뭣인가 다시 한 번 생각해 보세요…. 그것은 아버지께서 금과옥조로 생각하시고 계시던 아메리카의 물질문명과 타락된 자유주의사상이 아니고 뭡니까. 우리나라에는 수 천 년래로 내려오는 장하고도 아름다운 보은사상과 충효사상이 있지 않습니

24) 해리 하르투니언, 윤영실 · 서정은 역, 『역사의 요동』, 휴머니스트, 2006, 236~237면.
25) Kashiwagi Hiroshi, "On Rationalization and the National Lifestyle", *Being Modern in Japan*, Honolulu : University of Hawaii Press, 2000, p.72.

까. 동양 사람으로서, 그것을 잊어서는 안 됩니다. 시방 우리 일본은 전 동아를 대신하여 동양의 침략자인 영미와 싸우고 있습니다.[26](강조는 인용자)

준석은 동양의 정신문화, 도의(道義), 공동체의식이라는 준거를 통해 미국의 물질주의문명과 자유주의를 통렬하게 비난하고 있다. 동양은 정신, 전통, 도의, 공동체를 지향하는 것이어서 물질주의와 자유주의, 개인주의를 추구하는 '동양의 압제자' 서양에 비해 우월한 정체성을 갖는다고 주장하는 반근대, 반서양주의의 동양론이 그 인식론의 근간을 차지하고 있다. 반근대, 반서구담론으로서의 동양론이란 근대, 서구로 표상되는 서양이라는 타자의 존재를 전제로 동양의 특수한 정체성을 주창하는 담론이기 때문에 타자로서의 서양에 대한 자의적 왜곡과 조작이 없이 성립 자체가 불가능할 수밖에 없다. 제국 일본의 근대 초극 담론으로서 동양론은 근대 서양의 이미지를 물질주의, 자유주의, 개인주의로 왜곡, 규정하여 재현하고 있으며, 이러한 측면에서 그것은 오리엔탈리즘과 같은 속성을 갖고 있다. 오리엔탈리즘이 익숙한 동양에 대해 경멸적 태도를 보이는 한편 신기한 동양에 대해서는 환희와 공포를 느끼는 양가적 태도를 갖는 것처럼,[27] 동양론도 마찬가지의 태도를 보여준다.

위 작품들에서 살펴본 것처럼 동양의 우월한 미풍양속, 절제, 근검, 절약, 도의, 정신성, 공동체의식에 대비해 상대적으로 뒤떨어졌

26) 조천석, 앞의 책, 365면.
27) 에드워드 사이드, 박홍규 역, 『오리엔탈리즘』, 교보문고, 1991, 106면.

다고 여기는 서양의 비윤리성, 비정신성, 비인격, 방종에 대해서는 경멸적 태도를 보이지만, 서양(미국)의 뛰어난 과학기술과 진보한 기계문명에 대해서는 경탄과 공포의 태도를 보이는 것이다. 1942년 9~10월 『문학계(文學界)』 지상에 실린 '근대의 초극' 좌담회에서 '아메리카니즘'에 대해 논의되었는데, 여기에서도 역시 아메리카니즘에 대한 양가적 태도가 잘 나타난다. 좌담회 참석자들은 모던 보이, 모던 걸을 통해 일본에 영향을 미친 경박한 아메리카니즘에 대해서는 경멸적 태도를 보이지만, 물질문명과 기계문명, 청교도정신, 아메리칸 데모크라시 등에 대해서는 경탄의 태도를 나타내고 있다.[28] 이런 점에서 반서양주의 담론은 속성상 오리엔탈리즘과 쌍생아적 관계를 갖는 것이다.

그런데 이러한 반서양주의 담론은 제국 일본의 독창적 산물이라고만 보기 어렵다. 역설적이게도 반서양주의 담론 역시 서양에서 기원한 것이라고 보는 것이 최근의 견해이다.[29] 흔히 서양(the West)이라고 하면 유럽 일반을 지칭하는 것으로 알려져 있지만 엄밀하게 말하면 서양은 서유럽(서구) 지역과 미국에 국한하여 적용되는 개념이라고 보는 것이 정확하다. 독일을 중심으로 한 중부 유럽과 동유럽, 러시아 등은 여러 면에서 미국, 영국, 프랑스 중심의 서유럽과 차이가 있어서 서양이라는 개념을 일률적으로 적용하기 어렵다. 이성적 합리주의와 자유주의의 철학적 토대, 프랑스혁명과 자유 민주주의

28) 河上徹太郎 外, 『近代の超克』, 東京 : 創元社, 1943, pp.284~288.
29) 이언 바루마 · 아비샤이 마갤릿, 송충기 역, 『옥시덴탈리즘 - 반서양주의의 기원을 찾아서』, 민음사, 2007 참조.

의 대두, 산업혁명과 근대 자연과학의 발전, 자본주의의 발달, 해외 식민지의 개척 등을 특징으로 한 '문명(civilization)', '근대(modernity)', '발전(development)'이라는 서양의 신화는 서유럽과 미국 등 몇몇 소수 국가에만 해당되는 것이지 전 유럽에 통용되는 개념이 아니다. 이렇듯 서유럽과 미국에 국한되는 서양의 신화에 대한 반발로서 중동부 유럽과 러시아에서 대두한 것이 반서양주의(옥시덴탈리즘)라는 것이다. 그 진원지는 주로 독일과 러시아다. 이들 나라에서는 상대적으로 낭만주의 사상이 발달하여 서유럽의 이성적 합리주의, 계몽주의, 자유주의, 민주주의에 대해 사상적으로 대립되고, 서구의 기계문명과 자본주의적 물질만능주의에 대한 혐오감을 가지게 되었다. 이에 따라 이들 나라에서는 상대적으로 파시즘이 발달하였다. 특히 인종적으로는 유태인, 국민국가로는 미국, 영국이 이들의 증오의 대상이 되었다. 그것은 이들이 탐욕스럽고 퇴폐적이고 천박한 상업 자본주의 정신을 갖고 있으며, 과학과 이성을 신봉하여 순수한 신앙의 세계에서 멀어져가고 있다고 보았기 때문이다.[30]

독일의 파시즘은 특히 이 반서양주의적 사유와 긴밀하게 연관되어 있다. 근본적으로 파시즘은 반도시주의, 반국제주의, 반유대주의, 반자본주의, 반자유주의, 반민주주의, 반계몽주의, 반마르크스주의의 성격을 갖는다. 반면, 그것은 자연, 전쟁, 영웅, 민족, 전통, 종교적, 인종적 순수성을 지향한다.[31] 이교도, 이민족, 다인종의 잡거와 혼재, 공존 그리고 극단적 이윤 추구를 목적으로 한 상업적 자본주의

30) 위의 책, 23면.
31) 마크 네오클레우스, 정준영 역, 『파시즘』, 이후, 2002, 참조.

와 물질적 기계문명, 재즈 음악으로 표상되는 퇴폐적 도시문화에 탐닉하는 뉴욕, 런던, 파리와 같은 서구의 메트로폴리스는 독일 파시스트들의 눈에는 인종, 종족, 자연, 전통, 종교의 절대적 순수성(purity)이 파괴되고 훼손된 오염 공간으로 여겨질 뿐이었다. 특히 국가 없는 민족으로서 유럽의 여러 지역에 산포하면서 국제적 네트워크를 활용하여 금융업, 고리대금업에 종사하는 디아스포라로서의 유태인이 증오의 대상이 되었다. 유태인은 인종적으로 게르만 민족의 종족적 순수성을 오염시키고 종교적으로 기독교의 순수성을 훼손할 뿐 아니라 국민국가의 경계를 넘나들며 국제적으로 연계되어 있으면서 극단적 이윤을 추구하는 고리대금업, 금융업에 종사한다는 점에서 독일 파시즘의 증오 대상이 되었다.[32] 흥미로운 점은 조천석의 〈개화촌〉에 녹아든 반유대주의의 정서이다.

재욱 : (결심을 하고) 아버지, 고리대금을 그만 두십시오.

선달 : (意外에 놀라) 뭐?!

재욱 : 그러고 내년에 절 전문학교에 보내주십시오. 동경 가서 고학을 할테니 학비는 그만두시고 이번 떠날 때 아주 여비로 이백 원만 가져가겠습니다.

선달 : 내가 고리대금헌다고 누가 널더러 욕을 하드냐.

재욱 : (무엇인지 혼자 분개하고 있다.)

윤생원 : 바루 장로님 아들이 고리대금하는 유태인의 자식이라고 욕을

---

32) 반유대주의와 파시즘의 관련 양상에 대해서는 한나 아렌트, 이진우 · 박미애 역, 『전체주의의 기원』 1, 한길사, 2006 참조.

해서, 일전에 대판 싸웠답니다. 그 녀석 목덜미 물어뜯어서 쌈은 학생이 이겼습죠. 허허—.[33](강조는 인용자)

미국숭배에 홀린 약혼녀에게 절교를 당한 재욱은 일본 유학에 앞서 아버지가 고리대금업을 그만 두도록 설득한다. 그리고 아버지 몰래 고리대를 빌려 쓴 이들에게 모두 이자를 탕감해준다. 이로써 재욱의 행동은 유태인=고리대금업=비윤리, 비인격 / 일본=절제, 근검, 절약=도의, 미풍양속의 도식을 창출하게 되는 것이다. 이러한 재욱의 행동은 독일 파시즘의 방향과 정확하게 일치하는 것인데, 맥락이 다른 식민지 조선에서 반유대주의 정서가 연극에 반영되었다는 점이 매우 독특하다.

중, 동부유럽에서 기원한 반유대주의, 반서양주의 사상은 독일, 이탈리아의 파시즘(러시아 스탈린주의) 사상으로 연결되었고, 또 그것은 제국 일본의 파시즘에까지 파급되었다. 따라서 일본의 반서양주의적 옥시덴탈리즘은 서양에서 기원한 파시즘의 일본적 전유과정에서 나타난 것이라고 볼 수 있다. 태평양전쟁에서 미 해군 함대에 전투기를 몰고 자살공격을 감행한 일본의 가미가제 특공대는 반서양주의의 대표적 상징이라 할 수 있는데, 이는 미국, 영국의 군인과 시설물에 대한 아랍 테러리스트의 자살폭탄공격과 그 맥락이 크게 다르지 않은 미국, 서유럽에 대한 반서양적 증오심과 적대감의 표현이다. 이러한 증오심, 적대감을 유발시키는 담론기제가 바로 옥시덴탈리즘이었고, 그것은 1930~40년대에 독일, 이탈리아, 일본의 파시즘이 공

33) 조천석, 앞의 책, 322면.

유하고 확대재생산하였던 것이다.

3. 인종과 여성, '슬픈 동양'의 이미지

'대동아신질서'를 내세우던 당시의 제국 일본은 외관상 종족적, 민족적 순수성을 그렇게 강조하지 않은 것처럼 보인다. 특히 조선이나 대만, 만주국 등 식민지에서 일본 당국은 식민지인에 대한 회유와 동원의 수단으로서 '황국신민화' 정책을 추구해야만 했기 때문에 외면적으로는 다민족으로 구성된 초민족적(transnational) 제국 일본의 이미지를 내세웠다. 조선총독부가 나치의 인종정책에 대해 비판적 입장을 보인 것이 대표적 사례가 될 것이다.[34] 대동아공영권의 지도 민족인 일본으로서는 이른바 '혼합민족론'의 입장을 취하지 않을 수 없었다. 혼합민족론이란 일본 민족이 본래 일본 열도에서 거주한 야마토 민족뿐만 아니라 대륙과 한반도에서 도래한 북방민족, 그리고 동남아시아와 남양 지역에서 도래한 남방민족 등과 혈통적으로 융합되어 오늘의 일본 민족이 되었다는 종족이론이다. 이러한 혼합민족론은 대동아공영권의 사상과 매우 부합하는 종족이론이었던 것이다. 이는 '제국으로서의 일본'을 구성하는 정치 이론으로 활용되었다. 그러나 근대 이후 일본의 종족이론은 크게 혼합민족론과 순혈민족론이라는 두 갈래로 대별되어 왔다고 할 수 있다. 순혈민족론은 일본 민족이 야마토 민족의 순수혈통에 의해 단일하게 이어왔다는 종

34) 오구마 에이지, 조현설 역, 『일본 단일민족신화의 기원』, 소명출판, 2003, 315면.

족이론인데, 아시아의 다민족, 다종족으로 구성된 '대동아' 블록 시대에도 여전히 후생성과 인류학자들을 중심으로 야마토 민족 순수혈통론이 강력하고 끈질기게 주장되었다. 총독부가 내선일체, 동조동근론을 주장하며 내선결혼을 장려했던 것과 달리 순혈민족론자들은 조선인과의 혼혈은 범질(凡質)의 증가율을 높이는 것이므로 가급적 혼혈을 피해 "일본 인종을 순수하게 증식하면서 대동아공영권의 구성에 노력해야 한다"고 주장하였다.[35] 대동아 블록의 시대에도 '민족으로서의 일본'이라는 관념은 보수적 우파 민족주의자에 의해 강하게 제기되고 있었던 것이다.

이는 제국 일본 내에서 종족담론과 동양담론이 서로 착종되고 있었음을 말해준다. 즉, 인종지도(the map of racial hierarchy)와 심상지리(imaginative geography)가 서로 부딪치는 형국이었다는 것이다. 동양과 서양이라는 심상지리의 측면에서는 동양이 서양에 비해 우월한 존재가 될 수 있었지만, 동양인과 서양인이라는 인종지도의 측면에서는 서양인에 비해 동양인이 더 우월한 존재라고 말하기 어려운 것이었다. 동양론이라는 정치적 담론에 의거하면 동양 민족 대 서양 민족의 이항대립만 존재해야 했지만, 실제로는 우생학 담론에 의한 우월한 인종(종족) 대 열등한 인종(종족)이라는 우생학적 위계가 무시될 수 없었던 것이다. 동양론이 서양에 대한 우월한 동양의 지위를 부여함으로써 심상지리의 인식론적 배치를 사용했다고 한다면, 우생학은 조선인이나 중국인에 대한 우월한 야마토 민족의 지위를 부여하는 인종지리의 인식론적 배치를 이용했다고 할 수 있다. 그러한 면에서

35) 위의 책, 346~348면.

동양론이 심상지리라고 한다면, 우생학 또한 과학을 빙자한 상상적 인종지도라고 할 수 있을 것이다. 그러나 이 인종지도에서 일본종족은 조선인, 중국인에 비해 우월하지만 유색인종으로서는 백인종에 비해 열등하다는 의식이 존재한다는 점에서 인종지도와 심상지리는 모순적이고 착종적이다.[36]

그렇다면 1940년대 식민지 조선의 연극에서 인종, 종족 문제는 어떻게 다루어졌는가. 근본적으로 대동아전쟁 시기 조선의 극작가들은 총독부가 주창한 내선일체론, 동조동근론에 추종하는 경우가 많았기에 '조선인=일본인'이라는 사실을 정치적 차원에서 수용하려고 했다. 그것은 작품에 크게 두 가지 형태로 나타나는데, 동조동근론에 의해 조선인은 일본인이라는 사실, 그리고 동양인종(황인종)은 힘을 합쳐 서양인종에 맞서야 한다는 것이다. 이러한 인종 문제는 옥시덴탈리즘을 소재로 한 극작품에 자주 다루어지는데, 특히 「새벽길」이 대표적이다. 「새벽길」에서 모리슨과 박마리아 사이에서 태어난 헨리는 자신이 혼혈아라는 사실에 성격이 비뚤어져서 사고뭉치로 전락한다. 주위의 인종적 편견이 그를 더욱 더 처참한 궁지로 몰아넣는다.

박 : 허우대가 훌륭하다? 사람의 머리란 게 젊을 땐 검고 늙으면 흰 법인데 아니 저 머리는 희지도 검지도 않고 샛노랫으니, 도대체 몇 살 되면 저렇게 된다는 게요. 방참봉, 응. 허허허. (헨리의 턱밑 바짝 다가서며) 다섯

36) 일본민족의 백인기원설이 그 대표적 사례이다. 이 백인기원설만큼 백인종과 서양에 대한 일본의 열등의식을 잘 드러내는 것도 없을 것이다. 위의 책, 235면.

식구의 목숨 줄을 왜 끊어가려고 그러는 거야. 순옥이를 누굴 못줘서 널 주란 말야. 넌 거울도 못 봐. 네 머리털을 못 봐. 네 눈깔을 못 들여다보느냐 말야.

헨리 : (참다못해 박의 멱살을 움켜쥐고) **새빨간 머리칼**이 어쨌단 말야. **파란 눈깔**이 어떻단 말이야. 그렇다. (박을 밀고) 난 성명이 없다. 박가도 김가도 최가도 아니다. **개만도 못하다. 말 새끼만도 못하다.** 이 새빨간 머리털을 보아라. 괭이 눈깔 같은 파란 눈깔을 보아라. 난 **사람이 아니다. 괭이다. 원숭이다.** 그러니 어쨌단 말이냐. 그러니 날 보고 어떻게 하란 말이야. 머리를 돌에 찍어 죽으란 말이냐. 혓바닥을 깨물고 꺼꾸러지란 말이냐.[37](강조는 인용자)

빨간 머리칼 색, 파란 눈동자 색과 같이 서양인종의 우월한 신체적 특징이라고 여겨졌던 요소들이 박에 의해 열등한 인자로 부정되고 있으며, 이에 맞서 헨리는 자신의 정체성을 부정하며 자학하고 있는 장면이다. 새빨간 머리칼, 파란 눈동자를 가진 자는 개와 말만도 못하고 사람이 아닌 것으로 치부되고 인격이 부정된다. 헨리는 어려서부터 혼혈아인 자신을 "동물원에 있는 이상한 동물 보듯이 백화점 진열장에 장식한 괴상한 장난감 보듯이"하는 세상을 저주하며 스스로를 '괴물'이라고 칭한다. 헨리의 자기 신체에 대한 부정은 서양인종(백인종)에 대한 동양인의 인종적 우월의식에서 비롯된 것일까. 서양인종(백인종)에 대해 취하고 있는 제국 일본의 복잡한 인종적 열등의식을 통해 볼 때 그렇게 단언하기 어렵다. 그것보다는 뒤에 나오는

37) 임선규, 앞의 글, 239~240면.

헨리의 대사 "난 이런 놈이에요. 예의도 없고 풍속도 모르는 놈이에요"(강조는 인용자)에 그 핵심이 있다. 헨리의 열등성은 신체적 특성보다는 '예의'와 '풍속', 도덕과 미풍양속을 모르는 서양인의 비도덕성, 비인격성, 비정신성이라는 날조되고 오용된(misrepresented) 서양의 정체성에 있는 것이다. 고매한 도덕과 정신적 깊이는 동양인의 고유한 것이고 서양인은 뛰어난 신체조건을 가졌지만 정신적으로 열등한 존재로 인식되는 것이다.

이 뿐 아니다. 헨리의 열등함은 그의 잡종성(hybridity), 즉 비순혈성(nonpurity of the blood)에 내재되어 있는 것이다. 인종적 순수성이 훼손되었다는 것이 그가 불행에 처한 근본 원인이 되는 것이다. 그것은 물론 자신의 잘못이 아니라 그 어머니의 서양숭배주의 탓이다. 즉, 헨리라는 잡종성, 비순혈성의 비극은 서양숭배주의(=자유주의, 개인주의)가 잉태한 것이라는 논리적 도식이 성립되는 것이다. 문제는 서양숭배주의가 혈통적 순수성(purity of the blood)을 훼손했다는 문제에서 그치지 않고 그것이 여성의 성적 순수성(sexual purity)의 문제, 즉 순결(virginal purity), 정조관념과 연관되고 있다는 점이다.

영철 : (…중략…) 헨리에 그 파란 눈동자 그 높은 코 그 빨간 머리칼은 헨리가 어머니께서 받은 **거룩하고 슬픈 유산**이요. 남들이 유산으로 받은 돈보다도 지위보다 명예보다 깨끗하고 높고 거룩한 그러나 슬픈 유산이요. 헨리는 이 거룩한 유산을 크게 살리어야 하오.

헨리 : 살리다니요.

영철 : 그렇소. 살리어야 하오. 그 파란 눈동자는 헨리의 어머니가 놈들

에게 짓밟혔다는 증거가 아니고 뭐요. 헨리에게 조금도 불명예스런 약점이 아니라 어머니의 고결한 희생에서 얻은 놈들이 보면 처참한 대가가 아니고 뭐요. 헨리는 어머니가 받은 그 원한을 유산으로 받은 사람이요. 그 유산인 원한을 놈들에게 보기 좋게 앙가풀이 해주어야 할 사람이요.[38] (강조는 인용자)

혼혈아라는 정체성에 방황하는 헨리에게 영철이 마지막으로 건네는 이 격려의 말에서, 그는 혼혈성(잡종성)이란 혈통의 순수성을 훼손한 것이면서 동시에 동양인 여성의 성적 순수성이 훼손된 것과 동일한 것이라는 논법을 비친다. '인종적(종족적) 순수성(racial purity)=여성의 성적 순결성(sexual purity)'이라는 등가의 공식으로 자리매김 되는 것인데, 이는 타 인종(서양인종)의 남성성에 대한 야만성과 폭력성의 이미지를 부여하여 인종적 혐오감을 부추기는 인종주의(racism)적 논리가 내포되어 있는 것이다. 게일 다인스(Gail Dines)는 「킹콩과 백인여성」이라는 논문에서 영화 〈킹콩〉을 예로 들면서 백인여성에 대해 과도한 집착을 보이는 킹콩은 백인여성의 성을 위협하는 야만적인 존재로 인식되는데, 이는 백인여성의 여성성을 위협하는 흑인 남성성(black masculinity)을 표상한다고 주장한다.[39] 다인스의 해석 속에는 영화 〈킹콩〉이 흑인 남성성을 악마화(demonization) 하는 표상작용을 통해 인종주의적 편견을 드러냈다고 본 것이다. 이렇듯 남성성과 여

38) 위의 글, 259면.
39) Dines, Gail, "King Kong and the White Woman—Hustler Magazine and the Demonization of Black Masculinity", *Genre, Race, and Class in Media*, Thousand Oaks : Sage, 2003, pp.451~460.

성성의 인식론적 배치를 통해 인종주의적 편견을 드러내기도 한다. 〈새벽길〉에서는 동양 여성의 성을 위협하는 존재인 백인 남성성(white masculinity)을 미국인으로 설정하여 악마화 하는 담론구성방식을 보여주고 있는 것이다.

문제는 혼혈자식을 낳은 박마리아가 스스로를 "서양 놈에게 속고 짓밟힌 불쌍한 조선 여인"으로 규정하는 점에 있다. 그녀의 논법 속에는 '동양=황인종=여성 / 서양=백인종=남성'이라는 이항대립구조가 내재되어 있으며, 이것은 혼혈을 "거룩하고 슬픈 유산"이라고 단정하는 영철의 대사 와 조응하면서 서양(West)=남성성(masculinity)=폭력성(violence) / 동양(East)=여성성(femininity)=희생자(victim, 슬픈 것)이라는 논리구조를 만들어내는 것이다. 동양은 여성적이며 희생자이며 슬픈 것이라는 담론구성방식은 동양을 여성화, 심미화 한다는 점에서 서양인의 의식을 지배하는 오리엔탈리즘의 전형적인 인식구조를 보여주는 것인데, 옥시덴탈리즘의 관점에서 쓰인 작품에서도 그러한 인식론적 배치가 여전히 반복 재생산되고 있는 것은 매우 흥미로운 점이다. 이 점은 곧 오리엔탈리즘과 옥시덴탈리즘이란 인식론적인 상동성을 갖는 표리부동의 관계임을 말해주는 것이라고 볼 수 있다.

임선규의 또 다른 희곡 〈빙화〉에는 이러한 점이 한층 더 표나게 드러난다. 마르크스주의에 대한 동경을 갖고 있던 청년 박영철은 학교 비리를 폭로한 일로 말미암아 중학교 교사직을 내던지고 애인 순영과 함께 만주를 거쳐 연해주에 흘러들어온다. 그러나 그의 이상은 처참히 깨지고 만다. 그가 자원입대한 소련군 소속 조선인 76연대는 만주국에 침투하여 조선인 개척민들을 노략질하는 마적 떼에 불과하였고, 형제라고 믿었던 소련은 중일전쟁이 터지자 연해주의 조선인들을 중앙아시아로 강제이주 시킨다. 설상가상으로 비밀경찰에게 체포된 애인 순영은 러시아 경찰 표도르스키에게 능욕당하고 그의 정부가 되고 만다. 순영은 있는 힘을 다해 영철과 조선동포들을 일본배에 태워 조선으로 보내려 애쓴다. 그러나 자신은 끝내 배에 타지 않고 자살하고 만다.

> 순영 : **원수의 씨를 나는 가졌구려.** 이래서 한 번 헛디딘 여자의 운명은 자꾸만 자꾸만 지옥으로 끌어가기로만 마련이구려…….
>
> 쏘니아 : 언닌 바보요. 왜 진작.
>
> 순영 : 바보야. 그렇지만 어찌하는 수가 없구려. 진작 영철씨라도 만났더라면 용기가 났을지도 몰라? 아니야……. **난 조선은 못가.** 영철씨는 날 용서해도 나는 나를 용서 못해요. 쏘니아. 날 불쌍하다고 생각허우……. 그렇다면 애기 잘 길러주고 영철씨 만나거든 내 고생한 이야기나 잘 해주오. 어서 가오.[40](강조는 인용자)

순영이 조선에 가지 못하는 이유는 간단하다. 타 인종(서양인종)에게 정조를 잃고 "원수의 씨"를 가졌기 때문이다. 정조를 잃은 여성, 혈통의 순수성을 훼손한 여성은 고향으로 돌아갈 자격을 상실한 것으로 간주된다. 고향으로 돌아가지 못하는 그녀에게는 슬픈 동양의 이미지가 부여된다. 동양 자신에게 나약하고 슬픈 여성 이미지를 부여하는 것은 스스로를 자기 주변화(self-orientalizing)하는 것이라는 점

40) 임선규, 〈빙화〉, 『해방 전 공연희곡집』 3(이재명 편), 평민사, 2004, 169면.

에서 동양의 우월함을 주장하는 형상화방식으로서는 모순적이다. 오리엔탈리즘의 담론구성방식에서 전혀 벗어나지 못한 것이다.

한편 이는 동양인종의 순수혈통론에 기반을 둔 인식론이기도 하다. 극단적 순혈론은 파시즘의 인종주의, 단일민족 신화와 연관되는 것이다. 사실 인종, 종족, 종교, 사상, 정신 그 무엇에도 절대적 순수란 존재할 수 없다. 절대 순수의 존재가 있을 것이란 낭만주의적 이상과 믿음에서 파시즘 사상이 기원하는 것이다. 서양(서유럽과 미국)의 상업적 자본주의, 대도시의 물질문화, 인종적, 종교적, 문화적 잡거와 혼성이 서양의 전통, 인종, 종교, 정신의 순수성을 파괴했으며, 그 절대 순수의 이상을 실현하기 위해 투쟁해야 한다는 사상이 중동부 유럽의 파시즘을 탄생시켰다. 그 파시즘의 절대 순수 숭배사상의 동양적 버전이 바로 만계일손(萬系一孫)의 국체(國体)라는 국가적 순수성(national purity)에 대한 숭배사상을 낳았으며, 이는 다시 전통, 정신, 도의, 절제, 미풍양속이라는 동양적 가치의 절대 순수에 대한 숭배(동양주의)로 연결되는 것이라 할 수 있다. 그리고 그 절대 순수의 신봉이 여성의 몸이라는 신체지리에까지 이전, 확장된 것이다. 그것이 바로 여성의 성적 순수성=민족의 혈연적 순수성에 대한 믿음인 것이다. 이러한 잣대로 보면 타인종, 타종족과의 결혼이나 잡종교배는 죄악이 되는 것이고, 타인종, 타종족의 남성성은 자민족의 여성성을 위협하는 야만과 폭력의 표상이 되는 것이다. 〈빙화〉에서 러시아인 표도르스키에게 순영이 정조를 잃은 것이기 때문에 표도르스키의 백인 남성성은 야만과 폭력의 이미지로 재현되고, 순영의 훼손된 여성성은 슬픈 희생자의 이미지로 표상된다.

〈빙화〉에서 대동아주의의 환상이 감상적으로 재현되는 것은 마지막 장면이다. 표도르스키 집에서 순영을 상봉한 영철은 때마침 집으로 들어온 표도르스키가 쏜 총알에 다리를 맞는다. 그때 일본인 무라우에[村上] 선장이 표도르스키에게 달려들어 영철을 돕고 둘은 힘을 합쳐 사투를 벌인 끝에 승리한다.

표도르스키 : (다시 총을 집는다)

村上 선장 : (다음 방에서 뛰어나온다)

세 사람 어울려 사투가 벌어진다. (순영은 넘어졌다) 군중이 이 집을 향해 돌을 던진다. 돌과 나무와 여러 가지가 창으로 날아 들어온다. 방안에 사투는 1대 2로 표, 넘어진 모양이다. 컴컴한 방안은 잠시 고요히 광선 한 가닥이 직선해서 실내 험상하고 비장한 공기가 흐른다.

村上 선장 : "おい"死めなあ…… ° [이봐 죽지 말라구…….] (소리가 목에 걸린 것이다)

박영철 : (신음소리 들린다) 선장.

村上 선장 : ここだ…… ° [여기다…….]

두 시커먼 그림자가 광명을 찾아서 밝은 곳으로 움직인다.

두 그림자 부둥켜안는다. 박영철, 선장.

村上 선장 : おい生きてるて呉れたか ° [살아있어 주었군.]

두 사람 붙들고 일어선다.

박영철 : どうして死なして奥れながつたんだ° [왜 죽게 내버려두지 않았나.]

村上 선장 : おれ達は兄弟だそおれはお前をうたがつた然し助てしまつたんだねわかるだろうおれ達に は見えないものがつたいるんだが°おい行かう皆つているぞ°お國ちやみんな戰爭しているんだぞ°行かうなあわかつだわかつだ°おれ達は兄弟だあのかわいさうな同胞にも祖國を待だして上げる°[우리들은 형제야. 처음엔 당신을 의심했지만, 도와주고 말았어. 알겠지. 우리에게 뭔가 보이지 않는 뭔가가 있어. 자 갑시다. 본토에서 모두들 전쟁을 하고 있어. 가자고. 알겠지. 우리들은 형제야. 불쌍한 동포에게도 조국을 갖게 하는 거야.][41](강조는 인용자)

박영철과 무라우에 선장이 힘을 합쳐 표도르스키와 사투를 벌이는 장면은 매우 상징적이면서 연극적이다. 무대 위에 재현된 동양/서양, 동양인종/서양인종의 연극적 대결이라는 점에서 그렇다. 박영철과 무라우에의 협력은 동양인이라는 상상적 동일성, 즉 내선일체의 형제애라는 상상적 인종의식에 근거한 것이다. 상대가 인종적으로 우리와 다른 서양인이라는 점, 더욱이 일본 군국주의와 적대관계에 놓인 맑스주의라는 점에서 반드시 싸워서 박멸해야할 이유가 분명해졌다. 무라우에는 박영철에게 "그래. 공산주의에 서로 꽤 괴로움을 당했지. 바보 같은 공산주의"라고 외친다. 박영철도 "馬鹿野

41) 위의 글, 176면.

郞(바보 같은 놈)"이라고 공감의 뜻을 표한다. 동양인이라는 상상적 동일성 속에서 내선협력을 이루어 서양의 '악마' 공산주의를 물리친 것이다. 영철은 다리에 총상을 입은 채였다. 그러나 내선(內鮮)의 두 남자는 하루빨리 귀국하여 중일전쟁이라는 더 큰 싸움에 참여하려는 기대에 부풀어있다. 다시는 고향에 돌아갈 수 없는 한 식민지 여성을 남겨둔 채.

> 순영이 넋이 없는 사람이다.
> 창문을 열어 아래를 내다보고 다시 멀리 하늘을 본다.
> 순영의 얼굴, 광선을 받아 눈물이 빛난다.
> 배 떠나는 소리.
> 순영, 기진해서 쓰러진다.
> 군중의 哀訴 소리. 슬픈 노래 소리.
> 큰 고동 소리[42]

스스로 자기 목숨을 끊으려 하는 순영은 죽어가면서 연해주 어느 항구도시의 밤하늘을 멀리 바라본다. 이국땅에 홀로 남겨진 채 죽어가는 식민지 여성의 슬픈 이미지, 그것은 서양의 남성성에 훼손당한 동양적 여성성의 슬픈 운명인지 모른다. 슬픈 동양 여성 이미지는 왜 반복적으로 재현되어야 하는가. 그것은 유교적 정조관념에서 헤어나지 못한 식민지의 낙후된 작가의식(또는 관객 수준)일 수도 있고, 당시 국민연극이 지향했던 멜로드라마적 대중성이 빚어낸 관습적 여

42) 위의 글, 177면.

성인물 구성방식일 수도 있을 것이다. 식민지 작가의식이 여성문제에 관한 한 낙후된 의식수준을 보여준 것은 사실이다. 그것은 국민연극 시대에도 대체로 크게 다르지 않다. 문제는 국민연극과 멜로드라마와의 관련성일 것이다. 국민극 이론가 함대훈은 국민연극은 소수의 지식층과 다수의 대중계층이 즐기는 피라미드형의 연극이어야 한다고 주장한다.[43] 이는 바꿔 말하면 국민연극은 프로파간다 연극의 속성상 대중성을 기반으로 삼아야 한다는 것을 의미한다. 그 대중성이라는 것은 오락성이라고 할 수 있는데, 대체로 그것은 멜로드라마의 형태로 구현되는 경우가 많았다. 임선규는 〈빙화〉에 대한 '작극(作劇) 상의 메모'에서 애초 이 작품을 사실주의적 기법으로 쓰고 싶었지만, 이것이 관객에게 불친절하다는 것을 깨닫고 멜로드라마로 만들게 되었다고 고백하였다.[44] 관객은 멜로드라마를 좋아하기 때문에 관객 대중의 취향을 위해 사실주의극보다는 멜로드라마의 기법을 따르게 되었다는 얘기다. 비평가 김건 역시 〈빙화〉의 공연에 대한 관중의 호응이 매우 컸다는 사실만큼은 인정했다.[45]

그러나 그것뿐일까. 상상적 지리로서의 서양이 잔혹한 폭력성, 야만성, 남성성의 이미지로 조작(표상)되려면, 그 반대쪽에는 그 남성적 폭력성 앞에 스러지는 가녀리고 슬픈 동양 여성의 희생자 이미지가

---

43) 함대훈, 「국민연극의 방법론」, 『춘추』, 1941.12.

44) 임선규, 앞의 글, 65면.

45) 그러나 그는 "〈빙화〉는 작가자신이 변해(辨解)한 것처럼 멜로드라마라고 한다. 그러나 우리는 〈빙화〉를 보고 멜로드라마의 개념을 재파악하지 않으면 안 되는 의문을 느꼈다"고 말하면서 멜로드라마라는 점에 의문을 제기했다. 그러나 멜로드라마가 아닌 이유가 무엇인지, 무엇에 대해 의문을 느낀 것인지에 대해서는 전혀 언급하지 않았다. 김건, 「제1회 연극경연대회인상기」, 『조광』, 1942.12, 133면.

또한 구성(표상)되어야만 하지 않았을까. 오리엔탈리즘의 경우도 마찬가지지만, 그러한 옥시덴탈리즘의 표상놀이는 그 자체로 매우 연극적인 것이다.[46] 1940년대 초반 태평양전쟁기 식민지 조선의 극장에서는 반서양주의의 표상놀이가 한창 진행 중에 있었다.

4. '동양인', 국민(國民)이 된다는 것 결론을 대신하여

태평양전쟁기 식민지 조선의 극장 무대에서 반서양주의의 표상놀이를 할 수밖에 없었던 것은 불가피한 일이었다. 이른바 '대동아공영권' 사상이 제국 일본과 그 식민지에 지배 이데올로기로 작용하고 있었으므로 '대동아', '동양', '아시아(아세아)'의 가치를 강조하는 연극이 강요당하는 상황이었기 때문이다. 그런데 '동양'의 가치를 말하는데 왜 서양이 늘 상수로 등장해야 하는가. 서양 없이 동양을 말할 수 없기 때문이다. 동양이라는 특수를 말하기 위해서는 항상 서양이라는 보편을 필요로 할 수밖에 없는 것이다. 세계사란 기본적으로 서양의 역사를 말하며, 동양의 역사는 '세계사 밖'에 존재하는 것이다.[47] 헤겔이나 마르크스에게도 동양(아시아)은 계몽되지도 발전하지도 않는 사회로 인식되었다. 전제군주 1인만이 유일한 주체로 존재하는 미개한 사회이거나 발전 없는 정체(停滯)된 사회로 인식될 뿐이었다. 문명, 발전, 진보는 오직 서양에서만 가능한 것이었다. 서양만이 유일

46) 에드워드 사이드, 앞의 책, 112~113면.
47) 고야스 노부쿠니, 앞의 책, 56~59면.

한 세계사적 보편이 될 수 있었다. 따라서 동양(아시아)은 언제나 서양의 부정으로서만 이야기 될 수 있다. 동양(아시아)에 대해서 말한다는 것은 언제나 서양에 대해 말한다는 것이 된다.[48] 동양을 주장한다는 것은 결국 서양의 부정을 통하지 않고는 불가능한 일이었다. 동양론이 궁극적으로 반서양주의로 갈 수밖에 없는 이유, 식민지 극장의 무대 위에서 동양 대 서양의 표상놀이가 이루어질 수밖에 없는 이유는 그러한 것이었다.

그렇다면 식민지 조선인의 '동양인'되기는 간단한 일이었을까. 결단코 그렇지 않다. 식민지인이 진정한 동양인이 되기 위해서는 갱생(更生)이 필요했다. 동양인이 된다는 것은 단지 노란 피부를 갖고 태어나는 것만으로 충분한 일이 아니었다. '비(非)국민'이 '국민(國民)'으로 거듭난다는 것을 의미하는 것이고, 그것은 '황국신민'(皇國臣民)이 된다는 것을 뜻했다. 〈개화촌〉에서 서양 추종주의자인 현익(기독교도, 미국유학, 미션계 전문학교 교수, 미국여자와 결혼)과 애라(기독교도) 사이에서 태어난 아들 준석은 동양주의자 재욱의 감화를 받고서 서양을 흠모한 부모의 원죄를 가미가제 특공대 지원병이 되는 것으로써 대신 씻는다. 가미가제 특공대원이 되는 것을 신라의 화랑도 정신에 비유함으로써 일본을 위한 희생의 의미를 민족적 전통에서 찾아 합리화하려고 한다. 4막 2장은 가미가제 특공대로 참전했던 준익이 테이테 전투에서 자살공격을 감행하고 전사한 뒤에 치러지는 위령제 장면이다. 준익(오하라 헤이쪼 병장)의 죽음은 "일본정신의 극치"이자 "내선의 정신적 결합을 실증하는 것"으로 칭송된다. 아들 준익의 목숨을 제

48) 사카이 나오키, 이규수 역, 『국민주의의 포에시스』, 창비, 2003, 51면.

국 일본에 헌납하는 희생제의를 통해서 비로소 서양숭배주의자 현익과 애라는 일본 국민으로 거듭날 수 있게 된다.

현익 : 사실 나도 그날 밤 첨으로 처자에 대한 참된 륜정이란 것을 진정으로 깨달았소……. 나라의 은혜 부부와 부자형제의 정리, 친구의 신의, 우리가 가진 온갖 미풍양속이 모다 새삼스럽게 그립고 고마운 생각이 나서 그냥 걷잡을 수 없이 눈물이 쏟아졌었소. 그래서 내가 진심으로 내 잘못을 뉘우치고 그 이튿날 다시 형무소로 들어가서 석 달만에 집행유예로 나오게 된 것도 말하자면 순전히 그 애 덕이지요.

(…중략…)

재욱 : 오하라군은 결코 죽지 않았습니다. 크게 죽는 것은 크게 사는 것이니까요.

현익 : 네 그렇지요…….[49]

〈개화촌〉에서 중요한 인물은 천황을 위해 자살공격으로 산화하는 준석이 아니라 서양숭배주의자에서 국민으로 갱생하는 현익이 된다. 서양을 버리고 '동양인'으로 돌아온 현익은 황국신민의식을 깨우치고 국민으로 거듭나는 입체적 인물이므로 이 극의 주요인물로 기능한다. 따라서 준석의 위령제는 현익의 국민 되기를 위한 통과제의의 성격을 갖는다고 할 수 있다. 식민지인의 국민 되기는 처절한 희생 없이, 속죄양 없이 불가능했던 것이다. 일본인이 되기 위해서는 지원병의 죽음을 담보하는 값비싼 대가를 치러야만 가능했

49) 조천석, 앞의 책, 368면.

던 것이다.[50] 국민이 되기 위해 병사, 또는 전사가 싸워야 하는 공간은 매우 다양했다. 창공이든, 바다든, 대륙이든 장소를 가리지 않고 '동양인'으로, '국민'으로 갱생하기 위한 값비싼 희생제의를 치러야만 했다.[51]

이것은 〈새벽길〉이나 〈빙화〉에서도 마찬가지였다. 〈새벽길〉에서 서양숭배주의자였던 영철은 미국유학을 떠나려하다가 몸을 망치고 귀국한 뒤 자신과 일가를 망하게 만든 모리슨을 죽인다. 살인죄를 저지르고 형사에게 포승줄로 묶여가는 영철은, 〈사랑에 속고 돈에 울고〉에서 홍도가 변주된 인물인데, 자신의 전 애인 몸에서 태어난 혼혈아 헨리를 '동양인'(일본 국민)으로 재생시키기 위한 속죄양에 다름 아닌 것이다. 모리슨에게 복수하면서 동시에 자신을 희생양으로 삼은 것은 혼혈아 헨리가 "어머니가 받은 그 원한을 유산으로 받은 사람이요. 그 유산인 원한을 놈들에게 보기 좋게 앙가푸리 해 주어야 할 사람"[52]이기 때문이다. 일본 국민으로서 혼혈아 헨리가 필요했던 것은 그가 서양인에게 더 잘 복수할 인물이기 때문인 것이다. 〈빙화〉 또한 마찬가지이다. 순영이 혼자 조국에 돌아가지 못하고 러시아 연해주 땅에 남아 죽음을 택할 수밖에 없는 것은 정조를 더럽힌 여자이기 때문에 그렇기도 하지만, 주인공 박영철이 국민으로 갱생하기 위한 속죄양이 되기 위함이기도 하다. 식민지인 박영철이 '국민'이 되기 위해서는 그의 애인 순영의 희생이 요구되었던 것이다. 무라

---

50) 김옥란, 「국민연극의 욕망과 정치학」, 『한국극예술연구』 제25집, 2007.4, 112면.
51) 박명진, 「1940년대 시나리오에 있어서의 파시즘 담론」, 『한국 극예술과 국민 / 국가의 무의식』, 연극과인간, 2006, 236~243면.
52) 임선규, 〈새벽길〉, 『해방 전 공연희곡집』 3(이재명 편), 평민사, 2004, 259면.

우에 선장과 힘을 합쳐 표도르스키를 물리친 영철은 순영의 희생을 통해 비로소 황국신민으로 거듭나게 된다. 그는 무라우에의 배 위에서 "선장……. 고마워요. 전 아무것도 할 수 없어요. 실력도 없고 용기도 없어요. 하지만 죽는 것만은 할 수 있어요. 선장 나를 데리고 가서 멋지게 죽여주시오"53)라고 외친다. 그가 귀국하면 기다리는 것은 중일전쟁의 전장이었다. 즉, 죽음뿐이다. 드디어 국체를 위해서 멋지게 죽을 수 있는 일본 국민이 탄생한 것이다. 러시아 연해주에서 순영이 결코 돌아올 수 없었던 것, 그러한 눈물의 서사가 필요했던 것은 바로 이러한 이유에서였다. 제국의 희망을 제시해야 하는 국민연극에서 멜로드라마적인 눈물의 희생제의가 요구되었던 것은 이러한 까닭이었다.

53) 임선규, 〈빙화〉, 『해방 전 공연희곡집』 3(이재명 편), 평민사, 2004,, 177면.

식민지 극장의 전시된 만주 표상들

1940년대 초반의 만주 활극과 정체성의 퍼포먼스

1. 머리말

'만주(滿洲, Manchuria)'는 지도상에 공식적으로 존재하는 이름이 아니다. 중국에서는 이 지역을 중국 동북 지역(또는 東北三省)이라고 부른다. 그러나 실제적으로 이 지역은 근대에 들어 타자들에 의해 '만주'라는 이름으로 불려졌다. 미국의 중국학자 라티모어(Owen Lattimore)는 '만주(Manchuria)'라는 이름이 서구와 일본의 제국주의적 욕망에 의해 만들어진 근대적 구성물(modern creation)이라고 하였다. 즉, 만주는 제국주의 열강의 분쟁대상으로서 창안된 지명이었던 것이다. 그러한 점에서 만주는 '동양의 엘도라도'를 의미했다. 비슷한 맥락에서 두아라(Prasenjit Duara)는 제국주의 열강들과 피식민자들의 이해가 얽혀있는 '만주'를 초국적 현상(transnational phenomena)이라고 불렀다.[1) 서구 학자들에 의해 근대적 구성물이자 초국적 현상이라고 불리는 '만주'(특히 간도)는 한편 19세기부터 현재까지 우리 민족의 실질적인 삶의 공간이기도 했다. 이렇듯 근대적 구성물이면서 동시에 치열한 민족 삶의 현장이기도 하였던 만주가 1932년 만주국 건국 이후, 특히 1937년 중일전쟁 이후에 식민지 조선의 극장에서 어떻게 비쳐지고 있었을까. 더 구체적으로 1940년대 초반 식민지 조선의 극장 공간에서 만주라는 표상은 어떻게 전시(exhibition)되고 소비(consumption)되었을까. 이 논문은 이러한 의문점에서 출발한다.

그런데, 하필 식민지 극장 공간의 만주라는 표상에 주목하게 되는 것은 무슨 이유일까. '동양의 엘도라도'라고 불리는 만주가 갖는 독특한 비현실성, 환상성에서 비롯된다. 1940년대 초반, 식민지 조선의 극장에는 이전에 볼 수 없었던 매우 이례적인 두 편의 만주 활극이 상연, 또는 상영되었다. 한 편은 〈흑룡강(黑龍江)〉(부민관, 1941.6.6~8)이라는 연극이고, 다른 한 편은 〈망루의 결사대[望樓の決死隊]〉(대륙극장, 1943.4.29~5.7)라는 영화다.[2)] 이 두 편의 만주 활극은 미국 웨스턴 장르와 매우 흡사한 것이라는 점에서 주목을 요한다. 웨스턴 장르가 할리우드의 대표적인 대중적 오락 장르라는 사실은 그다지 설명이 필요치 않을 것이다. 그런데 식민지 조선의 극장에서 만주 표상이 웨스턴

1) 김경일, 「만주의 조선인, 그들은 누구인가」, 『만주—그 땅, 사람 그리고 역사』, 고구려연구재단, 2005, 226~227면.

2) 부민관(府民館)은 경성부가 부민들의 문화생활을 위한 목적으로 1935년에 설립한 다목적 회관으로서 주로 연극, 음악, 영화 등을 공연하였다. 현재는 서울시의회 의사당으로 사용되고 있다. 대륙극장(大陸劇場)은 1907년에 설립된 단성사(團成社)가 1939년에 명칭이 변경된 것이다. 해방 후에 다시 본래 이름으로 환원되었다.

장르라는 할리우드의 대중장르 형식을 빌려 오락의 대상으로 소비되었다는 사실은 흥미로움을 불러일으키는 일이다. 이전에 없었고, 이후에도 흔치 않은 '만주 활극(活劇)'이라는 독특한 장르가 등장하게 되는 배경은 무엇이며, 또 그것은 만주를 어떤 방식으로 표상하고 있었는지, 그리고 그러한 표상방식에 내포된 퍼포먼스(performance)의 의미는 무엇인지를 밝히는 것이 이 글의 목표다.

이제까지 만주를 배경으로 삼은 웨스턴 장르, 즉 '만주 활극'에 관한 연구는 별로 없었다. 2008년에 발표된 박유희의 「만주웨스턴 연구」가 거의 유일한 사례라고 할 수 있다. 박유희가 사용한 '만주 웨스턴'이라는 용어는 1960~70년대 한국 영화계를 풍미했던 이른바 '대륙물', 즉 식민지시대 만주를 배경으로 전개되는 남성적 활극을 다룬 장르를 지칭하는데, 이러한 용어는 2008년 8월 한국영상자료원에서 '만주 웨스턴 영화제'라는 명칭으로 1960~70년대 '대륙물' 14편을 상영함으로써 공식화 되었다.[3] 이 논문에서 박유희는 1960~70년대의 대륙물 세 편, 〈무숙자〉(1968), 〈황야의 독수리〉(1969), 〈쇠사슬을 끊어라〉(1971)를 집중 분석하면서 이들을 '만주 웨스턴'이라는 장르 개념으로 연결시켰다. 본고에서는 1940년대 초반 만주 개척극 장르에 미국 웨스턴 장르의 속성이 잘 반영되고 있다고 보는 입장을 갖는다. 따라서 1940년대 만주 개척극에 이미 1960~70년대 만주 웨스턴 장르의 전조가 짙게 드러나고 있다고 본다. 그러나 기존의 영화학계에서 만주 웨스턴 장르의 명칭을 1960~70년대 대륙물을 지칭하는 것으로 사용하고 있는 현실을 감안하여 '만주 웨스턴'이라는 용어의 사용을

3) 박유희, 「만주웨스턴 연구」, 『대중서사연구』 제20호, 대중서사학회, 2008, 9~11면.

억제하고 '만주 활극'이라는 개념을 사용하고자 한다.

1940년대 만주 활극의 대표작이라 할 수 있는 연극 〈흑룡강〉과 영화 〈망루의 결사대〉, 두 작품에 관한 개별적 연구 성과들은 적지 않게 존재한다. 연극 〈흑룡강〉에 관해서는 이미원, 서연호, 이상우, 김재석, 김명화, 이재명, 문경연 등의 연구[4)]가 있다. 이미원, 서연호의 연구에서는 새로운 발굴 대본자료인 〈흑룡강〉을 소개하였고, 이상우, 김재석, 김명화, 이재명 등의 연구는 일제 말기 친일극의 맥락에서 〈흑룡강〉에 대해 분석한 것이다. 영화 〈망루의 결사대〉에 관한 연구는 그 양이 많지 않은데 유현목, 이효인, 김려실, 이영재 등의 연구가 있다.[5)] 〈망루의 결사대〉에 관한 연구는 〈흑룡강〉에 비해 텍스트 연구가 아직 적은 편이다. 유현목, 이효인, 김종원 등의 논의에서는 일제 말기 국책영화(친일어용영화)라는 맥락에서 〈망루의 결사대〉를 개략적으로 다루었던 반면, 김려실은 1930~40년대 '만주'의 재현방식의 한 단면으로서, 그리고 한일합작영화의 한 사례로서 〈망루의 결사대〉를 조망하였다. 김려실, 이영재에 의해 일제 말 국책영화에

---

4) 이미원, 『한국근대극연구』, 현대미학사, 1994; 서연호, 『식민지시대 친일극 연구』, 태학사, 1997; 이상우, 「일제 말기 유치진의 만주 체험과 친일극」, 『연극의 이론과 비평』 창간호, 한국예술종합학교 연극원, 2000; 김재석, 「〈흑룡강〉에 나타난 계몽 · 선전의 기법과 작가적 의미」, 『한국연극학의 위상』, 태학사, 2002; 김명화, 「친일희곡의 극작술 연구—연극경연대회 작품상 수상작을 중심으로」, 『국제어문』 32집, 국제어문학회, 2005; 이재명, 「유치진 희곡의 인물형상화 연구—해방 전에 발표한 장막극을 중심으로」, 『한국연극학』 28호, 한국연극학회, 2006; 문경연, 「1940년대 국민연극과 친일협력의 논리—유치진을 중심으로」, 『드라마연구』 제29호, 한국드라마학회, 2008.

5) 이효인, 『한국영화역사강의』 1, 이론과실천, 1992; 유현목, 『한국영화발달사』, 책누리, 1997; 김려실, 「인터 / 내셔널리즘과 만주」, 『상허학보』 제13집, 상허학회, 2004; 김종원, 「일제 강점기의 한국영화의 특성과 영화사적 평가」, 『해방전(1940~1945) 공연 희곡과 상영 시나리오의 이해』, 평민사, 2005; 김려실, 「일제말기 합작선전영화의 분석」, 『영화연구』 제26호, 한국영화학회, 2005; 김려실, 『투사하는 제국, 투영하는 식민지』, 삼인, 2006; 이영재, 『제국 일본의 조선영화』, 현실문화, 2008.

대한 심도 있는 논의가 이루어졌음에도 불구하고 만주 활극이라는 독특한 장르 현상의 맥락을 통해 〈망루의 결사대〉를 분석할 여지는 아직 많이 남아 있다고 본다. 영화에 비해 상대적으로 연구가 많이 이루어진 연극의 경우도 이러한 상황은 크게 다르지 않아서 만주 활극의 관점에서 〈흑룡강〉 다시 보기가 필요하다.

연극과 영화라는 다소 이질적인 장르의 작품들을 특정 제재와 장르의 복합명칭인 '만주 활극'이라는 개념으로 묶어서 한 데 다루는 것에 대해 의문을 품을 수 있다. 자칫 연극사에 관한 것도 아니고, 영화사에 관한 것도 아닌 회색지대의 연구가 되는 것 아니냐는 우려도 있을 수 있다. 그러나 이 논문은 연극사나 영화사 연구의 한 부분을 지향하지 않는다. 그보다 식민지시대 후기의 극장에 나타난 하나의 문화적 현상을 문화 연구(cultural studies)의 관점에서 분석하고자 한다. 1940년대 초반 식민지 극장에서 관객들이 향유하였던 만주 활극에 나타난 만주 표상방식이 어떠한 특징을 가졌고, 또 그것이 어떠한 사회, 문화적 의미를 지니는지에 대해 분석해보려고 하는 것이다.

특히 이 논문에서는 이 만주 활극들에 나타난 주요 인물들이 자신들의 민족 정체성과 젠더 정체성을 구현하는 퍼포먼스의 양상을 어떻게 드러내는지에 관심을 두고 논의를 전개하려고 한다. 두 작품 모두를 분석 대상으로 삼되 심도 있는 논의는 〈망루의 결사대〉에 보다 집중될 것이다.

2. '동양의 엘도라도', 표상 공간으로서의 만주

〈흑룡강〉과 〈망루의 결사대〉라는 두 작품에 대해 말하기 전에 당시 제국 일본과 식민지 조선의 문화 장(場)에서 만주라는 표상이 어떻게 다루어지고 있었는지 잠시 개괄해볼 필요가 있다. 만주가 문화적 관심대상으로 부상하게 되는 것은 중일전쟁 직후인 1930년대 후반 일본에서였다. '대륙개척문학'의 등장이 그것인데, 그 배후에는 제국 일본의 '대륙개척이민정책'이 있었다. 1938년에 대륙개척이민정책이 국책으로 정해지면서 문화계가 이에 보조를 맞추게 되었다. 이에 따라 1939년 대륙개척문예간화회(大陸開拓文藝懇話會)가 창설되고 일본 문인들의 만주, 북지(北支) 지역 파견, 시찰 활동이 잇따르게 되었다. 일군의 대륙개척소설집과 기행문들이 간행되면서 '개척문학(開拓文學)'의 붐이 일기 시작하였다. 개척문학은 일본이 만주에 민족협화(民族協和)의 이상 국가를 건설하려는 국책에 적극적으로 동조, 협력하는 문학을 말한다.[6] 그 대표작으로 개척소설 〈대일향촌(大日向村)〉, 〈선견대(先遣隊)〉, 개척극 〈동궁대좌(東宮大佐)〉, 〈미영촌건설기(彌榮村建設記)〉[7] 등이 유명하다. 대륙문학 중 가장 널리 알려진 작품으로는 와다덴[和田伝]의 소설 〈대일향촌(大日向村)〉을 꼽을 수 있다. 이 작품은 빈곤한 농민에게 일본의 비좁은 농촌은 더 이상 희망이 없기 때문에 만주로 이주함으로써 일본에 남은 농민이나 만주로 이주한 농민 모두가 행복할 수 있다는 전언을 담은 것이다. 만주이민

6) 호소 마사오 외, 고재석 역, 『일본현대문학사』 상, 문학과지성사, 1998, 222~223면.
7) 함세덕, 「東京 國民演劇의 展望」, 『매일신보』, 1943.3.2~10.

정책을 적극 홍보한 것이라고 할 수 있다.[8)]

이러한 개척문학의 붐은 식민지 조선에도 곧바로 밀어닥쳐서 이태준의 〈농군〉(1939), 안수길의 〈새벽〉(1940), 〈벼〉(1940), 장혁주의 〈행복한 사람들〉(1942) 등의 개척소설 창작으로 이어졌다. 뿐만 아니라 박영호의 〈등잔불〉(1940)이나 유치진의 〈흑룡강〉(1941), 〈대추나무〉(1942~43)와 같은 만주 소재 희곡이 발표되었다.[9)] 문학, 연극 뿐 아니라 영화계에서도 만주개척 이야기는 이어져서 전창근 각본 · 연출의 영화 〈복지만리〉(1941)가 상영되었다.

물론 문학, 연극과 마찬가지로 '개척영화(開拓映畵)'도 제국 일본에서 먼저 촉발되었다. 당시 일본에서는 개척영화의 상위 장르개념으로 '대륙영화(大陸映畵)'가 존재했다. 여기서 '대륙(大陸)'이라는 것은 '내지(內地, metropole)' 일본의 대타개념인 '외지(外地, colonies)'로서의 '지나(支那)'(중국)와 '만몽(滿蒙)'(만주와 몽골)을 포함하는 지역을 의미했다. 그러므로 대륙영화란 좁게 말하면 중국과 만몽 지역을 제재, 혹은 배경으로 하는 영화를 의미하며, 광의로는 중국에 설립된 세 개의 영화사 중화전영(中華電影), 만영(滿影), 화북전영(華北電影)에서 제작된 영화까지 아우르는 것을 의미했다.[10)] 1937년 중일전쟁 이후 일본에서 대륙영화는 일대 붐을 이루게 되는데, 그 하위 장르로는 〈아시아의 딸[亞細亞の娘]〉(1938)로 대표되는 멜로드라마 장르, 〈5인의 척후병[五

8) 양예선, 「일본의 만주문학—'대륙개척문예간화회'를 중심으로」, 『동북아의 국가와 민족관계』, 육군사관학교, 2006, 259면.

9) 이상우, 「일제 말기 유치진의 만주체험과 친일극」, 『근대극의 풍경』, 연극과인간, 2004, 148~150면.

10) 晏妮, 「'大東亞映畵'への階段—'大陸映畵' 試論」, 『映畵と'大東亞共榮圈'』(岩本憲兒 編), 東京: 森話社, 2004, 130~131면.

人の斥候兵]〉(1938) 등의 전쟁영화, 그리고 〈대일향촌(大日向村)〉(1940), 〈옥토만리(沃土萬里)〉(1940) 등으로 대표되는 개척영화가 있었다. 이 개척영화의 범주에는 '내지'(일본) 영화사가 직접 제작한 위의 작품 이외에 '외지'의 만영(滿影)이 제작한 '대륙삼부작(大陸三部作)', 〈백란(白蘭)의 노래〉(1939), 〈열사(熱砂)의 맹서〉(1940), 〈지나(支那)의 밤〉(1940) 등이 포함된다. 내지나 외지를 막론하고 개척영화는 대체로 '일본 이민자의 꿈을 충족시켜줄 희망에 충만한 땅', 즉 신개지(新開地)로서의 '만주'의 이미지를 제재로 다루었다.[11]

제국 일본에 의해 정책적으로 조장된 개척문화의 붐은 일본과 조선의 이민자, 개척농민들에게 '만주', 또는 '대륙'에 대한 허구적 환상을 품게 만들었다. 이 개척문예 작품(문학, 연극, 영화)들은 만주 이주자와 개척민들에게 광명(光明)의 미래를 약속하는 광활한 신개지로서의 만주라는 판타지를 갖게 하였다. 물론 그러한 만주 판타지의 발명은 하루아침에 이루어진 일은 아니었다. 이는 19세기 후반부터 동아시아 지역의 무주공산으로 인식되었던 만주(몽골 포함) 지역으로 뻗어나가려 한 제국 일본의 영토 팽창주의 정책과 연관된다.

만주(滿洲) 지역이 주인 없는 땅으로 인식되었던 데에는 만주를 청조(淸朝)의 발상지로 간주하여 만주족 이외의 다른 민족의 출입을 금하고 비워두었던 청나라의 봉금정책(封禁政策)이 일조를 하였다. 청의 봉금령은 만주에 대한 러시아의 남하정책에 따라 19세기 후반에 해제되었다.[12] 그러나 19세기 후반에 만주는 러시아, 일본 등 주변

11) 위의 글, 141~143면.
12) 김기훈, 「만주의 코리안 디아스포라」, 『만주, 동아시아 융합의 공간』(한석정 · 노기식

국가의 영토 팽창주의 정책의 집요한 대상이 되었다. 러시아는 천혜의 부동항을 지니고 있을 뿐만 아니라 중국 남부와 조선으로 진출하기 위한 요충지가 되는 만주를 자국의 병탄 대상으로 간주하였다.13) 한편 일본은 중국 측이 자국 영토로서 효력을 지닌 국제적 협약을 지니고 있음에도 불구하고 만주를 자신들이 질서를 세워야 할 무법(無法)의 무주공산(lawless no-man's-land)으로 간주하고 싶어 했다. 일본인들은 경제공황으로 쇠약해진 일본 경제가 붕괴되지 않기 위해서 만주라는 '생명선(lifeline')이 필요하다고 보았다. 그만큼 일본에게 있어서 만주는 중요한 의미를 가졌다.14) 이러한 주변 열강의 팽창주의적 야욕 때문에 만주는 황금빛 미래를 보장하는 약속의 땅으로서 '동양의 엘도라도'로 비쳐졌으며 동시에 같은 이유에서 동아시아 패권쟁탈의 무대로서 '동양의 화약고', '동양의 발칸'으로 인식되기도 했다.15) 근대에 들어서 만주의 이권을 둘러싸고 이 지역에서 러일전쟁(1904~05), 만주사변(1931), 중일전쟁(1937) 등 커다란 전쟁이 벌어졌는데, 이는 만주에서 일본이 러시아와 중국 동북 군벌 세력을 차례로 밀어내고 만주에 대한 배타적 지배권을 독점하게 되는 것을 의미하였다. 제국 일본의 괴뢰국가 만주국의 건국(1932)은 만주에 대한 일본의 배타적 지배를 상징하는 사건이었다. 이제 일본에게는 실질적인 제국의 영토가 된 만주의 개발과 개척의 서사를 만드는 과제가 요구

편), 소명출판, 2008, 200면.

13) 최덕규, 「만주에서의 러시아」, 『만주, 동아시아 융합의 공간』(한석정 · 노기식 편), 소명출판, 2008, 108면.

14) Ian Buruma, *Inventing Japan*, New York : Modern Library, 2003, pp.88~93.

15) 최덕규, 앞의 글, 104면.

되었다. 개척문예는 이러한 개척의 서사를 표현한 것이었다.

개척주의의 서사는 허구적 판타지를 필요로 하였다. 수많은 이주민, 개척민들, 막대한 개발 자금을 개척지로 끌어 모으기 위해서는 일확천금을 잡을 수 있는 기회의 땅이라는 장밋빛 꿈, 동경, 희망의 이미지를 만주에 투사시켜야 했다. 제국 일본은 만주에 '왕도낙토(王道樂土)'라는 환상의 이미지를 부여하였다. 왕도낙토라는 말에는 동양주의적 유토피아 건설의 이상이 투영된 것이었다. 서양의 패도주의(覇道主義)에 맞서는 동양의 왕도주의(王道主義) 이상을 실현하는 이상 국가를 만주에 건설한다는 것이 만주국 건국의 목표였는데, 이는 말 그대로 허구적 환상일 뿐이었다. 그러나 그 허구적 판타지는 동양 최고의 철도 시스템을 자랑하는 만철(滿鐵)과 근대 계획도시로 설계된 만주국 수도 신경(新京)의 번화함, 대륙 국제도시 하얼빈의 이국정서와 같은 첨단의 근대적 실체로 인해 매우 그럴듯하게 비쳐질 수 있었다.[16)]

> ①"완전히 만주의 벌판으로 들어섰구나."
>
> 일마는 눈을 비비면서 침침한 폼을 창으로 내다보았다. 자주 지나고 자주 보는 곳이라 별로 신기할 것이 없었고 그 까닭에 하룻밤 잠도 푹 이루었던 것이나 구내에서 느릿느릿 일들을 하고 있는 쿠리의 무리와 그것을 감독하는 역원들의 자태를 바라볼 때 역시 시대의 변천과 역사의 움직임이라는 것을 느끼지 않을 수 없었다. 그 어디인지 어마어마하고 긴장되어

16) 특히 이효석의 장편소설 『벽공무한』(1940), 단편소설 「하얼빈」(1940), 유진오의 단편소설 「신경」(1942) 등에 만철, 신경, 하얼빈의 근대성이 잘 묘사되어 있다.

있어서 육칠년 전과는 판이한 인상을 띠이게 되었다. 낡은 것과 새 것이 바꾸어지고 위대한 정리가 시작된 까닭이다. 몇 해 동안의 엄청난 변화를 일마는 사실 경이와 탄식 없이는 볼 수 없었다. 그 길을 지날 때마다 느껴지는 감회였다.[17)]

② 키타이스카야가(街)에 들어서니 감회는 한층 더하다. 좌우편에 즐비한 퇴물이며 그 속에 왕래하는 사람들이며—거기는 완전히 구라파의 한 귀퉁이다. 외국에 온 듯한 느낌에 일마는 번번이 마음이 뛰노는 것이었다. 여름보다 남녀의 복색들이 달라진 것이 또한 새로운 흥을 돋아준다.

"이곳에 들어서면 웬일인지 올 곳에 왔다는 느낌이 난단 말야."

"자네의 구라파 취미야 벌써 언제 적부터 시작된 것이게.[18)]

위의 인용문들은 이효석의 장편소설 『벽공무한』(1940)에 묘사된 만주의 근대적 면모를 드러내는 장면들이다. 장면 ①은 주인공 천일마가 만철을 타고 봉천역을 지나면서 만주 도시의 근대적 변화와 발전상에 경이감을 느끼는 대목이며, 장면 ②는 일마가 하얼빈 거리를 걸으며 맛보는 서양적 이국정취(exoticism)를 묘사한 대목이다. 물론 이효석의 소설이 만주의 실상을 객관적으로 묘파한 대표적 서사물이라고 말할 수는 없지만 당시 조선의 지식인이 만주 도시의 근대적 실감에 얼마나 경이로움을 느끼고 있었는지를 알 수 있게 해주는 사례라는 점은 부인하기 어렵다. 그도 그럴 만한 것이 만주에 새로 건

---

17) 이효석, 『벽공무한』(1940), 창미사, 2003, 18면.
18) 위의 책, 49면.

설된 도로, 공항, 교량, 공장, 도시들은 일본에서조차 보기 어려울 정도로 '내지'보다 근대적이고 효율적이고 찬란한 근대적 위용을 보여주었다.[19]

만주국 만들기, 즉 만주 프로젝트(Manchurian project)에 나타난 근대적 실감이 놀라운 느낌을 주는 것이라고 하더라도 그것은 어디까지나 허구적 이상으로 포장된 환상에 불과했다. 실제로 만주 판타지 만들기는 제국 일본에 의해 기획된 각종 만주 홍보 책자와 만주 관광 상품의 개발 등에 의해 허구적으로 고안된 것이었다. 가령, 일본 국립관광산업국과 국제문화협회의 지원을 받고 준정부 조직처럼 활동한 잡지 『니폰(Nippon)』의 경우가 대표적이다. 『니폰(Nippon)』은 제국 일본이 외부 세계, 특히 서구 세계에 보여주고자 원하는 일본의 이미지들을 전시하는 역할을 한 선전용 사진 잡지다.[20] 따라서 이 잡지에는 서구인의 시선(Western gaze)을 의식하고, 서구의 보는 자들(European spectators)을 관객으로 전제하고 연출된 일본의 이미지들이 하나의 미술관처럼 다채롭게 전시되고 있다. 마이클 박산달(Michael Baxandall)의 말처럼 "세계 그 자체는 전시(exhibition)의 형식"을 갖는 것이므로 만주국도 제국 일본이라는 거대한 미술관 안에 하나의 전시물로서 존재하였다.

19) Ian Buruma, Op. cit., p.93.

20) Gennifer Weisenfeld, "Touring Japan-as-Museum—NIPPON and Other Japanese Imperialist Travelogues", *Positions* Vol.8 No.3, Duke University Press, 2000, p.753.

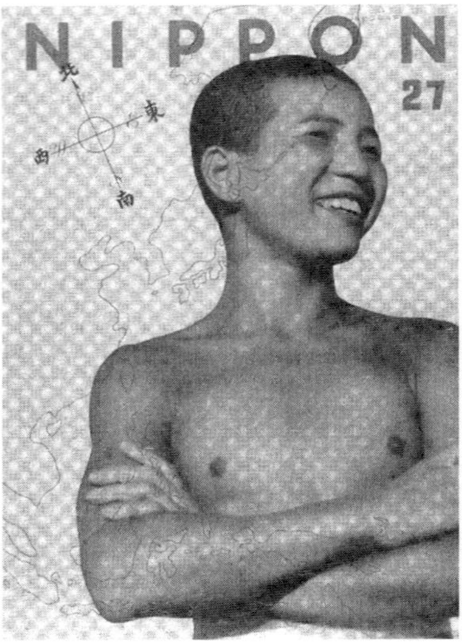

그림 ①

그림 ②

그림 ①은 만주국 지도를 배경으로 서 있는 소년의 이미지를 담고 있다. 환하게 웃고 있는 건강한 몸매의 어린 소년은 강건하면서도 밝은 미래를 지닌 신생국(新生國) 만주국의 이미지를 상징한다. 아울러 건강한 소년의 몸이라는 시각적 이미지를 통해 일본 팽창주의의 비전을 체화하고 있다.[21] 그림 ②는 만주국 지도를 배경으로 일본인, 조선인, 만주인, 몽골인, 백계 러시아인 등 오족(五族)이 어울려 사는 초민족적(transnational) 신생국가의 역동적 이미지를 표상하고 있다. 왼쪽 하단의 일본 군복을 입은 남자와 오른쪽 상단의 아이 손을 잡은 만주인 여성은 각기 손으로 먼 곳을 가리키고 있는데, 이는 만주국의 비전과 미래를 상징하고 있다. 중앙 하단의 만주국으로 걸어 들어가

21) Ibid., p.774.

는 기모노를 입은 여성들과 조선 옷, 중국 옷, 러시아 옷을 입은 여인들은 민족 간의 통혼(通婚)을 통한 민족협화의 이미지를 상징한다. 또 왼쪽 상단의 망원경으로 먼 곳을 관찰하는 군인과 전투기는 국방을, 오른쪽 하단의 삽을 든 남자들은 개척을 상징한다.[22] 또 그림 ③은 파안대소 하는 일본인 남성을 중심으로 만주인, 몽골인, 백계 러시아인, 조선인이 주변에 배치되어 있는 오족협화의 평화로운 이미지가 연출되고 있으나 은연중 민족적 위계(racial hierarchy)의 구도가 선명하게 드러나고 있다.

이 잡지 속에 묘사된 만주국은 일본이 바라는 근대적인 이상향으로서 만주국의 모습을 역동적인 사진 이미지들을 통해 연출(perfor-

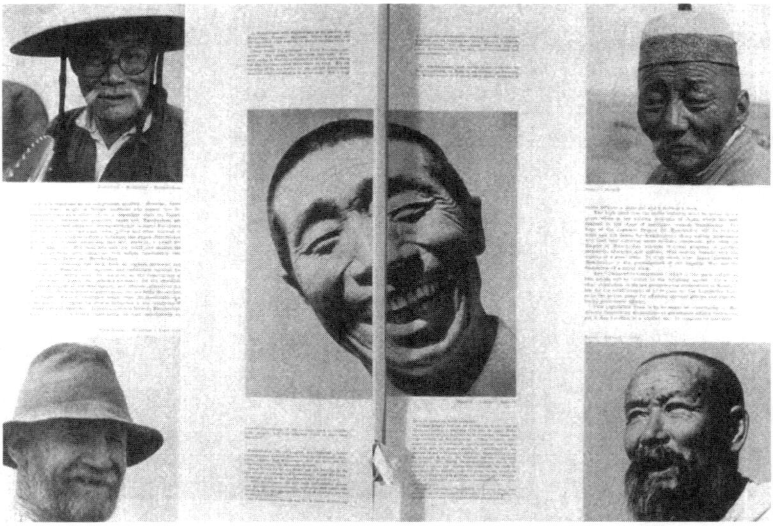

그림 ③

22) Ibid., pp.775~777.

mance)하고 있는 것이다. 그러나 이 이미지들은 연출된 사진 이미지들에 불과할 뿐이고, 실제 현실은 매우 다른 것이었다. 만주 이민자, 개척민이 만난 실재하는 만주는 혹독한 추위와 거친 황무지, 출몰하는 토비(土匪)와 민족 간의 분쟁으로 이루 말할 수 없는 고난을 겪어야 하는 '야만(野蠻)'의 땅이기도 했다. 만철, 신경, 하얼빈이 상징하는 왕도낙토라는 환상과 황무지, 토비로 은유되는 야만의 땅이라는 모순적 이미지의 충돌 속에 실재의 만주는 존재했다.

그런 점에서 만주는 웨스턴 활극의 장소가 되기에 적합한 공간이었다. 미국의 건국 신화로서의 웨스턴 장르 역시 서부(西部)를 향한 미국의 팽창주의 역사에서 비롯되었고, 19세기 중반 캘리포니아의 '골드러시(gold rush)'로 상징되는 일확천금의 꿈이라는 물질주의적 판타지가 존재하였다. 동시에 거친 황야와 메마른 사막, 인디언의 습격 등 실재하는 고통에 노출되는 야만의 땅이기도 했다. 19세기 미국 서부와 1940년대 만주는 많은 점에서 쌍생아와 같은 존재였다. 장밋빛 환상(골드러시 / 왕도낙토)과 야만적 현실(인디언 / 토비)의 모순적 이미지가 공존, 충돌하는 공간이었던 것이다. 웨스턴 영화에 자주 등장하는 광대한 황야 속에 놓인 고립된 백인 공동체라는 대립되는 시각적 이미지는 야만에 둘러싸인 문명세계의 위협적 상황을 묘사하는데, 이는 웨스턴 장르가 문명 대 야만의 갈등구조에 기반을 두고 연출된 것임을 말해주는 것이다.[23)]

---

23) 토마스 샤츠, 한창호 · 허문영 역, 『할리우드 장르의 구조』, 한나래, 1995, 84면.

3. 웨스턴 장르로서의 만주 활극들

1940년대 초반 식민지 조선의 극장공간을 장식했던 개척 연극과 영화 또한 미국 웨스턴 장르와 흡사한 플롯구조에 기반을 두고 있다. 극단 현대극장이 제작한 연극 〈흑룡강〉(1941), 고려영화사와 만영(滿影)의 합작영화 〈복지만리〉(1941), 고려영화협회와 일본 도호[東映]의 합작영화 〈망루의 결사대〉(1943)가 그러한 작품들이다. 〈흑룡강〉과 〈복지만리〉는 만주로 이주한 조선 개척민이 거친 황무지에서 만주인들과 갈등을 빚다가 결국 화해, 협력하며 난관을 극복한다는 점에서 전형적인 개척예술의 서사구조를 갖고 있다. 이른바 '오족협화(五族協和)'의 이상이 이루어진다고 하는 만주국에서 오족(quinque races)의 민족위계에서 2등 국민의 지위를 가진 조선인이 만주 토인(土人)과 갈등을 빚다가 마침내 민족협화를 이루어낸다는 서사는 민족(종족)적 구별에 따른 문명 / 야만의 갈등구조에 기초하고 있다는 점에서 웨스턴 장르의 인종 대립적 서사구조와 크게 다르지 않다. 그러나 미국의 웨스턴 장르와 달리 '만주 활극'에서 문명 / 야만의 대립 축에 안타고니스트인 야만의 상징으로 흔히 나타나는 것은 토인, 만주인이 아니라 토비(또는 馬賊)다.

〈흑룡강〉(유치진 작 / 주영섭 연출, 경성 부민관, 1941.6.6~8)은 하얼빈 부근의 조선인 개척촌에서 벌어진 한만(韓滿) 간의 민족 갈등과 화해, 그리고 한만 농민들이 만주 군벌 잔당 세력과 투쟁하는 이야기를 다루고 있다. 〈흑룡강〉은 "1940년 작가가 3개월 동안 만주 노야령(老爺嶺)에 체류, 시찰할 때 실지조사, 견문 체험을 바탕으로 창작한 것이며,

2년간 5회의 퇴고를 거친 3부작 중의 1부작"[24]이라고 한다. 여기서 프로타고니스트는 김성천을 정점으로 한 조선 개척민들(일부 만주인과 몽골인 포함)이고, 이들의 안타고니스트(적대자)는 장학량(張學良) 군벌 잔당들이다. 만주 토호(土豪) 장거강을 비롯한 만주인들은 처음에는 조선인의 개척 활동에 불만을 가진 방해세력이 되어 갈등을 빚다가 나중에는 오해를 풀고 조선 개척민들의 협력자가 된다. 이 연극에서 궁극적인 적대자는 호만복을 비롯한 장학량 군벌 잔당들이다. 그리고 여기에 대도회비(大刀會匪)와 같은 마적들[25]까지 포함된다. 장학량 군벌 잔당들이 이 극에서 적대자로 그려지고 있는 것은 궁극적으로 장개석을 만주국 건국의 방해세력으로 인식하고 있는 데 원인이 있다. 오족협화를 주장하면서 실상 중국(또는 중국인)을 만주국의 타자로 배제하고자 한 제국 일본의 대외인식이 고스란히 〈흑룡강〉에 투사되고 있는 것이다. 그 대표적 사례는 중국인 아편장수 양칠산에 관한 묘사일 것이다. 조선 개척민의 수전(水田) 경작권을 빼앗으려고 군벌 잔당과 결탁하는 산둥(山東) 출신의 아편장수 양칠산은 이 극에서 가장 간교하고 사악한 인물로 형상화 되어 있다.

양칠산 : (서류를 내뵈며) 대인, 여기 도장을 하나 찍어주세요.

---

24) 현대극장, 「신극 〈흑룡강〉 공연 보고」, 『삼천리』, 1941.7, 24~25면.

25) 마적(대도회비)들은 극에서 언급만 될 뿐 실제 무대에는 등장하지 않는다. "노퇴병 : 대도회만 오면 뭣이 와도 걱정 없습니다. 대도회 사람들은 웃통을 새빨갛게 벗구나서두 가슴에 총알이 범치를 못하거든요. 호대장 : 암. 그들의 몸에는 귀신이 붙었지"(대본 『흑룡강』 5막, 8면). 위와 같은 대사를 보면, 작가 유치진의 만주 비적에 대한 이해가 만만치 않음을 알 수 있다. 산동 서부를 중심으로 활동한 대도회(大刀會)는 강렬한 미신적 색채를 지닌 비적집단이었다. 신비한 주문과 의식, 무술훈련을 통해 집단 내부에 동질성을 확보하였다. 손승회, 『근대 중국의 토비세계』, 창비, 2008, 357~364면.

토호 : 이게 뭐야?

양칠산 : 대인의 토지에 대한 주테예요. 그 토지를 부치던 조선 농사꾼이 도로 살아왔답니다.

토호 : 참, 아까 가(賈)서방이 그러더군.

양칠산 : 놈들은 우리의 원수예요. 지난 난리에 쌍성보(雙城堡)에서 쫓겨 온 동북군(東北軍)이 여기 숨어있는 줄을 일군(日軍)이 어떻게 알았겠수. 조선 놈들이 다 가르쳐준 거예요. 그래서 전멸을 당한 겁니다. 대체 농민이란 군대보다 더 무서운 놈들이예요. 군대는 전쟁만 끝나면 본국으로 다 돌아가지만 농민이란 소 진득이 모양으로 땅에 붙어서 끝까지 땅기운을 빨아먹거든요. 우린 어떻게 해서라두 조선 농민을 이 땅에 발을 못 붙이게 해야 합니다. 이 주테에다가 대인께서 도장만 하나 찍어주세요. 그러면 이 핑계로 난 놈들을 다 쫓아낼 테예요.

토호 : 조선 놈들을 몰아내치구 자네가 수전 농살 지어 보겠단 말이지?

양칠산 : 네, 그렇습니다. 조선 사람이 허는 걸 우리 한족(漢族)이 왜 못한단 말예요.[26)]

아편장수인 중국인 양칠산은 일본 군대의 보호를 받는 조선 개척민에 대한 만주 토인들의 거부감을 이용하여 만주 토호 장거강에게 조선 농민들이 경작하는 수전(水田)을 빼앗아 자기에게 넘겨달라고 요구한다. 이렇듯 개척문학에서 악의 위치에는 언제나 중국, 또는 중국인이 존재한다. 중국을 야만의 이미지로 타자화 하여 배제하고, 문명의 이미지로 제국 일본을 위치시키는 일본 동양사학(東洋史學)의

26) 유치진, 대본『흑룡강』, 출판사항 미상, 1941, 2막 11~12면.

담론구성방식이 이 작품에서 역시 그대로 투영되고 있다. 일본의 '동양사'는 근대 일본이 아시아의 최선진국으로서 유럽과 대등한 나라이며, 중국보다 문화적, 지적, 구조적으로 더 우월하다는 담론을 확립함으로써 지나(중국)을 타자화 하였다.[27] 유럽 열강과 어깨를 나란히 하는 문명국, '새로운 동양'으로서 근대 일본의 정체성을 확립하기 위해서는 아시아적 전제(專制)와 정체(停滯)의 이미지를 가진 '낡은 동양'의 표상은 '지나'(중국)이지 않으면 안 되었다. 중국에 낡은 동양의 이미지를 덮어 씌워 타자화하기, 야만으로 낙인찍기는 중국과의 차이화를 통해 비아시아적 문명국가라는 새로운 자기 정체성을 창출하려는 근대 일본에게 반드시 필요한 작업이었다.[28] 이와 같이 중국(中國)을 '지나(支那)'화하기라는 담론은 이 시기 개척문예에서 주인공과 적대자의 갈등, 대립구조에 나타난 '조선 개척민 / 나쁜 지나인'의 배치를 통해 잘 드러난다.

이 극에서 부정적 '지나'의 표본은 호만복을 비롯한 장학량 군벌 도당들이다. 이들은 무고한 조선 개척민들의 마을을 습격하여 약탈, 방화, 살인, 강간을 자행한다. 야만적 행위를 저지른다는 점에서 군벌 잔당들은 할리우드 웨스턴 장르에 야만인으로 규정된 인디언들과 다를 바가 없다. 〈흑룡강〉 3막에서 군벌 잔당들이 조선인 개척촌을 습격하는 장면에서 김성천은 피스톨을 쏘며 대항한다.

만인 장사치는 성천이 선 데를 가리킨다. 퇴병1과 2는 어둠을 뚫고 무

27) 스테판 타나카, 박영재 · 함동주 역, 『일본 동양학의 구조』, 문학과지성사, 2004, 31~32면.
28) 고야스 노부쿠니, 『동아, 대동아, 동아시아』, 역사비평사, 2005, 126~129면.

엇을 발견하려고 애쓰며 언듯하면 쏠듯이 한발 두발 가까이 간다.

성천은 숨도 못 쉬고 있다. 퇴병이 가까이 오자 성천은 피스톨을 한방 놓는다. 만인 장사치 맞아서 거꾸러진다.

그 순간 퇴병1, 2 깜짝 놀라서 주춤 물러선다. 성천이 숨 쉴 새도 없이 또 한방 쾅! 퇴병1 자빠진다. 퇴병2도 대고 쏜다. 성천과 퇴병2는 동시에 자빠진다.[29)]

1940년대의 조선 연극에서 보기 드물게 마치 미국 웨스턴 장르 영화를 연상시키는 듯한 총격전 장면이 등장한다는 점은 매우 흥미로운 일이다. 5막에서는 군벌 잔당들이 점령한 개척촌을 조선인과 만주인이 합세하여 수복하는 장면이 있는데, 여기서 김성천의 기지에 의해 개척촌을 되찾게 되므로 큰 전투가 벌어지지는 않지만 총으로 무장한 조선인, 만주인 연합세력이 장학량 군벌 잔당들을 공격하는 장면은 대규모 전투장면의 형태로 나타난다는 점에서 매우 스펙터클한 모습을 보여준다. 이러한 스펙터클한 장면들로 인해 〈흑룡강〉은 호방하고 역동적인 극 구성을 가졌다는 평가를 받았다. 소설가 김사량은 '셰익스피어 무대를 연상시키는 대작', 극작가 박영호는 '선이 굵고 다이나믹한 작품', 그리고 문인협회 간사장 芳村香道(박영희)는 '박력 있는 작품'이라고 〈흑룡강〉을 평하였다.[30)] 이러한 반응은 모두 〈흑룡강〉이 내포한 웨스턴 장르 스타일과 관련된 것이라고 할 수 있다.

---

29) 유치진, 앞의 책, 3막 34~35면.
30) 「신극 〈흑룡강〉 공연 보고」, 『삼천리』, 1941.7, 27면.

마을공동체를 방어하려는 자(문명)와 습격하려는 자(야만) 사이의 대립이라는 전형적인 웨스턴 장르의 서사구조가 〈흑룡강〉에서 재현되었다. 만주 군벌들은 약탈, 살인, 방화, 강간 등 무법자적 행위를 저지른다는 점에서 할리우드 웨스턴 장르에 야만으로 규정되는 카우보이, 인디언들과 유사한 것이다. 〈흑룡강〉의 이러한 웨스턴 스타일은 당시 관객들로부터 상당한 호응을 얻었던 것으로 보인다. 〈흑룡강〉은 1941년 6월6일부터 8일까지 경성 부민관에서 3일간 총5회 상연하였는데, 다섯 차례의 공연에서 무려 9,240명의 관객이 연극을 관람하였고, 입장료 수입으로 6,740원을 거둬들였다.[31] 공연 때마다 거의 1,600여 명의 관객이 극장에 들어찼을 만큼 인기가 대단하였다. 그러나 워낙 스케일이 큰 대작이라 제작비로 6,810원이 지출되어서 결과적으로는 약간의 손실을 보았다.

〈망루의 결사대〉(이마이 다다시[今井正] 연출 / 최인규 조연출, 대륙극장, 1943. 4)[32]는 조선총독부의 후원, 조선총독부 경무국의 지도하에 이창용이 이끄는 고려영화협회가 일본 도호[東寶]영화사와 합작으로 제작한 영화다. 조선 측에서는 김신재, 전옥, 전택이, 진훈, 심영, 주인규 등이 출연하였고, 일본 측에서는 도호의 간판스타인 다카다 미노루[高田稔], 하라 세츠코[原節子] 등이 출연하였다. 그러나 이 영화는 엄밀한 의미에서 만주를 배경으로 한 개척영화로 보기 어렵다. 영화의 배경 공간은 압록강변 중국접경지역인 평북 만포진의 국경마을이다. 영화는 일본과 조선 지도를 펼쳐보이다가 압록강변의 국경지

31) 위의 글, 28~29면.
32) 시나리오 작가는 야마가타 유사쿠[山形雄策]와 야기류 이치로[八木隆一郎]이다.

역을 줌인(zoom-in)하면서 자막으로 배경 설명을 진행하는 방식으로 시작된다. 이러한 발단의 방식은 인도의 지도를 펼쳐 보이며 영화의 서사를 전개시키는 영화 〈어느 벵갈 창기병의 삶〉의 서두와 매우 흡사하다.

타이틀

이 한 편을 국경경비의 중임을 맡고 있는 경관들에게 바친다.

(화면)

일본 지도에서 조선 지도로 크게 비친다.

수풍 댐, 무산, 철산, 그 외 큰 공장 등의 실제 풍경

압록강변의 경찰 망루(望樓). 방어벽

일어나는 총성

비적(匪賊)들의 습격

희생자들의 고통 소리

Announce

조선!

압록강, 두만강으로 경계되어 있는 북선(北鮮)

지금, 세계적인 수풍댐은 만들어지고, 지하의 매장자원은 개발되어 일본의 중요 산업지대로 약진하고 있는 북선

그러나 지금도 여전히 드문드문 강안(江岸) 따라 이어지는 망루와 방어벽

이것이야말로 강 건너 저편의 만주국 측과 힘을 모아 오늘날의 치안과 번영의 기초를 쌓은 국경 경찰관의 주재소이다.

사상비(思想匪), 항일비(抗日匪), 토비(土匪)의 준동! 습격! 약탈! 경찰은 싸운다.

파괴된 건조물, 순직자의 유품 등. 가족들도 총을 잡았다. 매번 고귀한 순직자가 나왔다.

피와 눈물과 땀으로 얼룩진 고투의 역사를 이어가자.[33)]

국경수비의 중요성을 강조하는 안보영화(安保映畵)의 성격이 강함을 알 수 있게 해주는 서막이다. 압록강변의 경찰 망루는 국경수비(안보)의 상징이며 안보는 제국의 치안과 번영을 보위하기 위해 필수적인 요소이다. 즉, 만주에서 국경을 침범하는 비적들은 제국의 치안과 번영을 위협하는 적대자인 것이다. 영화의 서사는 국경마을의 일본 경찰과 조선 주민들이 관민일체가 되어 압록강을 넘어서 마을을 습격한 공산비적(共産匪賊)과 싸워 이들을 물리친다는 내용을 담고 있다. 문명을 지키는 자와 파괴하려는 야만 사이의 투쟁을 다룬다는 점에서 웨스턴 영화의 전형적인 서사양식을 갖추고 있을 뿐 아니라 만주를 다룬 영화에 일반적으로 나타나는 초민족적(transnational)인 민족협화의 코드와 외부 타자로서의 비적(匪賊) 코드가 존재한다는 점에서 장소만 조선 국경마을일뿐 내용적으로는 광의의 개척영화, 만

33) 〈망루의 결사대〉, 『해방전(1940~1945) 상영시나리오집』(이재명 편), 평민사, 2004, 116~117면. 〈망루의 결사대〉의 작품 분석은 영화텍스트의 내용을 기본으로 하되 시나리오와 병행하여 참고하도록 한다. 단, 작품 인용의 경우 시나리오에 근거한다.

주 활극의 범주에 속하는 작품이다. 물론 〈흑룡강〉이나 〈복지만리〉에서와 같은 개척민의 서사가 빠져있다는 점에서 개척영화로서는 한계를 갖는다.

그럼에도 불구하고 이 영화에는 개척영화의 속성이 잘 나타난다. 조선을 배경으로 한 영화에서 보기 어려운 초민족주의적 상상력과 호쾌한 스펙터클의 활극, 호방한 남성성의 세계가 잘 나타나기 때문이다. 개척영화의 속성과 웨스턴 장르의 속성을 두루 갖고 있는 영화라 할 수 있다. 때문에 이 영화는 당시 국책영화(國策映畵)로는 드물게 작품 완성도나 흥행 면에서 성공을 거두었다. 1930년대 중반까지 조선의 영화 관객들은 주로 서양영화, 특히 할리우드 영화에 경도되어 있었다. 1930년대 중반 조선 영화관에서 서양영화의 점유율은 60~70%를 차지하고 있었다. 서부극, 갱영화, 코미디 장르의 경우에는 이미 상당수의 고정 팬을 확보하고 있었다. 반면, 조선에서 일본영화는 점유율이 30%에 머물 정도로 인기가 없었다.[34] 조선총독부는 1934년 8월 공포한 '활동사진영화취체규칙(活動寫眞映畵取締規則)'을 통해 서양영화에 대한 수입통제 및 상영제한 조치를 취하였고, 이러한 조치에 따라 서양영화 수입량이 1936년에는 2/3 이내로, 1939년 이후에는 1/2로 줄었다.[35] 이러한 조치에도 불구하고 관객의 서양영화 경도 현상은 크게 달라지지 않았다.[36] 1940년대에 조선에서 제작된 국

34) 유선영, 「황색식민지의 서양영화 관람과 소비의 정치, 1934~1942」, 『식민지의 일상, 지배와 균열』(공제욱 · 정근식 편), 문화과학사, 2006, 434~448면.
35) 김려실, 『투사하는 제국 투영하는 식민지』, 삼인, 2006, 87면.
36) 「洋畵統制와 興行界-法規는 國産을 조화하고 觀客은 洋畵가 조타나」, 『조선일보』, 1937.6.4.

책영화들 가운데 그나마 작품성과 흥행 면에서 인정받은 작품 중의 하나가 〈망루의 결사대〉였다.[37] 〈망루의 결사대〉의 인기 비결은 탄탄한 작품 완성도와 함께 할리우드 웨스턴 영화를 방불케 하는 활극, 오락적 요소 때문이었던 것으로 보인다. 특히 〈어느 벵갈 창기병(槍騎兵)의 삶〉, 〈텍사스 결사대〉, 〈역마차〉 등 할리우드 웨스턴 장르의 활극 수법에서 영향을 받은 〈망루의 결사대〉의 후반부 전투 장면은 관객의 큰 관심을 끌었다.[38] 뿐만 아니라 영상과 음향이 선명하고 역동적이라는 평가를 받았고 뛰어난 편집 기술도 주목을 끌었다.[39] 이 영화는 대륙극장(현 단성사) 개봉 첫 날 1만 4천여 원의 수입을 올렸고, 도합 10만원의 입장료 수입을 올려 당시 조선 영화로서 최고의 흥행 기록을 수립하였다.[40]

이 영화 속의 극중 장소인 평안북도 만포진의 작은 국경마을은 일본인 경찰과 조선인 주민들, 그리고 만주인 가족(왕룡 일가) 등 다민족이 혼거하는 초민족적(transnational) 협화(協和)의 공간으로 묘사되고 있다. 그러한 점에서 이 공간은 '작은 만주'나 다를 바 없다. 민족협화라는 만주국 건국의 이상이 실현되는 공간으로 나타나기 때문이다. 이를 가장 잘 보여주는 대목은 주재소에 부임해온 아사노 순사(巡査)의 환영회 장면이다.

만주복 차림의 왕연이 열심히 화덕을 지피고 있다. 유코, 요리 준비며

37) 김종원, 앞의 글, 145면.
38) 西亀元貞, 「望樓の決死隊」, 『國民文學』, 1943.6.
39) 김종원 · 정중헌, 『우리 영화 100년』, 현암사, 2001, 213면.
40) 西亀元貞, 앞의 글.

만들어진 술과 음식을 운반하느라 정신이 없다. 옥선이도 도와주었다. 쾌활한 경관들의 웃음소리가 들려온다.

주재소의 안뜰

환한 달빛이 비쳐 나뭇가지에 걸쳐놓은 램프가 필요 없을 정도이다. 아사노 순사의 부임을 환영하는 마음속에서 우러나는 환영회가 열리는 중이다. 다카츠가 있고, 구마자와, 임, 김도 있다.

김 : 그러면 노래 부르겠습니다. 별 수가 없군요.

김은 모두의 요구에 응하여 〈백두산절(白頭山節)〉을 부르기 시작한다.
(…중략…)

중정(안뜰)

노래를 마친 김, 계속하여 부른다. 임, 손 박자를 치면서 장단을 맞춘다. 김, 흥에 겨워 춤을 춘다. 어깨의 율동에 특색이 있는 조선 춤이다.

(…중략…)

아사노 : 그러면 하겠습니다. 한 곡 하겠습니다.

모두가 조용히 귀 기울이고 있다. 아사노 노래를 부른다. 구마자와 또 손을 친다. 아사노 소리를 높이고 다음엔 본격적으로 시작한다. 모두가 즐겁게 듣고 있다. 노래가 끝난다. 열광적인 박수.

왕연 : 좋아요. 다음 사람은…….

마자와 : 누구긴, 왕연이지, 뭐냐, 그 얼굴 모습이…….

왕연은 다시 얼굴을 힘주어 닦는다. 더욱 검게 되었지만 투명해져 갔다.

아사노 : (신기한 듯이 왕연을 본다. 웃으면서)

김 : (웃으면서) 아사노 상, 근처의 중국 요릿집 딸입니다만 재미있는 아이입니다.

왕연 : 김 상도 재미있는 데가 있어요.[41]

부엌에서는 다민족의 세 여인들, 일본인 유코, 조선인 옥선, 만주인 왕연이 음식을 준비하고 있다. 유코와 옥선은 요리를 나르고 있고, 얼굴에 숯검정을 묻히면서 왕연은 화덕을 지피고 있다. 여성들의 부엌 공간에서도 '일본인-조선인-만주인(중국인)'이라는 민족적 위계가 존재함을 알 수 있다. 흥미로운 점은 그림 ④에서 세 여성들 모두가 각자의 민족의상(national clothing)을 입고 있는 것이다. 앞쪽의 유코는 기모노를, 뒤쪽에 서있는 옥선은 한복을, 뒤쪽에 앉아있는 왕연은 치파오[旗袍, 중국 옷]을 입고 있다. 이 시기의 국책영화에서 복장을 통해 민족을 표상하려 한 현상은 주목할 만하다. 의상은 주로 민족 구별을 위한 시각적 코드로 기능했다. 초민족적 협화를 강조하기 위해 오히려 민족적 구별이 전제되어야 했던 것이다.

마당에서는 잔치판이 벌어지고 있다. 김이 조선 노래를 부르면서 흥에 겨워 조선 춤을 춘다. 아사노는 도회지 풍의 일본 노래를 부른다. 다음으로 노래 부를 순서로 당연한 것처럼 왕연이 지목되는데,

41) 〈망루의 결사대〉, 앞의 책, 119~121면.

그림 ④

이는 이 잔치판이 초민족적 협화의 이상을 관객들 앞에 전시(exhibition)하기 위한 인위적 잔치판이라는 사실을 말해준다. 마지막 대목에서 왕연을 신기한 듯이 바라보는 아사노의 이국취미(exoticism)적 시선은 매우 의미심장하다. 이때 김 상이 "근처의 중국 요릿집 딸입니다만 재미있는 아이"라고 말하자 왕연도 질세라 "김 상도 재미있는 데가 있어요"라고 응수한다. 제국 주체에게 신기하고 재미있게 보이는 이국취미적 시선의 대상으로서 조선인이나 중국인이나 다를 바가 없다는 의미일 것이다.

이 초민족적 협화의 마을 공간은 철저하게 민족적 위계질서에 의해 지배되고 있다. 이 영화에서 핵심적 공간은 일본 경찰의 '주재소'(망루)이며, 조선인이 거주하는 마을은 주재소의 성벽 밖에 흩어져 있다. 공간적으로 망루를 정점으로 한 주재소가 문명(일본)의 공간이고, 주재소 밖의 마을은 순치(馴致) 가능한 반(半)야만(조선)의 공간이며,

비적이 출몰하는 압록강 건너편은 야만(중국, 또는 만주)의 공간이 되는 것이다. 얼어붙은 압록강을 건너 비적들이 마을을 습격하자 주재소로 모여든 일본 경찰과 조선인들은 관민일체가 되어 비적들과 싸우는데, 이때의 공간적 분할에서도 민족적, 젠더적 위계가 나타난다. 망루와 주재소라는 지상 공간은 일본인 / 남성, 주재소 지하통로는 조선인 / 여성의 공간으로 구분된다.[42] 종국에 비적에 가담했다가 탈출한 왕룡의 아들 왕호까지 가세해 비적들과 싸움으로써 '일본인 —조선인—중국인'으로 위계화 된 망루에서의 민족협화 이미지는 완성된다. 그러나 이상적인 민족협화의 판타지는 만주에서 건너온 공산비적(共産匪賊)이라는 외부적 위협을 타자로 설정함으로써만 존립 가능한 것이다. 만주(또는 중국)라는 이질적 공간과 공산비적[43]이라는 순치되지 않는 야만적 존재를 타자화 함으로써 망루의 조화로운 질서와 단합이 이루어질 수 있었던 것이다. 그러한 점에서 공산비적은 웨스턴 영화 속의 인디언과 같은 존재라 할 수 있다.

여기서 역시 중국, 중국인은 야만의 표상으로 등장한다. 중국옷을 입은 사람들은 잠재적으로 비적들과 소통하는 위험스런 존재로 묘사된다. 중국인 복장 자체가 위험을 암시하는 역할을 하고 있다. 종국에 마을 주민인 중국인(만주인) 왕룡 일가는 파멸하고 만다. 왕룡은 아들을 보호하려다가 공비의 총에 맞아 죽고, 왕호는 주재소에서 공비들과 싸우다가 죽는다. 딸 왕연만 유일하게 살아남는다. 순치된

42) 김려실, 앞의 책, 306면.
43) 이 영화에서의 공산비적은 역사적 맥락에서 볼 때 중국인과 조선인으로 구성된 동북항일유격대(東北抗日遊擊隊)로 추정된다.

야만(중국)이 진정한 문명(일본)의 세계로 편입하여 일본 국민(國民)이 되기 위해서는 통과의례의 희생을 필요로 하는 것이다.

4. 정체성 퍼포먼스와 젠더정치의 허구성

왕룡의 가족 중에 딸 왕연만 살아남는 〈망루의 결사대〉의 결말은 퍽 의미심장하다. 왕연은 이미 영화의 시작부분에서부터 주재소의 대장인 다카츠 경부보(警部補)와 그 부인 유코의 친밀한 협력자로 등장한다. 비록 외국인이지만 왕연은 유코의 협조자로서 국민(國民)에 귀속된 자이므로 비(非)국민과 반(反)국민 사이에 존재하는 왕룡, 왕호와 달리 인과응보의 결말에서 살아남게 된다. 왕연만 국민이 될 수 있었던 것은 그가 여성 인물이기 때문일 것이다. 중국인인 왕연이 (일본)국민이 된다는 것은 야만인(중국인)에서 문명인(일본인)으로 재생하는 것이다. 대개 드라마 속에서 야만인－피식민지인이 문명인－제국 주체가 되는 기회는 소수의 상징적 존재에 국한되어 있는데, 그러한 기회를 제국 일본의 타자인 중국인 남성 인물에게 허용하기 곤란했을 것이다. 왜냐하면 문명인－제국 주체의 이미지는 피식민지인 남성이 아닌 제국 남성의 독점물일 뿐 아니라 일본 국책영화에서 적(敵)의 이미지로 표상되는 중국인 남성에게 제국 주체의 이미지를 부여하는 것은 매우 부자연스러운 일이기 때문이다.

이 영화에서 문명인－제국 주체의 상징성은 주로 망루 세계의 가부장(patriarch)적 존재인 다카츠 경부보에게 집약되어 나타난다. 그림 ⑤에서 보는 이미지처럼, 그는 이 영화에서 가부장적 권위를 지닌 존재다. 그는 원칙과 규율에 엄격하며, 국가에 헌신적이고, 직무에 대한 책임감이 강하고, 부하와 마을 주민들에게 온정적인 배려심을 갖고 있다. 가부장으로서의 엄격함과 자애로움의 양면성을 지니고 있다.

실수로 질책을 받은 아사노 순사가 순사직을 그만두고 고향으로 돌아가겠다고 하자 다카츠는 단호하게 사직 요청을 거절한다. 겨울철 국경경비가 급선무라는 이유에서다. 또 추위 속에서 고생하는 부하 순사들을 위해 떡국을 끓여 대접하는 자애로움도 함께 보여주고 있다. 그는 다민족으로 구성된 망루의 세계에서 이상적 제국 주체를 구현하는 인물이다. 그가 이상적 국민(제국 주체)의 표상이 될 수 있는 것은 일본인–남성–지배자(경찰)이기 때문이다. 그는 현실적으로 우월하고 압도적인 신분과 지위를 가졌고, 권력, 전능함, 통솔력, 지배

그림 ⑤

의 이미지를 갖고 있기 때문에 식민지 극장의 (남성)관객으로부터 나르시시즘적인 동일시(identification)의 대상이 될 수 있다.[44] 피식민지인 관객이 일본 제국 남성인 다카츠에게 나르시시즘적인 동일시를 느끼게 된다는 것은 식민지 극장이 지닌 아이러니가 아닐 수 없다.

다카츠는 망루의 세계에서 엄격하면서도 자애로운 가부장의 이미지를 연기(performing patriarch)한다. 반면 그의 아내 유코는 일본인-지배자 층에 속하지만 여성이기에 내조와 의료, 위생 지식을 통해 마을 주민들을 돕는 근대 문명 여성의 역할을 연기하는 데 머문다. 유코는 총상(銃傷)을 치료하거나 아이의 출산(出産)을 도움으로써 이 국경마을에서 의사의 역할을 수행한다. 그가 보건의료 지식을 독점적으로 소유했다는 것은 제국 여성의 우월성을 상징하는 표지(marker)의 역할을 한다. 식민주의는 식민 통치를 위해 제국에 강인한 남성성의 이미지를, 식민지에는 나약한 여성성의 이미지를 부여한다. 부여된 이미지는 저 혼자 저절로 작동하는 것이 아니다. 끊임없는 퍼포먼스(performance)를 통해 이미지가 재생산되고 강화되는 것이다. 강인한 남성성의 퍼포먼스는 식민지 피지배자(관객)들에게 과시하기 위한 목적으로, 또 식민 지배자 스스로에게 자기훈육을 목적으로 수행된다.[45] 다카츠의 남성적 행동들은 조선인 주민들에게 문명국 일본의 우월성을 과시하기 위해 연기되고, 나약한 아사노 순사를 훈육하기 위해서도 연기된다. 그런 점에서 다카츠 경부보는 스스로 강인한 남

---

44) Steve Neele, "masculinity as spectacle", *Feminism & Film*, Oxford : Oxford university press, 2000, pp.255~257.

45) 박형지 · 설혜심, 『제국주의와 남성성』, 아카넷, 2004, 50면.

성성의 표상이 됨으로써 일본 민족의 강함을 과시하는 정체성의 퍼포먼스를 수행하고 있는 것이다.

공산비적들에게 망루가 포위된 상태에서 저항하다가 탄약이 떨어지자 다카츠는 칼을 뽑아들고 무사(武士)답게 싸우다 죽기로 각오한다. 이같은 다카츠의 무사적 이미지는 비록 현재 자신의 신분이 근대적 경찰이지만 용기와 명예, 충성의 덕목을 중시하는 사무라이적 전통 속에 존재함을 표상한다.[46] 다카츠는 전쟁에서 패했을 때 정절을 지키기 위해 여성이 자결하는 무사적 전통에 따라 아내 유코에게는 권총을 쥐어주며 망루가 함락되었을 때 자결할 것을 요구한다. 조선인 여성 영숙도 이러한 자결의 행동에 기꺼이 참여하려고 한다.

주재소

비적은 지금 아주 주재소를 포위한다.

부락은 여기저기에서 총성이 한층 격렬해진다.

자경단원 등 양 벽에 붙어있고 탄환을 운반하고 경찰관과 같이 방어한다.

하늘 밝게 비친다.

주재소 안뜰

피난민들이 불안한 듯이 모여 있다.

부상으로 움직일 수 없는 유는 장작더미 속에 기대어 있다.

---

46) 니토베 이나조, 심우성 역, 『무사도(武士道)란 무엇인가』, 동문선, 2002 참조.

유 : 영숙, 나에게도 피스톨을 빌려가지고 와 줘.

영숙 : 예.

조금 있다가 영숙은 피스톨을 가져와 건네준다.

영숙 : 동순 상, 더 이상 안 된다고 할 때에는 나를 먼저 쏘세요.[47]

놀라운 것은 이러한 자결(옥쇄)의 일본적 미의식과 윤리관을 조선인에게도 요구했다는 것이다. 이 영화 속의 조선인은 단지 조선 옷을 입은 일본인에 다름 아니다. 때마침 지원병을 태운 트럭이 도착하여 비적들을 격퇴시킴으로써 비극적 결말은 피할 수 있었지만, 이러한 장면은 사무라이다운 장렬한 최후를 맞는 것이 아름다운 죽음이라는 니토베 이나조(『武士道란 무엇인가』, 1905) 식의 근대에 발명된 일본적 미의식을 은연중에 드러내는 민족정체성의 퍼포먼스로서 한 절정을 보여준다. 반면에 비적들은 망루를 공격하는 과정에서 폭력적이고 야만적인 행동을 연기하였으나 일본 지원군들이 기관총을 쏘면서 나타나자 혼비백산하여 달아나는 겁 많고 비열한 행동을 연기하는 열등한 존재로 그려진다. 만주(중국)에서 온 비적들 역시 일본 민족의 우월한 정체성을 돋보이게 하기 위해 자신의 열등한 정체성을 끊임없이 연기해야만 했던 것이다.

이러한 정체성의 퍼포먼스는 식민지 극장에서 끊임없이 반복되면서 조선 관객들에게 식민주의 이데올로기의 수용을 강요한다. 그러

47) 〈망루의 결사대〉, 앞의 책, 166~167면.

나 실상 이러한 정체성의 퍼포먼스가 허구적 판타지에 불과하다는 것을 당시 식민지 조선 관객들은 이미 알고 있지 않았을까 생각된다. 〈망루의 결사대〉는 1943년에 상영되었지만 시나리오 상의 시간 배경은 소화 12년(1937)[48]으로 되어 있다. 공교롭게도 압록강변의 국경마을 보천보(普天堡)의 일본 주재소가 습격당한 사건, 이른바 '보천보 전투'가 벌어진 것이 1937년 6월 4일이다. 김일성이 이끄는 동북항일 유격대('공산비적')가 압록강을 넘어와 국경마을 보천보의 주재소를 습격하고 관공서에 불을 지르고 점포와 주택에 침입, 물자를 약탈하였다는 역사적 사실은 영화 〈망루의 결사대〉의 극적 사건을 연상시킬 만큼 매우 흡사하다.

> 함남 경찰부 입전에 의하면 지난 4일 오후 11시 30분경 김일성 일파와 최현 일파 2백여 명은 국경 대안인 혜산진에서 동북으로 20킬로 지점에 있는 보천보에 나타나 보통학교, 우편소, 면사무소, 소방서 등을 습격하고 방화를 하여 그중 우편소와 면사무소는 전소되었다는 바 그 통에 그들은 1명을 사살시키고 도주하였다. 이 급보를 접한 함남 경찰부에서는 北村고등과장이 부원 수십 명을 대동하고 금야(今夜) 11시에 현장으로 출동하리라 하는 바 아직 쌍방의 자세한 사상자는 판명되지 않았다 한다.
>
> 4일 오후10시부터 甲山郡 普天面 保田里에 김일성 일파라고 생각되는 비적 약 1백 명은 북조선파견대라고 인쇄한 선전 삐라를 배부하여 가면서 경기관총 6정, 책탄통 다수를 소지하고 습래하여 경찰관 주재소를 습

48) 영화에서는 소화 10년(1935)으로 수정되어 있다. '보천보 사건'이 직접적으로 연상되는 것을 피하기 위한 의도였을 것으로 짐작된다.

격하고 연하여 면사무소, 우편국, 소방사무소, 삼림보호구 보통학교 구교사에 방화 전소케 하였다. 그리고 인명 피해로는 잡화상 羽根小三郞이 총살되었고, 주재소 野內순사의 장녀 에미꼬는 허리에 관통 총상을, 姜喆時 순사는 우편 눈꺼풀에 열상을 입은 외에 아직 판명되지 아니한 피해도 상당히 많은 모양이다.

(…중략…)

최현 일파의 습격을 받은 普惠面 堡田里는 압록강 상류로 20킬로 지점에 있는 **촌락으로서 일본 내지인 26호 50명, 조선인 84호 323명, 만주인 2호 10명이 한 동리를 이루고 있었**던바 이번 최현 일파의 습격에 전 동리가 유린되어 거의 전멸상태에 빠졌다. 경무국에서는 이번 사건의 중대성을 인정하고 이들의 전멸을 기하고 제일선에 출동한 혜산서원을 격려 중이다.[49](강조는 인용자)

보천보전투를 취재한 1937년 6월 6일자 『동아일보』 기사를 보면, 실제 보천보전투 상황이 〈망루의 결사대〉와 매우 유사함을 알 수 있다. 김일성과 최현이 이끄는 비적 2백여 명이 강을 넘어와 경찰 주재소와 관공서 등을 습격, 방화하고 살인, 약탈을 자행했다는 내용이다. 그리고 습격당한 마을도 〈망루의 결사대〉의 국경마을과 매우 흡사하게 일선만(日鮮滿) 3개 민족이 혼거하는 초민족적(transnational) 마을이었다. 즉, 〈망루의 결사대〉는 보천보 사건을 영화화한 것이라고 할 수 있다.

그러나 아이러니컬하게도 실제의 전투 상황은 영화와 정반대였

49) 『동아일보』, 1937.6.6.

다. 영화처럼 주재소에서 관민이 혼연일체가 되어 비적들과 싸우기는커녕 비적들(김일성의 동북항일유격대)에게 기관총 공격을 받은 보천보 주재소의 경관 5명은 모두 달아나서 겨우 목숨을 건졌다고 한다.[50] 실재하는 주재소 경관들은 영화 속의 비적들처럼 혼비백산하여 달아나는 겁 많고 비열한 존재들이었던 것이다. 그런 점에서 실제 세계에서 경관들은 야만이라 여겼던 비적과 다를 바 없는 존재였던 것이다.

김일성 부대는 영화에서처럼 일본 응원부대에게 격멸당하지 않고 보천보전투를 승리로 이끈 뒤 압록강을 건너 유유히 만주로 사라졌다. 보천보 사건은 제국 일본에게는 매우 굴욕적인 사건으로 기억되었을 것이다. 야만으로 여기던 비적들에게 주재소와 관공서가 습격, 유린당하는 치욕을 맛보았기 때문이다.[51] 실제 현실에서는 경관 다카츠처럼 헌신적이고 용감하고 멸사봉공(滅私奉公)하는 우월한 제국 남성이 존재하기 어려웠던 것이다. 〈망루의 결사대〉에서 다카츠가 보여준 제국의 강인한 남성성은 영화에서나 가능한 허구적 판타지에 불과했다. 보천보 사건의 굴욕을 허구적 판타지로 은폐하고 왜곡하려는 욕망, 그리고 제국의 강인한 남성성을 과시하여 자기 스스로를 훈육하려는 욕망이 영화라는 환각(illusion)을 통해 투사된 것에 불과하였던 것이다. 만주 웨스턴 활극 속의 강인한 남성성 신화는 현실이 아닌 판타지 공간에서만 존재할 수 있었던 것이다. 이렇듯 만주 활극 장르에서 식민지 관객을 위해 의도적으로 전시된 제국 남성 정

50) 와다 하루키, 이종석 역, 『김일성과 만주항일전쟁』, 창작과비평사, 1992, 158~159면.
51) 「피습된 보천보」, 『동아일보』, 1937.6.9.

체성의 퍼포먼스는 애당초 기만이고 허구일 수밖에 없었던 것이다.

5. 맺음말

황금빛 미래를 보장하는 신천지(新天地), '동양의 엘도라도'로 표상되었던 만주(滿洲, Manchuria)는 그 자체로 환상이었고 허구였다. 제국주의의 패권적 욕망에 의해 탄생한 허구적 지명(地名)이라는 점에서 만주는 허구일 수밖에 없다. '동양의 엘도라도'라는 이름의 이면에 '동양의 발칸'이라는 또 다른 이름이 존재한 것처럼 만주라는 허구적 판타지는 제국 일본의 영토 팽창주의적 야욕과 뗄 수 없는 동전의 양면과 같은 것이었다. 허구적 판타지와 영토 팽창주의적 야욕이라는 양면성을 한 곳에 응축시켜 대중적 오락의 형식으로 탈바꿈한 것이 바로 '만주 활극' 장르였다. 식민지 조선의 극장에서 만주라는 표상은 대중의 오락 대상으로 소비되기에 용이한 것이었다. 만주라는 표상에는 대중의 호기심을 끄는 일확천금의 꿈과 광활한 신개지라는 동경이 있었고, 거친 황무지와 야만적인 비적들과의 폭력적 투쟁이 있었기에 식민지 관객의 눈에 그것은 모험과 도전의 대상으로 비쳐질 수 있었다.

식민지 극장의 관객들은 〈흑룡강〉의 성천, 〈망루의 결사대〉의 다카츠 경부보와 같은 프로타고니스트에 자신을 동일시(identification)함으로써 초민족적 왕도낙토의 이상을 구현하는 제국 주체(국민)의 꿈을 공유하면서 비적들을 격멸하는 호쾌한 폭력과 활극의 세계를 즐길 수 있었다. 관객의 동일시를 자연스럽게 끌어내기 위해 프로타고니스트는 이상적인 제국 남성의 정체성을 끊임없이 연출(performance)해야 할 필요가 있었다. 한일 합작 영화로 만들어진 〈망루의 결사대〉에서는 일본인 주인공 다카츠 경부보가 단호하고 엄격한 책임의식과 강한 통솔력과 더불어 자애로운 인간미를 보여주면서 제국의 우월한 남성성을 연출하였다. 이러한 제국의 우월한 남성성은 피식민지 관객에게 동경의 대상이 될 수 있었다.

한편, 식민지 작가가 쓴 작품에서 제국 일본 남성이 프로타고니스트가 될 수는 없는 노릇이었기 때문에 〈흑룡강〉에서는 일본인을 대신하여 제국 남성의 역할을 조선의 개척농민 김성천이 수행하게 된다. 김성천은 만주국의 2등 국민으로서 일본인을 대신하여 만주인들로부터 협력을 이끌어내고 비적들과 싸워 승리한다. 피식민지인이라는 본질적 한계 때문에 성천을 비롯한 조선 농민들은 만주인들로부터 시달림을 받는 현실의 고통을 겪을 수밖에 없지만 비적들을 격퇴시켰을 때 김성천은 2등 국민 남성으로서 유사 제국 남성의 지위를 획득하게 된다.

> 성천 : 결박한 걸 끌러들 주슈. (농민들은 퇴군의 결박을 끌른다.) 너희들두 맘만 바로 잡으면 만주 새 나라의 훌륭한 일꾼이 될 수 있으니까 살려두는 거야. 정말 우리는 이 만주 때문에 얼마나 많은 피를 흘렸는지 모른다. 허지만 날이 밝으면 3월초 하루 만주 새나라는 건국된다. 우리는 다 같이 손을 잡구 우리의 생명을 이 나라를 위해서 바치기를 맹세하자. 그리구 이 땅을 개척하노라고 희생된 거룩한 생령을 축복해주자.[52]

빼앗긴 마을을 다시 탈환한 뒤 성천은 포로가 된 비적들 앞에서 만주국 건설의 의미에 대해 계몽적 훈계를 늘어놓는다. 제국의 남성 주체가 해야 할 계몽자 역할을 피식민지인이 대신하고 있는 장면인데, 이러한 장면이 관객들로부터 설득력을 얻기는 매우 어려웠을 것이다. 그것은 두 가지 이유에서 그러할 것이다. 첫째, 이러한 계몽적 장면은 제국 일본의 침략주의, 영토 팽창주의의 폭력성을 은폐하고 있는 것이기에 설득력을 갖기 어려운 것이다. 둘째, 〈망루의 결사대〉의 다카츠나 〈흑룡강〉의 김성천이 연출하는 제국 남성성의 퍼포먼스 자체가 비현실적이고 기만적이기 때문에 역시 설득력을 지니기 어려웠을 것이다. 관객은 드라마에 흥미롭게 몰입하기 위해 일시적으로 프로타고니스트에게 동일시할 수 있지만, 이러한 계몽적 장면에 대해서는 그다지 공감을 갖기 어려울 것이다. 관객은 외국영화 수입제한 및 상영금지 조치로 인해 더 이상 볼 수 없었던 할리우드 웨스턴 영화를 대신해 만주(혹은 그 접경지역)라는 표상공간에서 벌어지는 호쾌한 활극을 즐겼을 뿐 왕도낙토라는 허구적 이상에까지 공감하기는 어려웠을 것이다. 트랜스내셔널한 왕도낙토의 이상은 영토 팽창주의의 폭력적 욕망과 동전의 양면처럼 존재했던 것이었으며, 그것은 민족의 위계, 젠더의 위계, 계급의 위계 속에서 하위 계층(subaltern)을 짓밟고 만들어진 거짓된 꿈이었기에 애초에 허구적 환상일 수밖에 없었다. 1940년대 초반 만주 활극은 거짓된 꿈을 생산해내는 대중오락이고 판타지였던 것이다.

52) 〈흑룡강〉 5막, 37면.

극작가들, 동양(東洋)을 향해 가다

1. 머리말

1908년 신연극 〈은세계〉 공연을 기점으로 산정하여 올해가 '한국 근대연극 100년'이 되는 해라고 말한다. 신연극 〈은세계〉 공연에 몇 가지 근대적 의미가 있는 것은 분명한 사실이지만,[1] 이를 '근대연극'으로 규정하려면 근대연극의 기준을 무엇으로 정할 것인가에 대한 논의가 선결되어야 할 것이다. 근대연극의 의미를 좁은 의미의 근대극, 즉 1870년대 입센 이후의 근대 사실주의극으로 규정할 것인지, 아니면 서구적 연극 개념과 공연 문화, 관습의 수용을 의미하는 넓은

1) 신연극 〈은세계〉의 근대성 논의에 관해서는 田尻浩幸, 「이인직의 연극개량과 일본 연극개량」(『민족문화연구』 34호, 2001); 양승국 「신연극 〈은세계〉 공연의 의미」(『한국신연극연구』, 연극과인간, 2001); 김재석 「개화기 연극 〈은세계〉의 성격과 의미」(『한국극예술연구』 15집, 2002); 이상우 「1900년대 연극개량운동과 근대 국민국가 만들기」(『한국연극학』 23호, 2004) 등을 참조할 수 있다.

의미의 근대극으로 볼 것인지에 대한 논의가 우선되어야 할 것이다. 한국근대연극 100년을 기념하여 연극계의 축제 분위기를 조성하는 취지는 공감을 하지만 이에 앞서 한국에서 '근대연극'이란 무엇이며, 어떤 의미를 갖는가에 대한 논의가 먼저 이루어져야 마땅할 것이다.

그러면 한국에서 '근대연극'이란 무엇인가. 그리고 그것은 어떤 의미를 갖는가. 한마디로 단정 짓기 매우 어렵다. 그러나 20세기의 한국연극이 서양으로부터 강한 영향을 받아서 형성된 것만은 분명한 사실이다. 연극과 극장에 대한 인식의 일단을 처음 발견할 수 있는 것은 서양여행을 통해 서양의 연극과 극장을 소개한 유길준의 『서유견문』(1895)과 민영환의 『해천추범』(1896)이라는 저술을 통해서였다. 또 근대극 형성의 상징적 지표로 인식되는 근대식 극장 협률사(1902)도 19세기 후반 유럽에서 유행했던 입헌군주제국가의 황실의례를 모방한 국가적 의식과 대규모 축하공연을 치루기 위해 만들어진 것이었다. 1910년대에 크게 유행했던 신파극은 일본의 가부키 형식에 19세기 서양의 낭만주의극(멜로드라마)을 접목시킨 메이지시대 일본의 신파극이 이 땅에 도입된 것이었다. 1920~30년대의 극예술협회나 극예술연구회가 추구했던 신극(新劇)운동은 입센 이후의 근대 사실주의극을 성립시키려는 움직임이었다. 1950년대의 실존주의극, 1960년대의 부조리극, 서사극 등이 풍미했던 것도 전후 서양연극의 새로운 경향을 반영한 것이었다. 신연극, 신파극, 신극(근대 사실주의극), 탈사실주의극(수정 사실주의극)의 궤적을 보이는 한국희곡의 전개과정에서 서양연극은 모방과 전범의 대상이 되어왔다.

이렇게 20세기 한국연극의 성립 및 전개과정은 서양 근대연극 수용의 역사였다고 해도 과언이 아닐 것이다. 20세기의 한국연극은 대체로 서쪽(the West)을 향해 나간 역사였다고 할 수 있다. 고대 희랍극, 셰익스피어, 입센, 체호프, 오닐, 아서 밀러, 테네시 윌리엄스, 베케트, 이오네스코, 브레히트 등 서쪽의 연극 정전(正典, canon)을 이 땅에 이식하여 근대연극을 확립하려 시도한 것이 우리 근대극의 역사였던 것이다. 서쪽의 연극을 지향한 역사가 우리 근대연극사의 큰 틀을 차지한다는 데 대해서는 커다란 이견이 없을 것이며, 또 여기에 대해서는 그동안 연극사 저술 등을 통해 충분한 논의가 있어왔다.

그러나 우리 연극사에는 또 다른 흐름이 존재한 것도 사실이다. 동쪽(the East)을 향해 가는 극작가, 연출가들의 활동이 또 하나의 뚜렷한 연극사적 흐름을 형성했다. 그것은 물론 서쪽을 지향한 연극에 비해 상대적으로 미약했던 것이 사실이다. 그러나 마치 서양연극이 연극의 전부인 것처럼 인식되었던 우리 근대연극사의 흐름 속에서 동양적인 연극을 추구한 경향은 그 실제가 다소 미약했다고 하더라도 매우 의미심장한 연극작업이라고 생각된다. 한국연극의 자기 정체성을 발견하고 확립하려는 시도에서 출현하게 되었다는 점에서 그 긍정적 의미가 크다고 할 수 있다. 그런 점에서 많은 연극학자들과 비평가들이 동양적 연극, 한국적 연극을 추구해온 극작가, 연출가에 대해 뜨거운 찬사와 지지를 보냈다. 하지만 동양적인 연극 지향에 대해 무조건적인 긍정적 의미 부여의 태도를 갖는 것도 문제가 있다고 생각한다. 문제는 동양적 연극 지향성 속에 내포된 관점과 시각, 태도에 대한 면밀한 분석이 우선되어야 한다는 점이다. 필자는 우리 연극의 동양지향성 속에는 오리엔탈리즘적 요소가 부분적으로 잠재되어있다고 본다. 물론 이러한 작품들은 일부에 한정되어 있지만 그것의 특징과 의미를 밝혀보는 것은 매우 중요한 작업이다.

동쪽을 지향한 연극은 대체로 1940년대와 1970년대에 뚜렷한 족적을 남겼다. 이 시대만큼 연극계에서 '동양'이라는 말이 빈번하게 사용되고 그 의미가 중요하게 취급되어온 적도 별로 없을 것이다. 물론 동양적 연극을 지향하는 흐름은 현재에도 여전히 영향력을 미치고 있다. 그러나 이 글에서는 1940년대와 1970년대라는 특정 시기에 나타난 한국연극에서 동양적인 것의 지향성과 그 의미에 대해 오리엔탈리즘의 관점을 통해 살펴보고자 한다.

2. 서양의 박람회에 갇힌 '동양' 두 개의 박람회와 동양연극

한국연극사에서 동양적인 것이 중요한 화두로 등장하는 것은 1940년대와 1970년대의 두 시기이다. 흥미로운 점은 이 두 시기의 동양적인 연극 지향이 모두 서양의 박람회와 관련된다는 점이다. 1940년대의 연극은 1878년 파리 만국박람회, 그리고 1970년대의 연극은 1931년 파리 식민지 박람회와 연관되어 있다. 이는 대단히 중요한 시사점을 던져준다고 생각된다. 즉, 이 두 시기의 동양적 연극이 서양의 박람회에 포획되고 전시된 '동양'이라는 이미지를 창출하는 측면이 있기 때문이다.

1940년대 동양주의의 기원은 1878년 파리 만국박람회와 연관된다. 제국 일본(Japanese Empire)이 동양주의(대동아주의)를 본격적으로 주창하게 되는 시기는 1930년대 중반 이후의 일이다. 이때부터 태평양전쟁에서 일본이 패전하는 1945년까지 동양주의는 일본의 지배담론으로 기능하게 된다. 동양주의는 일본의 동양(동아시아) 지배전략의 일환으로서 만들어진 담론이다. 이 담론의 계발에 교토학파 지식인들(주로 교토대학 교수들)이 대거 참여하였고, 이들에 의해 이른바 '근대 초극론'이라고 불리어지는 반서양, 반근대 담론이 탄생하게 된다. 즉, '서양 근대'를 극복하려한 근대 초극론은 동양주의의 핵심 사상이 되는 것이다. 메이지유신 이후 수 십 년 동안 발전 모델로서 서양을 상정하고 이를 모방해온 일본은 1905년 러일전쟁에서 승리함으로써 강대국의 반열에 올라서게 된다. 그러나 후발 제국주의국가로서 일본은 서양 열강에 비해 초라한 식민지 이권을 갖고 있었으므로 불만이 많을 수밖에 없었는데, 만주국 건설(1931)과 중국 대륙의 침략(중일전쟁, 1937)을 통해 그 불만을 해결하고자 했다. 그 과정에서 침략대상인 아시아인의 반발을 무마하기 위해 동일화 전략의 이데올로기로서 '범아시아주의(Pan-Asianism)' 사상을 내세우게 된다. 이 범아시아주의 사상은 같은 아시아인에게는 아시아인의 동일성을 강조함으로써 일본의 침략에 대한 저항심을 잠재울 수 있을 뿐 아니라, 동남아시아와 남태평양의 식민지 이권을 둘러싸고 서양세력과 대결하면서 아시아인의 단결을 강조하는 반서양 담론으로서 기능하게 되었던 것이다. 동양주의 담론이 전시체제기에 대동아공영권 이데올로기의 토대가 되었다. 1940년대 전반기의 한국연극은 대동아공영권 논리의 강력한 통제 하에 있었기 때문에 동양주의 담론에 지배를 받을 수밖에 없었다.

동양주의 사상의 기원에 바로 오카쿠라 덴신[岡倉天心]이 있고, 오카쿠라 덴신의 사상에 영향을 미친 것이 1878년의 파리 만국박람회다. 동양주의(범아시아주의) 사상의 전조는 이미 19세기 메이지 시대부터 존재하였다. 1880년대에 이미 싹을 보인 현양사(玄洋社), 흑룡회(黑龍會)의 팽창주의 사상, 타루이 토오키치[樽井藤吉]의 『대동합방론(大東合邦論)』(1885), 오카쿠라 덴신의 『동양의 이상』(1902) 등이 동양주의 사상의 전조가 되었다.[2] 이 가운데 1940년대 동양주의(대동아공영권) 담론에 큰 영향을 미친 것이 바로 미술사가 오카쿠라 덴신의 저술이었다. 오카쿠라는 이 저술에서 '아시아는 하나'임을 외치면서 아시아의 동일성을 주장하였다. 인도, 중국, 일본 문명을 아시아의 주요 문명으로 파악하였고, 뛰어난 아시아 문명의 저장고, 수호자 역할을 한 것이 일본이라고 보았다. 따라서 그는 일본이 선도적 역할을 하는 아시아주의를 주창하였다.

그런데 이러한 오카쿠라의 아시아주의 사상에 영향을 끼친 것이 바로 1878년의 파리 만국박람회였다. 당시 파리 만국박람회에 개설된 일본관은 당대 유럽인들에게 큰 인기를 끌었다. 특히 일본 회화와 공예품이 많은 인기를 얻었다. 서양인에게 낯선 동양적인 분위기의 부스와 전시물들이 눈길을 끌었던 것이다. 이를 계기로 서양인들 사이에서 동양의 회화와 공예품에 대한 수집 취미가 열병처럼 유행하게 되는데, 당시 이러한 유럽인의 일본 열풍을 '저패니즘(자포니즘)(Japanism, Japonisme)'이라고 불렀다. 아이러니컬하게 이 서양의 저패니즘이 역으로 일본에 영향을 미치게 된다. 당시 일본은 반대로

2) 다케우치 요시미, 서광석 · 백지운 역, 『일본과 아시아』, 소명출판, 2004, 246~269면.

서양, 근대를 추종하고 모방하려는 열풍에 휩싸여 있었는데, 서양인이 일본의 회화와 공예품 수집에 열광하는 것을 보고 '일본적인 것', '동양적인 것'의 가치를 발견하게 된다. 흥미롭게도 동양 정체성의 중요성과 가치를 서양인의 시선을 통해 깨닫게 된 것이다. 이에 따라 도쿄미술학교 교수가 된 오카쿠라는 당시로서는 특이하게 동양미술 중심의 커리큘럼을 구성하게 된다. 일본적이고 동양적인 미술이 외국에 수출할 수 있는 문화상품으로서의 가치를 지닐 뿐만 아니라 일본에게 문명국가의 이미지를 부여할 것으로 생각했던 것이다.[3] 그러나 문제는 '저패니즘'의 시선이다. 근본적으로 저패니즘은 동양, 일본을 신기하고 이국적인 것으로 바라보는 서양 오리엔탈리스트의 시선을 대변하는 것이다. 이는 서양의 오리엔탈리스트들이 창안해낸 저패니즘을 일본이 역수입한 것이기에 문제가 있다. 즉, 그것은 서양인이 이국취미의 태도로 동양(일본)을 전유하고, 그 대상을 여성화, 심미화한다는 점에서 전형적인 오리엔탈리즘의 성격을 가진다.[4]

시선은 권력관계를 의미한다. 오리엔탈리즘의 관점에서 시선을 소유한 주체, 보는 주체는 언제나 서양이다. 동양은 언제나 보이는 사물, 대상일 뿐이다. 서양은 보는 것을 통해 관찰된 대상을 소유한다고 믿는다. 만국박람회에서 동양은 그렇게 서양인에게 포착되고, 전시되고, 소유된 것이다. 따라서 동양이라는 대상은 여성화, 심미화 된

---

3) 가라타니 고진, 왕숙현 역, 「미술관으로서의 역사」, 『창조된 고전』(하루오 시라네 · 스즈키 토미 편), 소명출판, 2002, 299~305면.

4) 임지현 · 사카이 나오키, 『오만과 편견』, 휴머니스트, 2003, 238~240면.

다. 보는 주체는 흔히 유럽 백인남성 관찰자(관음증자)로 상정된다. 따라서 미술작품에 포착된 동양의 형상은 유럽 남성의 내적 욕망과 밀접한 연관을 갖게 된다.[5] 이러한 구도는 문학이나 연극, 영화에서도 유사하게 적용된다. 이러한 오리엔탈리스트적 시선의 전유과정을 통해 서양 박람회에 전시된 '동양'은 여성화, 심미화 되는 것인데, 일본이 역설적으로 이를 통해 '동양적인 것'의 가치를 발견했다는 것은 매우 흥미롭다. 이러한 발견이 오카쿠라 덴신에 의해 '동양주의' 사상으로 체계화되고, 이것이 1930년대 후반부터 1940년대 전반까지 전쟁(중일전쟁, 태평양전쟁)의 사상으로 이용당하게 된다. 1940년대 한국연극에서 동양적인 것에 대한 지향은 바로 이러한 맥락에서 등장하게 된다. 유치진의 〈마의태자〉를 비롯해 함세덕의 〈낙화암〉, 〈어밀레종〉, 송영의 〈김삿갓〉, 〈신사임당〉, 장혁주의 〈심청전〉, 〈춘향전〉 등이 그러한 사례이다.

1900년 파리 만국박람회 한국관 포스터

동양적인 연극에 대한 열풍이 불었던 또 다른 시기인 1970년대의 경우도 그 기원을 따져보면 서양의 박람회와 무관하지 않다. 1970년대의 한국연극에 불어온 동양연극의 바람은 1960년대 서양에서 예

5) 존 맥킨지, 박홍규 외역, 『오리엔탈리즘—예술과 역사』, 문화디자인, 2006, 150면.

지 그로토프스키(Jerzy Grotowski), 유제니오 바르바(Eugenio Barba), 피터 브룩(Peter Brook) 등 전위 연출가들이 추구했던 동양연극의 열풍과 연관된다. 이 서양의 전위적 연출가들은 한계에 부닥친 서구 근대 사실주의극의 탈출구로 '동방(동양)으로의 여행'에 열중하고 있었다. 이들이 이 동방여행에서 만난 것은 일본의 노(能), 중국의 경극(京劇), 인도의 카타칼리극 등 아시아의 전통연극이었고, 거기서 발견한 것은 로고스 중심, 언어 중심의 서양 사실주의 연극이 갖지 못한 총체성, 개방성, 제의적 원시성의 지평이었다. 이를 통해 이들은 새로운 영감의 원천을 얻었고, 한계 상황에 봉착한 서양 근대연극을 개혁할 돌파구를 모색할 수 있었다.[6] 이에 따라 그로토프스키는 배우 훈련의 중요성, 무대와 관객 관계의 재설정이 필요하다는 것을 인식하게 된다. 바르바는 공동체생활을 통한 작업을 중시하고 이른바 제3의 연극을 주장하게 된다. 피터 브룩은 언어 중심의 죽은 연극에서 벗어난 제의적인 신성한 연극의 필요성을 강조하였고, 동양여행으로부터 끊임없이 새로운 영감을 찾았다.[7] 1960년대 서양 전위연극의 동양에 대한 관심은 이 시기에 서양에 유학한 유덕형, 안민수 등에게 직, 간접적인 영향을 미쳤고, 이는 1970년대에 전통의 현대적 수용을 주도했던 드라마센터의 연극 작업 〈초분〉, 〈태〉, 〈하멸태자〉 등을 통해 잘 나타난다.

주지하는 바와 같이, 그로토프스키, 바르바, 브룩, 무느쉬킨(Arianue Mnoushkin)처럼 동양 연극으로부터 서양 연극의 돌파구를 모색하고

6) 여석기, 『동서연극의 비교연구』, 고려대 출판부, 1987, 16~17면.
7) Roose-Evans, James, *Experimental Theatre*, London : RKP, 1984 참조.

새로운 영감의 원천을 얻으려 했던 전위연극인들에게 선배 격에 해당하는 인물이 바로 아르토(Antonin Artaud), 예이츠(W. B. Yeats), 브레히트(Bertolt Brecht)라고 할 수 있다. 이 중에서도 1960년대 연극인들의 정신적 스승이라고 할 수 있는 사람이 바로 아르토라고 할 수 있다. 그가 현대연극에 던져준 충격은 매우 큰 것이었는데, 특히 그가 펴낸 저서 『연극과 그 분신』은 1960년대 전위극운동의 예언서와 같은 역할을 수행했다.[8] 그는 1931년 파리 식민지 박람회에서 네덜란드관이 전시한 인도네시아 발리 춤극을 보고 큰 감명을 받아 새로운 연극적 영감을 얻게 된다.[9] 그는 발리연극을 보고 음성언어, 로고스, 모방과 재현 중심의 서양연극의 주류적 경향을 배격해야 할 것으로 비판했다. 그리고 배우, 음악, 춤, 스펙터클을 중시하고 관객의 참여를 유도하는 총체연극(total theatre)의 방향을 추구했다. 그는 발리연극을 통해 동양연극에서 총체성, 개방성, 원시성, 제의성이라는 연극의 본질, 연극의 원형을 발견했던 것이다. 예이츠도 페놀로사-파운드의 번역본 대본을 통해 일본의 노[能]를 접하고 서양 근대의 사실주의, 미메시스적 경향에 반대하는 상징주의적 연극운동을 전개했다. 브레히트도 1930년대 중반 모스크바를 방문한 중국의 경극 배우 메이란팡[梅蘭芳]의 공연을 보고 그 배우술에 큰 감명을 받아서 서사극의 소격효과를 발견하게 된다.

파리 식민지박람회의 네덜란드 식민지관에 전시된 발리 원주민의 춤극을 보고 새로운 연극의 영감을 얻었다는 아르토, 실제 공연이 아

8) 여석기, 앞의 책, 156~160면.
9) 요시미 슌야, 이태문 역, 『박람회』, 논형, 2004, 235면.

닌 번역본을 통해 일본의 노를 접하고 상징주의 연극의 영감을 얻은 예이츠, 그리고 서양에 온 중국 경극 배우의 공연을 보고 서사극의 원리를 발견한 브레히트, 이 세 사람이 동양연극을 대하는 근본적인 시선은 크게 다르지 않다. 박람회의 시선을 통해 동양의 연극을 자의적이고 편의적으로 이해하고 전유한 점에서 크게 다르지 않다. 즉, 박람회의 쇼케이스(showcase)에 갇힌 '동양연극'을 관찰하고, 자의적으로 판단하고, 영감을 얻은 것이다. 박람회의 기원은 15~16세기 서양의 신대륙 발견에서부터 시작된다. 아메리카, 아시아, 아프리카의 신세계를 발견한 서양인들은 그 '발견된' 세계에서 가져온 수집물들을 분류하고, 배치하고, 전시하는 데 열중하게 되었다. 이에 따라 이른바 박물학과 분류학이 발달하게 되고, 박물학적 시선이라는 특권화 된 시선이 발생하게 된다. 에드워드 사이드가 주장한 '우월한 서양/열등한 동양'이라는 인식론적 배치가 만들어지게 된다. 이 때 서양은 보고 인식하는 주체이고, 동양은 관찰되고, 배치되고, 전시되는 대상이 될 뿐이다. 서양인들은 발견된 동양으로부터 동식물, 생활품, 공예품은 말할 것 없고 심지어 사람들(원주민)까지 가져와 수집하고 배치하고 전시하였다. 그 대표적인 사례가 박물관과 박람회였다.[10)]

아르토가 발견한 동양연극으로서의 발리 춤극은 식민지박람회의 쇼케이스에 갇혀있는 박제화 된 동양에 다름 아닌 것이다. 생활공동체의 맥락으로부터 유리되어 박람회의 진열장에 갇힌 발리 춤극으로부터 진정한 연극의 총체성, 개방성, 제의성을 발견하기 어렵다. 그것은 이성, 언어 중심인 근대 사실주의극이 연극의 거의 모든 것이

10) 위의 책, 24~38면.

라고 생각했던 서양인이 자의적 시선을 통해 일방적으로 동양연극을 발견하고 전유한 것에 불과한 것이다. 타자(동양)를 일방적으로 대상화, 심미화 하여 인식하는 것은 그 자체가 인식적 폭력이라고 할 수 있다. 그러한 시선에 의해 획득된 동양연극에 대한 인식은 올바른 것이라고 보기 어렵다. 서양 연극인의 동양연극에 대한 인식에는 이러한 근원적 한계가 존재한다. 그러나 문제는 동양 자신이 자기의 연극을 서양인과 똑같은 시선을 통해 바라본다는 점에 있다. 즉, 서양인으로부터 받아들여진 자기 주변화(self-orientalizing)의 인식이 존재한다는 것이다. 1970년대의 한국연극에 나타난 전통의 발견과 수용 작업에서도 전통(동양연극, 한국연극)의 자기 주변화가 나타난다. 특히 드라마센터의 일부 작업에서 그러한 점을 발견할 수 있다.

3. 1940년대 식민지 연극과 동양주의

1940년대의 한국희곡은 동양주의 담론의 그늘 아래에 존재했다고 해도 과언이 아니다. 당시 제국 일본은 일본 열도를 포함하여 조선, 대만, 만주, 중국 대륙, 동남아시아, 남태평양에 이르는 광활한 아시아 식민지를 경략하면서 그 통제정책의 일환으로서 일본 중심의 대동아 건설이라는 장밋빛 동양주의 논리를 제시한다. 이는 이 시기 일본이 이른바 '미영귀축(美英鬼畜)'과의 전쟁국면을 맞고 있었기에 반서양, 반근대 이데올로기의 필요성을 내발적으로 갖고 있었던 측면이 있다. 그들은 이를 '근대 초극론'이라는 그럴싸한 장밋빛 논리로 포장하였는데, 당시 많은 한국의 식민지 지식인들이 이 장밋빛 논리 속에 휘말려 들어갔다. 제국 일본의 동양주의 담론 속에는 '조선적인 것'에 대한 용인이 내재되어 있었기 때문이다. 일본 당국은 광활한 제국 일본의 문화적 풍요와 다양성, 포용성을 대내외적으로 과시하기 위해 식민지 문화의 독자성을 일정 범위 내에서 허용하였다. 허용할 뿐만 아니라 때로 장려하기도 하였다. 그 대표적 사례가 무용가 최승희의 경우다. 최승희가 숙명여고를 졸업하고 일본의 저명 무용가인 이시이 바쿠[石井漠]의 문하에서 무용 공부를 할 때 그가 배우고 싶어 했던 것은 근대식 서양무용이었다. 그러나 그는 스승 이시이 바쿠의 권유에 마지못해 한국 춤을 배우게 된다. 그는 한국 춤은 '기생'이나 추는 천한 것으로 인식하여 꺼려했던 것이다. 그러나 그는 한국 춤을 추면서 오히려 일본 내에서 큰 인기를 얻게 된다. 1934년 〈에헤라 노아라〉로 첫 일본 공연을 한 뒤 그는 일본 지식인 및 비평가로부터 '위대한 식민지 무용가'로 평가받았다. 이윽고 그는 대중적인 여성 아이콘으로 거듭나게 된다. 그는 식민지 여성성의 표상이 됨으로써 일본 남성 식민주체의 자애로운 시선 속에서 식민지인과 피식민지인 사이의 간극을 메워주는 완충적 역할을 할 수 있었고, 제국 일본의 우월한 동양적 전통을 과시할 수 있게 만들어 주었다. 전시 대중매체와 대중오락의 급성장이라는 환경 또한 최승희와 같은 문화적 아이콘을 요구하게 만들었다. 이러한 점에 힘입어 그는 1937년 미국으로 무용 순회공연을 떠나게 된다. 그의 서양 진출 배경에는 이를 계기로 미국과의 관계 개선을 도모하고 제국 일본의 동양 전통을 과시하려는 일본의 정치적 목적이 깔려 있었다.[11)]

한국의 민족주의 정서를 자극하리라 예상되기에 기피대상이 되어야 할 것 같은 최승희의 한국(전통) 춤이 오히려 일본 당국에 의해 장려되고 선전된 것은 매우 복잡하고 미묘한 의미를 함축한다. 그것은 일제 말기 한국적인 것(조선적인 것)에 대한 식민지 문화적 상황의 모호성을 의미한다. 그것을 이해하려면 일본 식민주체의 시선에 내포된 양가성(ambivalence)의 태도를 이해해야 한다. 즉, 그들은 조선과 같은 자기 식민지를 대할 때에는 서양 오리엔탈리스트의 태도를 취하였고, 서양을 대할 때에는 자발적으로 자기 주변화(self-orientalizing)의 태도를 취하였던 것이다. 따라서 그들이 식민지 여성무용가인 최승희의 한국 전통춤을 대하는 태도에는 식민지박람회의 쇼케이스에 진열된 신기하고 이국적인 풍물을 즐기는 시선이 내포되어 있었던 것이다. 반대로 그들은 서양에 자기(제국 일본) 문화를 들고 나갈 때에는 서양인이 보기를 원하는 대상화되고 심미화된 쇼케이스 진열품으로서 최승희의 전통춤을 선택했던 것이다. 제국 일본의 동양주의가 얼핏 보면 반근대, 반서양 담론으로

최승희의 보살춤

11) Park, Sang Mi, "The Making of a Cultural Icon for the Japanese Empire—Choe Seung-hui's U. S. Dance Tours and "New Asian Culture" in the 1930s and 1940s", *Positions* 14 : 3, Duke University, 2006, pp.601~611.

서 동양의 주체성과 자부심을 일깨워줄 것이라는 기대와 달리 허구적이고 모순적이라는 것은 이처럼 자명한 것이었다.

그러나 일제의 동양주의에 내포된 이러한 지배전략에도 불구하고 당시 한국의 지식인과 민중들은 동양주의에 대해 매우 호의적이었다. 일제의 동양주의가 식민지의 전통문화를 제국 일본의 지방적인 문화로 존중하고 장려했는데, 이에 따라 한국의 전통문화가 '조선적인 것'으로서 고무, 장려되자 이를 통해 민족적 자존심을 회복할 수 있다고 믿었기 때문이다. 한국의 전통문화(조선적인 것)의 붐이라는 똑같은 현상을 놓고 일제는 제국 일본 문화의 풍요로운 지방성(localism)의 하나로 인식한 반면 한국 지식인과 민중들은 민족주의(nationalism)적인 것으로 받아들였던 것이다. 신라 멸망사를 극화한 유치진의 〈마의태자〉나 백제 멸망사 이야기를 그린 함세덕의 〈낙화암〉에 대해 당시 한국 관객들은 고대 국가의 멸망사 이야기가 나라 잃은 한국 식민지인의 설움과 비애를 표상한다고 이해했던 반면, 일본 당국은 광대한 제국 일본의 한 식민지 나라가 가진 찬란한 고대 역사와 전통 이야기의 하나로 인식하였던 것이다.[12)]

송영의 경우도 마찬가지다. 그는 일본 패망 직전에 〈신사임당〉이라는 희곡을 써서 제3회 국민연극경연대회에 출품하였는데, 이 작품은 전시체제기의 다른 희곡처럼 일본의 군국주의정책에 대한 선전 내용이 전혀 없음에도 불구하고 일본 당국의 검열을 통과하여 국민연극경연대회에 참가할 수 있었다. 〈신사임당〉은 남편 이원수와 두 아들 사행, 율곡을 모두 보필하고 훈육하여 훌륭한 선비로 만든 신사

12) 이상우, 「표상으로서의 망국사이야기」, 『한국극예술연구』 25집, 2007 참조.

임당의 인간적 풍모를 그린 작품이다. 선전적 요소가 전혀 없음에도 불구하고 당시 이 작품은 조선의 대표적인 현모양처인 신사임당의 인물상을 통해 전쟁에 나설 황국신민을 가정에서 길러내는 이상적인 모성 인물(총후부인, 銃後夫人)의 귀감을 제시한 것으로 읽혀졌기에 일제 당국의 검열을 통과할 수 있었다. 장혁주가 일본어로 쓴 희곡 〈춘향전〉 역시 마찬가지다. 장혁주의 희곡 〈춘향전〉은 조선의 대표적인 고전 〈춘향전〉을 각색한 것으로서 무라야마 도모요시[村山知義] 연출로 1938년에 일본 극단 신협(新協)이 도쿄, 오사카, 교토 등지에서 상연하였다.13) 이 역시 식민지 한국인의 민족적 정서에 공감하는 선량한 일본인들의 〈춘향전〉 공연으로 이해될 면도 있지만, 제국 일본의 식민지 전통문화의 다양함과 풍요로움에 대한 일본인의 이국 취미적 관심, 호기심이 반영된 측면이 크다는 것을 알아야 한다. 이런 점에서 장혁주의 〈춘향전〉은 최승희의 한국춤 공연과 매우 유사한 맥락을 갖는다고 볼 수 있다.

1940년대 한국희곡의 동양주의는 서양의 일방적 시각을 거부하고 서양을 모델로 상정한 근대화를 탈피하려 했다는 점에서 탈근대, 탈서양의 긍정적 요소가 있다. 또 1920~30년대에 최남선, 송석하, 아키바 다카시[秋葉隆] 등에 의해 이루어진 한국학(조선학, Koreanology) 및 한국 민속연구를 바탕으로 한 한국적인 것의 희곡화, 연극화 작업이라는 긍정성도 내포하고 있다. 그럼에도 불구하고 이 시대 희곡의 동양지향성은 많은 한계를 갖고 있다. 제국 일본이 창안한 대안적 근대

13) 백현미, 「민족적 전통과 동양적 전통」, 『해방전(1940~1945) 공연희곡과 상영시나리오의 이해』, 평민사, 2005, 250면.

의 문제다. 일본이 제시한 근대 초극 논리는 자신들의 적인 '서양'을 반대하는 것이지 '근대' 자체를 겨냥한 것은 아니다. 그러므로 초극의 대상이 주로 자유주의, 개인주의, 물질만능주의와 같은 서양의 가치관에 초점이 맞춰져 있다.[14] 따라서 '서양적 근대'를 대신할 '동양적 근대'를 추구하겠다는 것이 동양주의의 저의인데, 그것은 물질적 토대는 문제 삼지 않고 서양의 가치관 대신에 동양의 도의, 윤리, 공동체의식을 대체하겠다는 정신주의적 접근의 태도를 보인다는 점에서 '동양적 근대'는 근대의 문제를 전혀 해결할 수 없다는 한계를 보인다. 이러한 점에서 1940년대 동양주의 연극은 서양인에게 동양문화의 우월한 전통, 정신성을 과시하고, 제국 일본의 문화적 풍요와 우월성을 자랑하는 이상의 의미를 찾기 어렵다 할 것이다.

4. 1970년대 '동양연극' 열풍과 서구적 시선

1970년대 한국연극의 중요한 특징은 한국연극의 정체성 모색에 있다. 이러한 전조는 이미 1960년대부터 나타나기 시작했다. 1960년대 초반에 문화재보호법(1962)이 제정되고 이어서 산대탈놀이, 황해도탈놀이, 야유 · 오광대탈놀이 등 전통연희의 발굴, 복원, 정비 작업, 그리고 그에 따른 무형문화재 지정 작업이 잇따라 진행되었다.

14) 이는 1942년 9~10월에 일본의 『문학계(文學界)』에 실린 '근대의 초극' 좌담회 내용에 잘 나타난다. 좌담회 내용은 나카무라 미츠오 · 니시타니 게이지 외, 이경훈 외역, 『태평양전쟁의 사상』, 이매진, 2007을 참조.

이와 더불어 1960년대에 이두현, 심우성, 최상수 등이 중심이 되어 전통연희에 대한 자료 발굴, 채록, 연구, 정리 작업이 활발하게 전개되었다. 1960년대 후반부터는 국립극장과 드라마센터의 극장무대에 전통연희가 공연되기 시작했다.[15]

이러한 점이 토대가 되어 1970년대에 들어서서 우리 연극무대에 전통연희의 현대적 수용 작업이 새로운 조류로 등장하게 된다. 한국적 연극을 지향하는 작품들이 1970년대 연극을 대표하게 된 것이다. 작품의 양이나 파급효과를 생각할 때 이 시기에 가장 대표적인 한국적 연극의 극작가는 오태석이다. 〈이식수술〉, 〈쇠뚝이 놀이〉, 〈초분〉, 〈태〉, 〈약장사〉, 〈춘풍의 처〉 등이 그러한 작품들로 분류될 수 있다. 오태석 이외에 윤대성, 최인훈, 이현화, 허규, 안민수 등의 희곡들이 한국적 연극을 지향한 작품들로 꼽힐 수 있다. 윤대성의 〈망나니〉, 〈노비문서〉, 〈너도 먹고 물러나라〉; 최인훈의 〈어디서 무엇이 되어 다시 만나랴〉, 〈둥둥 낙랑둥〉, 〈옛날 옛적에 훠어이 훠이〉, 〈봄이 오면 산에 들에〉, 〈달아달아 밝은 달아〉; 허규의 〈물도리동〉, 〈다시라기〉; 안민수의 〈하멸태자〉가 그것이다. 그밖에 박우춘의 〈무엇이 될고 하니〉를 비롯하여 김정옥이 주도한 자유극장의 집단창작극들도 이러한 경향에 속한다. 이들의 한국적 연극 창조 작업은 현재까지 그 영향을 미치면서 한국연극의 흐름을 주도하고 있다.

이 연극들은 대부분 전통연희의 현대화, 재창조, 현대적 수용 등을 표방하면서 '한국적' 연극이라는 점을 내세우고 있다. 그런데 이러한 작업들 중에 일부는 '한국적'인 것보다 오히려 '동양적'인 것을 더 강

---

15) 서연호 · 이상우, 『우리 연극 100년』, 현암사, 2000, 232~233면.

조하는 작품들이 있다. 극단 드라마센터의 일부 작품들이 그러한 측면을 보여준다. 특히 〈초분〉, 〈하멸태자〉 등이 그러하다. 이 희곡들은 오태석에 의해 쓰였지만 서양에서 유학하고 돌아온 드라마센터의 연출가인 유덕형, 안민수에 의해 연출되었다. 유덕형이 〈초분〉을, 안민수가 〈태〉를 연출하여 연극계에 커다란 주목을 받았다. 유덕형과 안민수는 1970년대 한국 연극계에서 누구보다도 '동양적인 것'에 관심을 가졌고 또 그러한 연극을 추구하였다. 이들이 동양적인 연극에 몰두하게 된 배경과 시기, 훈련과정은 각자가 다르다. 그러나 정도의 차이가 있지만 그로토프스키 이후 서양 전위연극의 흐름에 일정한 영향을 받았다는 점, 그리고 그러한 분위기가 드라마센터의 작업 방향을 지배했다는 점에서는 대략 일치하는 점이 있다.

유덕형 연출의 〈초분〉은 1960년대 이후 세계연극의 흐름을 반영한 공연이었다는 점에서 주목되는 작품이었다. 특히 동양적 동작으로 훈련된 배우의 움직임과 동양적 사상을 암시하는 추상적인 무대 이미지의 구성은 플롯과 인물을 중시하는 언어 중심의 재현주의 연극에서 벗어나 그로토프스키 이후 배우의 신체훈련과 스펙터클, 음악을 중시하는 현대 실험연극의 흐름과 동궤를 이루는 것이었다. 세계연극의 주류적 흐름과 호흡을 함께 하는 선진적 작업이었다는 점에서 당대에 높은 평가를 받았다. 그러나 작품 공연에 내재된 '동양적인 것'에 대한 인식과 재현방식에는 다소 문제점을 찾을 수 있다.

유덕형은 미국 유학에서 돌아와 1969년 6월 당시로서는 보기 드물게 '연출작품발표회'를 개최하여 주목을 받았다. 이 때 발표한 연출작품 중에 유치진의 〈나도 인간이 되련다〉의 한 부분을 떼어낸 〈자아비판〉이라는 작품이 있었는데, 여기서 그는 배우들의 동작훈련에 무술과 아크로바틱을 적용하였다. 그는 '연출작품발표회' 프로그램에서 우리 배우들이 산대놀이, 봉산탈춤, 오광대 등 전통가면무극을 터득해야 할뿐만 아니라 동양적, 나아가 범세계적 동작을 익혀야 한다고 말했다. 배우의 신체훈련을 중시하고, 배우에게 한국적 리듬을 발견하고 체득케 하려 한 그의 연출가로서의 의도와 연극관은 매우 바람직한 것이었다.[16] 그러나 이후 공연을 통해 나타난 면모를 보면 점차 원초적 보편성을 강조한 동양적인 색채의 구현이 두드러진다. 〈알라망〉, 〈초분〉, 〈봄이 오면 산에 들에〉 공연에 이르는 과정이 그러하다. 김창활의 〈함성〉을 각색한 〈알라망〉 공연에서 유덕형은 원래 작품의 인물인 교수와 살인자를 '명상하는 인물'과 '죽음의 사자'로 바꿔 설정함으로써 불교철학적인 이야기를 추구하고자 했다. 또 〈봄이 오면 산에 들에〉의 연출에서 유덕형은 침묵과 정지를 강조하면서 정(靜) 속에서 동(動)을 추구하는 동양적 세계관을 보여주려고 시도하였다.[17] 그러나 그는 〈봄이 오면 산에 들에〉 공연에 대해 평론가 이상일로부터 다음과 같은 평을 받았다.

> 〈봄이 오면 산에 들에〉(최인훈 작 / 유덕형 연출, 동랑레퍼터리)의 연출은 그 현대적 감각을 과학적 세련미로 분장시켜 동양적 세계를 감정없는 정체의 공간에 묶으려 든다. 최인훈의 극문학의 세계는 해체되고 유덕형의 연출미학을 위한 도구가 된 줄거리에 대해 대사와 동작이 극도

16) 김숙현, 『드라마센터의 연출가들』, 현대미학사, 2005, 49~60면.
17) 위의 책, 71~82면.

로 제한되어 침묵은 바야흐로 완결되어 보인다. 그러나 그것은 동양의 자연을 소리 없음과 연결시키기 위한 과장된 억제로 '드라마'를 없애는 결과가 되었고 단순히 연출가의 현학취미를 살리는 값비싼 시도의 무대가 되었다.[18)]

이상일은 연출가 유덕형이 최인훈의 희곡에서 동양적인 측면을 과도하게 해석하여 침묵과 정지의 요소를 강조함으로써 희곡의 드라마를 약화시켰다는 점을 지적하였다. 즉, 이상일의 지적 속에는 최인훈 희곡의 동양적 세계를 침묵, 정지의 세계로 해석한 연출가의 과장된 동양인식에 대한 비판이 내포되어 있었던 것이다.

〈초분〉은 1973년 4월 드라마센터에서 초연된 후 1974년 미국 뉴욕에서 공연되어 호평을 받았고, 귀국 이후 국내 상연에서도 큰 인기를 얻었다. 〈초분〉은 뉴욕 라마마극장의 공연에서 피터 브룩으로부터 "새로운 연극이 찾고 있는 방향을 성공적으로 제시했다"는 평을 받았을 만큼 서양 전위연극인의 구미에 맞는 작품이었던 것이다. 흥미로운 것은 1973년 한국 공연보다 1974년 미국 공연에서 오히려 동양적인 측면이 훨씬 더 강조되었다는 점이다. 1973년 한국 공연에서는 굳이 한국적인 것을 의식하지 않고 작품의 이미지 전달에 역점을 둔 반면 1974년 미국 공연에서는 배우들에게 전통적인 한국 의상을 입히고 동양적인 측면을 보다 강조하는 공연을 하였다고 한다. 유덕형의 증언에 의하면 "오히려 미국의 그것이 더 동양적"이었다고 한다.[19)] 〈초분〉은 상례(喪禮)를 소재로 삼아 고립된 섬 마을에서 섬의

18) 이상일, 「연극계의 새 바람」, 『한국연극의 문화형성력』, 눈빛, 2000, 198면.

질서를 지키려는 임자, 소자와 섬을 벗어나 육지로 떠나려는 장정들 사이에 끌어당기는 힘과 튀어나가려고 하는 힘 사이의 대립, 갈등구조를 통해 인간과 자연, 법과 질서, 뭍과 섬, 마른 것과 습한 것, 사람과 미움, 희생과 이기의 대립적 이미지를 표현하고자 했다. 이러한 이미지의 충돌을 통해 그는 동양의 음정양동론(陰靜陽動論), 오행론(五行論)을 표현하고자 시도했다. 그만큼 그는 이 작품의 공연에서 동양적인 내용과 정서를 표현하려고 노력하였다.[20] 내용과 형식 양면에서 동양적인 연극세계를 추구하려고 애쓴 것을 알 수 있다.

〈초분〉의 한국 공연보다 미국 공연이 "더 동양적"이었다는 것은 무슨 말인가. 〈초분〉의 미국 공연에서 서양인의 구미에 맞는 왜곡된 동양인식이 추구된 것이라고 할 수 있다. 국내 공연보다 "더 동양적"인 〈초분〉의 미국 공연이 최승희의 "동양적인" 미국 무용공연과 어떤 차이가 있을까. 일본에서 이루어진 장혁주의 "조선적인" 〈춘향전〉 공연과는 어떤 점에서 큰 차이가 있을까. 공연을 보는 시선 주체를 서양인을 기준으로 설정하고 서양의 박물학적 시선에 맞춰 우리 연극을 스스로 낯설고 이국적인 풍경으로 배치하고, 전시하는 방식이 유덕형 연출의 〈초분〉 미국 공연과 크게 다르지 않은 것이다. 〈초분〉 공연은 우리가 알고 있는 실재하는 동양의 모습이 아니며, 서양인의 구미에 맞게 발명된 가상의 동양에 가깝다. 서양인에게 매혹적인 〈초분〉의 동양세계는 실제로 동양인에게 매우 낯설고 이국적인 세계인 것이다. 이렇게 난해하고 낯설고 이국적인 동양적 세계, 우리

19) 유덕형, 「나의 〈초분〉 이야기」, 『한국연극』, 1982.9, 30면.
20) 유덕형, 「〈초분〉 연출 노트」, 『연극평론』, 1973년 여름, 52면.

자신도 어려워서 이해할 수 없는 동양이란 것이 존재할 수 있을까. 그것이 아무리 인간 삶의 원형성, 근원성을 상징하는 것이라 할지라도 '동양연극'을 서양인의 시각에서 표현하여 동양 스스로를 낯설고 이국적인 미지의 별세계로 재현하는 자기 주변화(self-orientalizing)를 범했다는 점은 피할 수 없는 사실일 것이다. 이러한 점에서 과연 '동양연극(oriental theatre)'이라는 개념 자체가 동양이 동양의 연극적 유산과 정체성을 표현하는 주체적인 개념인가 하는 의문을 품게 만든다. 이미 동양연극이라는 말 속에서 식민성이 담겨있다는 점을 인식할 필요가 있다.

오태석 또한 이 시기에 일련의 한국적 전통 수용 작업에 몰두하였는데, 내용 면에서는 전통극 기법을 많이 사용했지만 연출 면에서는 서구적 기법을 쓰고 있다는 평을 받았다.[21] 〈쇠뚝이 놀이〉와 같은 경우가 그러한 평가를 받았다. 안민수의 〈하멸태자〉의 경우도 다르지 않다. 몰리에르의 〈스카펭의 간계〉와 셰익스피어의 〈햄릿〉을 한국적(동양적)으로 각색한 〈쇠뚝이 놀이〉와 〈하멸태자〉는 문화상호주의(interculturalism)적 작업으로 평가받을 만하다. 그러나 작품 실제에서는 다소 차이가 나타난다. 〈쇠뚝이 놀이〉는 하인 스카펭이 주인을 골탕 먹이는 희극적 이야기를 우리 가면극에서 비슷한 인물 유형인 쇠뚝이와 말뚝이를 끌어와 새로운 창의적 이야기로 탈바꿈한 점에서 참신하다. 작가 자신은 몰리에르의 희곡을 번안해보라는 유치진의 지시에 따라 몰리에르의 희곡을 갖다놓고 그저 라인을 옮겨 적었을 뿐이라고 말하지만,[22] 서양인의 시선과 구미를 의식하지 않고

---

21) 「합평, 이번 호의 문제작들」, 『연극평론』, 1972년 가을, 72면.

우리 전통연희의 실제에 가까운 창조적 세계를 만든 점은 평가할 만하다.

한편 안민수의 〈하멸태자〉는 〈햄릿〉을 한국적으로 각색했다고 하는데, 실제 작품에 나타난 모습은 다소 낯선 서구화된 동양의 이미지이다. 남사당패놀이, 상여소리, 피리소리와 같이 한국적 연희 요소를 일부 살리기는 했지만 표현기법으로 일본의 가부키나 노의 방법을 사용하여 국적불명의 모호한 연극이 되었다는 평가를 받기도 했다. 특히 평론가 서연호는 〈하멸태자〉의 '양식적 이국성'을 지적하면서 "일본풍토에 딱 들어맞는 작품"이라고 평했다. 그는 "굳이 그런 식의 이국적 정취를 강하게 풍길 바에야 애초에 그 실력으로 원작 「햄릿」을 그대로 공연하는 게 훨씬 더 설득력이 있고 공감이 갈 뻔하였다"고 지적하면서 번안 의도 자체에 의문을 표하였다.[23] 이러한 원인은 어디에서 비롯될까. 김숙현이 행한 안민수와의 인터뷰(2002.11.21)를 들어보자.

김숙현 : 하와이대학에서 보고들은 것들이 선생님 연극에 많은 영향을 끼쳤으리라 본다.

안민수 : 물론이다. 인도의 카타칼리, 경극, 노, 가부키, 이런 것들을 보면서 나 자신에 대해서 다시 발견하게 되었다. 동양인으로서의 나. 양식미를 함축한 고급하기도 하고 파퓰러하기도 한(연극), 새롭게 발견을 한 것이다. 한국연극이 전체적으로 답답하고 우울한 터였다. 사실 나는 동

22) 오태석 · 서연호 대담, 장원재 편, 『오태석 연극—실험과 도전의 40년』, 연극과인간, 2002, 55면.
23) 서연호, 『동시대적 삶과 연극』, 열음사, 1988, 320~321면.

> **양연극의 바탕에서 출발한다.** 많이 봤다. 대단히 감명 받았다. 당연히 (작품에 있어) **동양극의 원리, 테크닉이 바탕이 되었다.** 유학 당시는 1960년대 말에서 70년대 초, 실험극의 만개시기였으니까 동양극의 영향을 받았고, 또 영감을 받은 게 많은데, 이를테면 노나 가부키 못지않게 톰 오호간의 〈헤어〉, 로버트 윌슨의 작품들에서 영감을 받았다. 그리고 또 리차드 쉐크너, 줄리앙 벡, 주디스 말리나의 연극을 보면서, 실은 내가 동시대의 연극인으로서 같이 가고 있었다. 실질적으로 뒤지지 않았다. 그 당시 한국은 외국과 차단되어 있었다. **이건(내 작품은) 새로울 수밖에 없었다.**[24] (강조는 인용자)

안민수는 하와이대학 유학 시절 일본의 가부키, 노, 중국의 경극, 인도의 카타칼리 등을 보면서 연극을 익혔다. 동양연극의 원리, 테크닉이 그의 연극의 바탕이 되었다. 그가 배운 '동양연극'(oriental theatre)은 1960년대 서양의 전위연출가들에게 영향을 끼친 동양연극의 실체와 거의 일치하는 것이었고, 그가 배운 동양연극의 원리, 테크닉이라는 것도 미국의 대학 연극학과를 통해 수용된 것이었다. 따라서 그가 미국에서 배운 동양연극이란 서양화된 동양(westernized East), 서양에 의해 주변화된 동양(orientalized the East)의 연극일 수밖에 없었다. 그는 자신이 미국에서 배운 동양연극의 원리, 테크닉을 응용하여 〈하멸태자〉를 만들었던 것으로 보인다. 그러므로 그는 미국에서 "동양인으로서의 나"를 발견했다고 하지만 자신의 연극에서 진정 실재하는 동양의 모습을 그리지는 못했다. 그는 자신의 연극 속에서 진정한

24) 김숙현, 『안민수 연출미학』, 현대미학사, 2007, 373~374면.

아시아인의 삶을 그리기보다는 서구화 된 동양(the Orient)의 형상을 그리려고 했다. 동양인 스스로 자기가 속한 동양세계를 서양적 시각에서 바라보면서 무대화한 셈이었다. 당시 많은 평론가들이 〈하멸태자〉를 보고 국적불명의 연극이라고 비판했던 근본적 원인은 바로 이러한 점에 있었던 것이다. 대신 그는 동양연극의 양식적 미를 구축하는 실험을 했다는 점에서 더 큰 만족을 얻어야 했다.

5. 결론 '동양적' 연극을 넘어 '한국적' 연극으로

오태석은 자신의 희곡에 나타난 생략과 비약이 한국적 연극전통에서 유래한 것이라고 설명하였다.[25] 그러나 그가 한국적 연극세계에 본격적으로 접하기 전에 쓴 〈환절기〉, 〈유다여 닭이 울기 전에〉, 〈롤러스케이트를 타는 오뚝이〉와 같은 작품에서도 이러한 특징이 나타나는 것을 보면 그의 희곡에 나타난 초논리성, 생략, 비약이 반드시 한국적 연극전통과 연관된다고 보기 어렵다. 그의 연극적 출발점인 부조리극과 연관되는 것으로 볼 수도 있다. 윤대성의 1970년대 희곡 중에 〈망나니〉,[26] 〈노비문서〉, 〈너도 먹고 물러나라〉 등은 한국적 연극전통의 영향을 받은 작품들이다. 그러나 〈망나니〉와 〈노비문서〉는 실상 동양적 연극전통보다는 차라리 서사극의 영향이 더

25) 오태석 · 서연호 대담, 장원재 편, 앞의 책, 9~19면.
26) 〈망나니〉는 1969년 실험극장이 공연한 작품으로서 엄밀한 의미로 1970년대 작품은 아니지만 1970년대의 새로운 연극적 흐름과 연관되는 것이다.

큰 작품이다. 〈망나니〉에서 마당쇠의 인생을 놓고 내기를 거는 노승, 고석의 극적 개입이 그러하고, 〈노비문서〉에서는 코러스의 서사적 개입이 서사극적이라는 인상을 준다. 〈망나니〉와 〈노비문서〉에는 노승, 취발이 등 가면극의 인물 유형이 등장하고, 가면극놀이의 한 장면이 삽입되기도 하지만 다소 인위적인 삽입이라는 인상이 든다. 윤대성 희곡의 진정한 본령은 차라리 서사극적 형식과 사회성의 결합에 있는 것이라고 할 수 있다.

그러나 오태석은 한국적 연극세계의 창조를 일생의 과제로 지속해왔다는 점에서 1970년대의 다른 작가들과 차이점이 있다. 〈춘풍의 처〉, 〈사추기〉, 〈여자가〉, 〈자전거〉, 〈부자유친〉, 〈백구야 껑충 나지 마라〉, 〈백마강 달밤에〉 등을 통해 일관되게 한국적 연극을 추구해 왔다. 그에게는 한국적 연극세계가 극작 및 연출 작업에서 내면화되어 있는 양상을 보여준다. 그는 타자에게 보여주기 위해 만들어진 가상의 동양을 창조하기보다는 실재하는 한국인의 삶과 역사, 정서와 사상에 바탕을 둔 '한국적인 것'을 창조하려고 한다. 윤대성의 경우도 그러한 점이 있다. 가령, 〈너도 먹고 물러나라〉와 같은 작품에는 한국인의 삶과 정서가 내면화되어 있는 한국적 세계가 표현되었다.

동양적인 것, 혹은 동양의 가치를 발견하고 그것을 연극적으로 재현하는 작업은 그 자체로 문제될 것이 없다. 그러나 중요한 것은 동양의 의미를 발견하는 작업에는 반드시 끊임없는 긴장과 성찰이 필요하다는 사실이다. 왜냐하면 동양을 말한다는 것은 반드시 서양을 전제로 해야만 하기 때문이다. '서양 / 동양'이라는 이분법은 심상지리적 관념을 전제로 한 것이다. 그리고 이 심상지리 관념 자체에 이미 '서양이라는 보편'과 '동양이라는 타자(특수)'의 구분이 내재되어 있다. 그래서 우리가 동양을 말하면 말할수록 그것은 역설적으로 '세계사적 보편으로서의 서양 / 세계사 바깥의 동양'이라는 서양발 심상지리 관념을 인정하는 것이 되게 마련이다.[27] 그리고 이 서양발 심상지리 관념에는 자연스럽게 오리엔탈리즘의 시각이 내재되어 있다. 동양인 스스로가 말하는 동양이라는 말 속에는 논리적 함정이 있을 가능성이 높다. 따라서 동양, 동양적인 것, 동양연극(oriental theatre)을 주장하는 데 신중해야할 필요가 있다. 우리는 그러한 사례를 이미 1940년대와 1970년대의 동양적 연극을 통해 살펴보았다. 동양적인 것을 말하기보다는 차라리 우리 한국인의 삶과 역사, 정서와 사상을 표현한 한국적인 연극을 추구하는 것이 보다 정직하고 자연스러운 태도가 아닐까 생각한다. 그것이 결국 보편적 인간을 표현하고 추구하는 길과 만날 것이기 때문이다.

27) 고야스 노부쿠니, 이승연 역, 『동아, 대동아, 동아시아』, 역사비평사, 2005, 56~64면.

2부

근대극과 젠더, 아동, 국민

근대계몽기의 연극개량론과 서사문학에 나타난 국민국가 인식

입센주의와 여성, 그리고 한국 근대극

함세덕과 아이들

북한 희곡에 나타난 이상적 여성국민 창출의 양상

근대계몽기의 연극개량론과 서사문학에 나타난 국민국가 인식

1. 머리말

이 글은 근대 계몽기(1900년대)의 연극개량론과 서사문학이 서로 어떠한 관련을 맺고 있으며, 또 그것이 국민국가 담론이라는 차원에서 어떻게 해명될 수 있는지에 대해 살펴보는 것을 목적으로 한다. 그동안 근대 계몽기의 연극개량론 및 서사문학에 관한 주목할 만한 연구 성과가 많이 생산되었다. 대략 1970년대 이후의 연구 성과만 살펴보아도 연극개량론의 경우, 유민영, 서연호의 선행 연구가 주목되고,[1] 서사문학의 경우, 전광용, 송민호, 조동일, 최원식 등의 연구가 선도적 성과로 꼽힌다.[2] 1990년대 이후에 들어서 학계 전반에 근대

1) 서연호, 『한국근대희곡사연구』, 고려대 민족문화연구소, 1982; 유민영, 『개화기 연극사회사』, 새문사, 1987.

2) 송민호, 『한국 개화기 소설의 사적 연구』, 일지사, 1975; 최원식, 『민족문학의 논리』, 창작

성(modernity)의 형성과 창출에 대한 관심이 높아지면서 한국 근대문학 분야에서도 개화기, 또는 근대 계몽기에 문학적 '근대'가 어떻게 창출되는지에 대한 논의가 활발하게 전개되었다. 이에 따라 이 분야에서 주목할 만한 연구 성과가 쏟아져 나왔다. 특히 서사문학 분야에서는 단행본을 중심으로 꼽아보면 최원식, 김영민, 한기형, 정선태, 권보드래, 김찬기 등의 연구 성과가 주목을 끈다.[3] 근대 계몽기의 연극 분야에서는 양승국의 연구가 가장 앞서있는 가운데,[4] 다지리 히로유키[田尻浩幸],[5] 김재석, 백현미, 이상우, 사진실,[6] 우수진, 김기란 등의 논문 및 단행본들이 이 시기의 연극개량 및 개량론에 관한 세부적 논의를 보완하였다.[7] 그럼에도 불구하고 근대 계몽기의 연극개량과 서사문학의 상호관련성에 대해 주목한 연구는 거의 없었다고 할 수 있다. 근대극과 근대소설, 연극과 문학 연구자들 사이에 활발한 학문적 소통의 기회가 거의 이루어지지 못한 데 그 근본적 원인이 있다고 할 수 있다.

사실 근대 계몽기라는 시기는 한국이 근대 국가로서 자주와 독립을 확보할 수 있느냐 하는 문제에 국가적 운명을 걸었던 때였으므로 각 분야의 모든 논의가 정치성을 강하게 띠는 근대 국민국가 담론으

과비평사, 1982; 조동일, 『신소설의 문학사적 성격』, 서울대 출판부, 1983; 전광용, 『신소설연구』, 새문사, 1986.

3) 김영민, 『한국근대소설사』, 솔, 1997; 한기형, 『한국 근대소설사의 시각』, 소명출판, 1999; 정선태, 『개화기 신문 논설의 서사 수용 양상』, 소명출판, 1999; 권보드래, 『한국 근대소설의 기원』, 소명출판, 2000; 최원식, 『한국계몽주의문학사론』, 소명출판, 2002; 김찬기, 『한국 근대소설의 형성과 전(傳)』, 소명출판, 2004.

4) 양승국, 『한국신연극연구』, 연극과인간, 2001.

5) 다지리 히로유키, 『이인직 연구』, 새미, 2006.

6) 사진실, 『공연문화의 전통』, 태학사, 2002.

7) 다른 연구자들의 연구 성과는 참고문헌 목록을 참조할 것.

로 수렴되던 특수한 시기라고 할 수 있다. 정치, 사상, 언론, 역사, 문학, 연극이 공통된 정치 담론의 장에서 서로 마주칠 수 있었던 혼종의 시대였다. 때문에 이인직, 신채호, 박은식, 장지연 등과 같은 당대의 지식인들이 근대 국민국가 담론의 자장을 통해 정치, 사상, 언론, 역사, 문학, 연극이라는 장에서 다채롭게 만나게 되는 것이다. 그러나 근대 계몽기의 대표적인 지식인들이 참여한 모든 담론 활동의 영역을 종합적으로 검토하는 것은 무리이므로 이 논문에서는 연극과 서사문학의 관련성에 특히 논의를 집중하고자 한다. 비록 연극과 서사문학의 관계에 주목하더라도 결국 국민국가 담론이라는 차원에서 이러한 주제가 근대 계몽기의 정치, 사상, 언론, 역사 등의 문제와 다시 결부되기 때문에 폭넓은 시각에서 근대 계몽기 연극개량론과 서사문학의 관련성을 고찰하지 않을 수 없다.

이 글은 당시 정치인, 정치 사상가이자 언론인이면서 동시에 서사문학 작가이자 연극 관여자이기도 했던 이인직과 신채호, 박은식, 장지연 등의 연극개량과 서사문학에의 관련성에 주목함으로써 이들의 연극개량 논의가 당대의 문학 장(場), 더 나아가 정치 담론의 장(場)과 어떠한 연관을 맺고 있으며, 또 그것이 어떻게 근대 국민국가 담론의 시각에서 해명될 수 있는지를 살펴보기로 하겠다.

2. 연극개량론 일본과 한국

1) 일본의 경우—로쿠메이칸, 또는 극단적 서구화주의의 산물

연극개량론은 메이지 시대인 1880년대에 일본에서 창출된 연극담론으로서 한국에는 대한제국 후기인 1900년대 중후반에 영향을 미쳤다. 근대 국민국가의 창출을 목적으로 한 사회개량론의 일환으로써 연극개량 논의가 발생했다는 정황은 한국과 일본이 유사하나 그 근본 맥락에는 큰 차이가 있다. 일본과 한국에서 공히 정치적 목적에 의해 연극개량론이 발생했다는 점에서 공통점을 갖고 있지만 일본의 경우는 '연극개량회'로 대표되는 메이지 정부의 정치 지도자에 의해 연극개량 논의가 주도되었지만 한국의 경우에는 친일적 정부 내각에 비판적인 민족주의자들에 의해 연극개량 논의가 전개되었다는 점에서 차이가 있다.

일본의 경우 연극개량운동이 발생한 근본 원인은 서구 열강과 체결한 불평등 조약을 개정해야 하는 이토 히로부미[伊藤博文] 내각의 정치적 과제에서 비롯되었다. 불평등 조약 문제가 일본 내부에서 민족 자존심의 회복을 주장하는 우파 세력들의 강한 저항(征韓論이 대표적)을 불러일으켰다. 이는 부국(富國)의 길과 강병(强兵)의 길 사이에서 어느 쪽을 더 중시해야하는지에 대한 사회적 논란 속에 산업부국을 우선시하는 당시 내각에게 정치적 난관으로 작용하였다.[8] 조약 개정의 핵심

8) 영국 런던대학(SOAS) 동아시아학과 교수를 역임한 W. G. 비즐리는 일본사 연구에 있어서 세계적인 명성을 얻고 있는 학자다. 비즐리는 자신의 저서 *The Rise of Modern Japan*(3판,

사안은 과거 외국과 체결한 불평등조약에 명시된 거류 외국인의 치외법권 문제였다. 이 문제가 바로 일본의 자존심과 관련되는 것이었다. 치외법권 문제는 근대적 법률제도를 가진 근대국가 일본의 자존심에 먹칠을 하는 일이었다. 따라서 메이지 정부가 조약 개정 문제를 해결하기 위해서는 서양 세계에 일본이 서양과 다름없는 근대 문명국가라는 사실을 인식시켜야만 했다. 메이지 정부는 사법 제도의 개선을 위해 노력하는 한편 일본 내에 잔존하는 전근대적 문화를 척결하고, 서양식 사회개량에 몰두하게 된다. 서양식 건축, 서양식 복장, 서양식 미술, 서양식 음악으로 일본의 사회, 문화, 풍속 전반을 개량(서구화)하는 움직임이 1880년대에 일본 사회 전반에서 유행하게 된다. 서양식 연극의 기준에 맞춰 일본의 종래 연극을 개량하자는 논의도 이러한 흐름 위에서 등장하게 된다.

일본에서 '로쿠메이칸 시대[鹿鳴館時代]'라는 말은 극단적인 서구화 시대를 의미한다.[9] 로쿠메이칸 시대라는 말은 1880년대에 도쿄에 세워진 로쿠메이칸[鹿鳴館]이라는 서양식 홀에서 유래하였는데, 이 서양식 홀은 당대 극단적인 풍속개량(서구화)의 상징이다. 로쿠메이칸은 일본 관료들이 외교관 및 여타 외국인 거류민들과 만난 수 있는 장소를 제공하기 위해 세운 홀이다.[10] 이곳에서 밤마다 서양음악이 연주되고 서양무도회가 열렸는데, 이는 일본이 서양과 같은 근대 문명국가임을

2000)에서 일본 근대사가 '부국'과 '강병', 그리고 '전통'과 '근대'의 두 가지 길항작용에 의해 발전해왔다고 분석하였다. W. G. 비즐리, 장인성 역, 『일본근현대사』, 을유문화사, 2004 참조.

9) 秋庭太郎, 「明治二十年前後の演劇改良運動における脚本改革問題について」, 『商學集志』 第44券, 東京 : 日本大學商學研究會, 1974, 438면.

10) 비즐리, 앞의 책, 158면.

서양인들에게 알려 조약 개정을 받아내려는 메이지 정부의 정치적 의도에서 비롯된 것이다. 메이지 정부의 초대 수상 이토 히로부미는 이러한 정치적 맥락에서 연극개량을 추진하였다. 1860년대에 영국 유학 경험이 있는 이토에게 연극과 극장은 문명(文明)의 상징으로 인식되었다. 문명국가(서양)에서 극장은 교양 있는 신사숙녀들의 사교장처럼 비쳐졌기 때문이었다. 즉, 연극 극장은 로쿠메이칸과 동류의 것으로 인식되었던 것이다.

이러한 맥락에서 이토는 연극개량작업에 박차를 가하게 된다. 이토의 막후지원에 의해 스에마쓰 겐초[末松謙澄]가 주창자가 되고 고급 관료, 정치인들이 발기인이 되어 1886년에 연극개량회(演劇改良會)가 창립된다. 연극개량회의 설립 의도는 스에마쓰가 쓴『연극개량의견(演劇改良意見)』(1886)이라는 책에 잘 반영되어 있다. 거기서 그는 서양풍의 극장 건설, 흥행(공연)시간의 단축, 하나미찌[花道], 초보[チョボ], 온나가타[女形]의 폐지, 장치개량 등 주로 서양식 근대극장의 설립과 가부키 공연관습의 폐지를 통한 가부키 개량을 주장하였다. 내용적인 면에서는 서민연극인 가부키를 중류 이상의 관객이 즐길 수 있는 고상한 작품으로 만들 것을 요구하였다.[11] 후에 쓰보치 쇼요[坪内逍遙], 모리 오가이[森鷗外] 등에 의해 비판 받은 것처럼,『연극개량의견』에 반영된 연극개량회의 개량 목적은 다분히 귀족적인 취미에 기인한 것이었다. 때문에 연극개량회의 개량 논의에는 서양식 극장의 설립이 우선적으로 요구되었으며, 또 내용적으로 상류층까지 함께 즐길 수 있는 우미고상[優美高尙]한 가부키의 개량이 필요했던 것

11) 스가이 유키오, 서연호 · 박영산 역,『근대일본연극논쟁사』, 연극과인간, 2003, 12~17면.

이다. 가장 시급한 목적은 근대적 시설 문제, 즉 '극장개혁(劇場改革)' 이었다. 국빈을 초대하면 의례적으로 관극일(觀劇日)을 일정에 넣는 것이 문명국의 관습이었기 때문에 봉건시대의 목조건물에 등받이 의자도 없는 다다미 관객석에 국빈과 외국 사절을 초청할 수 없는 노릇이었기 때문이다.12) 뿐만 아니라 연극개량운동의 목적에는 일본도 서양과 같이 황족, 귀족이 시민들과 더불어 연극을 즐기고 있다는 것을 선진 제국에 과시하는 대외적인 역할도 있었던 것이다. 연극개량회의 목적은 조약 개정을 위한 극단적이고 맹목적인 서구화주의의 일환이었고, 이를 통해 일본이 서구 제국과 어깨를 나란히 할 수 있는 근대 문명국가라는 것을 과시하는 것이었다.13) 또 연극개량회가 거둔 하나의 정치적 성과라면, 메이지 천황과 황족이 직접 가부키 공연을 관람하도록 만들어 가부키를 천황관람극(天皇觀覽劇)(이른바 '天覽劇')으로 이끌었다는 점이다. 이를 통해 가부키가 일약 일본의 국민연극(National Theatre)이 되도록 지위를 격상시켰다는 데 있다.

연극개량회의 연극개량론이 외형적인 면(극장 개량과 정치 목적)에 치중한 것이라고 한다면 보다 실질적인 개량 논의는 쓰보치 쇼요[坪內逍遙], 모리 오가이[森鷗外], 일본연예교풍회(日本演藝矯風會) 등에 의해 이루어진다. 한 마디로 그것은 '각본개량(脚本改良)'의 문제로 집약된다. 셰익스피어의 번역자이자 『소설신수(小說神髓)』의 저자로 유명한 쓰보치는 「연극개량회의 창립을 듣고 의견을 말하다[演劇改良會の創立

12) 秋庭太郎, 앞의 책, 437면.
13) 吉村壽夫, 「歌舞伎－演劇改良運動」, 『愛知學院大學大學院 文學硏究科 文硏會紀要』 第9號, 1998.3, 29면.

をきいて卑見を述べる」」(1886)에서 연극에서 가장 긴급을 요하는 개량은 각본 개량이라고 말하면서, 이는 연극개량의 중심이며 바탕이라고 하였다. 또 소설가 모리는 「연극개량론자의 편견에 놀라다[演劇改良論者の偏見に驚く]」(1889)에서 스에마쓰의 연극개량은 극장 개량일 뿐이라고 비난하면서 진정한 개량 논의는 각본 문제여야 한다고 주장했다. 한편, 연극개량회 해산 후인 1888년 7월에 발족한 일본연예교풍회(日本演藝矯風會)는 타나베 렌슈[田辺蓮舟]를 회장으로 하여 카토 히로유키[加藤弘之], 모리타 시켄[森田思軒], 쓰보치 쇼요[坪內逍遙] 등이 참여하였는데, 이 모임은 연극개량회의 설립 목적과 달리 연극 개량의 중점을 '각본 개량'에 두었다는 점에 차이가 있다.[14] 이들의 각본 개량 논의를 중심으로 한 연극개량론은 결과적으로 큰 성과 없이 끝이 나긴 했지만 연극개량 논의를 연극의 실질적인 내용 개선 문제에까지 착근시킨 점, 별다른 성과는 없었지만 소설가들을 연극에 투입해 각본을 쓰도록 시도했다는 점 등으로 미루어 볼 때 매우 의미있는 논의가 된 것은 분명하다.

2) 한국의 경우—민족 영웅이야기, 또는 민족자강운동의 편린

한국에서 연극과 관련된 신문 기사가 등장하기 시작하는 것은 1900년을 전후한 무렵이지만 신문에 연극에 관한 본격적인 논의가 나타나는 시기는 협률사가 재개장되었다가 폐지되는 1906년경이라

14) 秋庭太郎, 앞의 책, 433면.

고 보아야 한다. 1900년경부터 1905년까지 연극 관련 신문 기사는 연극에 관한 단순한 보도 수준에 머물렀다. 주로 공연장 안과 밖에서 일어난 사건사고, 극장 설립이나 공연 소식 등을 알리는 단순 보도가 대부분이었다. 그러나 1903년 가을 이후 연희장의 사용을 중단한 협률사가 1906년 봄에 다시 문을 열면서 신문지상에 협률사 재개장에 관한 논의가 시작되는데 이것이 바로 신문에 나타난 연극 논의의 시작인 셈이다. 『대한매일신보』에 실린 「논협률사(論協律社)」(1906.3.8), 「책협률사관광자(責協律社觀光者)」(3.16), 「율사지폐(律社之弊)」(4.7), 「율사불파(律社不罷)」(5.3), 「우일잡류(又一雜類)」(5.20), 「희상풍파(戱傷風波)」(8.28) 등과 『황성신문』에 실린 「경고율사관자(警告律社觀者)」(1906.4.18), 「율사혁파(律社革罷)」(4.25), 「훈파율사(訓罷律社)」(4.27), 「연희장(演戲場)의 야습(野習)」(1907.11.29) 등과 같은 논설이 그 대표적 사례다. 제목을 보아도 알 수 있듯이 이 시기의 신문에 게재된 연극 관련 논의는 대부분 재개장한 협률사의 폐지에 관한 주장들이다. 엄밀히 말하면 1906년 무렵의 협률사 폐지론은 연극개량론이라고 보기 어려운 측면이 있다. 협률사 연희의 폐단을 개선하여 바람직한 근대 연극을 만들자는 취지가 아니라 협률사의 연극(연희)은 미풍양속을 해치고 인민의 재물을 탕진케 하므로 극장 문을 닫아야 한다는 '연극 부정론'15)이 대부분이었기 때문이다.

당시 협률사 폐지론은 협률사의 ① 의혹론과 ② 해악론 두 가지로 나뉜다. 즉, 협률사의 설립 배경과 운영을 둘러싼 의혹에 대한 비판,

15) 우수진, 「개화기 연극개량론의 국민화를 위한 감화기제 연구」, 『한국극예술연구』 제19집, 2004.4, 42면.

그리고 협률사 연희가 사회풍속에 미치는 해악성에 대한 비판으로 대별된다. 협률사가 군악대 경비 마련을 위해 장봉환이 주청하여 설립된 것이어서 설립 동기가 의문스럽다거나, 협률사 운영을 위한 자금 출처가 일본인이므로 관립으로 운영하는 것은 부당하다는 의견[16]이 전자에 해당된다. 후자의 논의로는 협률사가 '음일풍류지장(淫逸風流之場)이요, 육취민재기관(戮取民財機關)'이기 때문에 폐지해야 한다는 비판[17]으로 압축된다. 즉, 협률사가 음탕하고 안일한 풍류를 일삼아 사회 풍속을 해치고 입장료로 관객의 주머니를 털어서 인민의 경제를 어렵게 만들 뿐 아니라 한 걸음 나아가 청년[國民子弟]들의 건전한 국민의식을 해치므로 극장(연극)을 없애야 한다는 것이다. 연극(연희), 극장을 반사회적, 반경제적, 반국민적 존재로 인식했다는 점에서는 협률사 폐지론이 낡고 보수적인 유교 인식에 토대를 두고 있는 한계가 있기는 하지만, 극장 폐지의 논의가 결국 건전한 국민의식 함양이라는 목적으로 귀결된다는 점에서 주목을 요한다. 1907년 11월 『황성신문』의 한 논설에는 다음과 같은 대목이 나온다.

> 我國의 소위 演戱라 하는 것은 毫髮도 自國의 精神的 思想이 無하고 단 其淫舞醉態로 春香歌니 沈淸歌니 朴僉知니 舞童牌니 雜歌니 打令이니 하는 奇奇怪怪한 淫蕩荒誕의 伎를 演하며 噍噍嘈嘈한 促急迫切의 音을 奏하여 無賴子弟의 心志를 放蕩케 하며 閭巷婦女의 淫風을 鼓動하여 囊中의 殘金을 取할 뿐인즉 實로 亡國의 音戱라 外國과 如히 可觀의 伎藝라든지

---

16) 「論協律社」, 『대한매일신보』, 1906.3.8; 「責協律社觀光者」, 『대한매일신보』, 1906.3.16.
17) 「又一雜類」, 『대한매일신보』, 1906.5.20.

可感의 故事라든지 足히 風化를 補하며 思想을 發할 **國家的 觀念은 絶無 하니**[18] (강조는 인용자)

협률사를 비롯한 극장에서 공연되는 한국의 연희에는 국가 관념이나 국민사상, 애국사상이 결여되어서 문제라는 인식이 나타나는 것이다. 이는 향후 연극(개량)에 관한 논의가 결국 국민국가(Nation-State) 담론과 무관하지 않게 전개되는 것임을 함의한다는 점에서 의미심장하다. 그럼에도 불구하고 1906년~1907년 사이에 신문지상에 벌어진 연극 논의, 즉 '협률사 폐지론'(연극부정론)은 연극과 극장의 필요성조차 제대로 이해하지 못하고 있다는 점에서 전근대적인 연극인식 수준을 크게 벗어나지 못하였으므로 근대적 연극론이라고 보기 어려운 한계를 지닌다.

연극개량에 관한 본격 논의는 원각사가 설립되고 신연극 〈은세계〉가 공연되는 1908년경에 재개된다. 이 무렵의 연극개량론으로는 「대연희장(對演戲場)하여 탄방인(嘆邦人)의 실기상성(失其常性)」(『황성신문』, 1908.5.5), 「극계개량론(劇界改良論)」(『대한매일신보』, 1908.7.12), 「연극계지이인직(演劇界之李人稙)」(『대한매일신보』, 1908.11.8), 「아국연희장(我國演戲場)」(『대한매일신보』, 1909.9.14), 「연희장(演戲場) 주인(主人)에게」(『서북학회월보』, 1909.10.31) 등의 논설이 대표적이다. 이 시기의 개량론이 전 시기의 연극론과 다른 점은 근대적인 연극과 극장의 필요성을 인정하면서 논의를 전개한다는 점일 터이다. 근대 문명국가라면 당연히 연극과 극장이 있어야 한다는 점을 분명하게 인식하고 있으며, 문명국가의

18) 「演戲場의 野習」, 『황성신문』, 1907.11.29.

연극처럼 우리 연극도 국민을 교화시킬 수 있는 방향으로 개량되어야 한다는 점을 주장하는 것이 '협률사 폐지론'으로 대표되는 이전의 연극 논의와 다른 점이다.

대표적인 한 사례를 살펴보면 다음과 같다.

> 彼文明 各國의 演戱場은 皆其世人의 善惡을 勸奬하며 國民의 忠義를 感發하기 爲하여 歌以諷詠하며 舞以形容하나니 演戱場이 亦一敎育意味를 寓하는 地어늘 今所謂 協律社와 團成社와 演興社는 適足히 人心을 蕩逸케 할 뿐이 아닌則 警官의 責이 有하는 者는 此를 禁止하든지 改良하든지.[19](강조는 인용자)

즉, 근대 문명국가의 극장은 국민을 교화하기 위하여 연극을 하는 데 비해 우리 극장들은 인심을 타락케 하는 연극을 하고 있으니 이러한 행태의 연극을 금지시키든지 개량하든지 양자택일하라는 주장인 것이다. 외형상 양자택일의 논법을 취하고 있으나 실상 서구 문명국가의 극장은 관객들에게 국민의식을 일깨워주는 교육기관으로서 기능하고 있으니 우리 극장도 국민 교화기관의 역할을 해야만 한다는 강력한 의사표명인 것이다. 이 무렵의 연극개량론의 기조는 대개 이와 같이 국민 교화에 목적을 둔 근대적 연극의 필요성을 인식하면서 그러한 목적에 부합하는 연극개량을 요구하는 방향으로 나가고 있다는 점이다. 이는 분명 연극을 부정하는 1906~1907년의 연극 논의와 확실히 구별되는 것이다.

19)「對演戱場하여 嘆邦人의 失其常性」,『황성신문』, 1908.5.5.

그보다 한발 더 나아간 논의가 연극개량의 구체적 방법을 적시한 경우라고 할 수 있다. 그러한 사례로는 「극계개량론(劇界改良論)」과 「연극계지이인직(演劇界之李人稙)」이 대표적이라고 할 수 있다. 「극계개량론(劇界改良論)」은 우리 극장은 음탕한 연희로 청년자제를 끌어들여 심지를 어지럽히고 의기를 타락케 하고 사상을 혼미하게 만들기 때문에 없애는 것이 좋지만 "人心風俗에 유익한 연극"을 공연하는 극장이 나온다면 찬성할 것이라고 주장한다. 그렇다면 "인심풍속에 유익한 연극"이란 어떠한 것일까. 논자는 나폴레옹의 예를 들어 설명하고 있다. 나폴레옹은 극장에 자주 갔는데 항상 비극이 아니면 보지 않았다는 것이다. 그 이유는 나폴레옹이 인격을 도야케 하는 능력에 있어 비극이 역사보다 더 뛰어나다고 보았기 때문이라는 것이다. 비극처럼 '인격을 도야케 하는 연극'이 바로 "인심풍속에 유익한 연극"일 것이다. 그러한 사례로 그는 성충, 계백, 박제상, 최영, 윤관, 정몽주 등과 같은 영웅호걸, 충신열사의 역사인물 이야기를 그린 연극을 제안한다.

大抵壹場에 悲劇을 演하야 英雄豪傑의 淋漓壯快한 往蹟을 觀하면 비록 庸者懦兒라도 此에서 感興할지며 忠臣烈士의 凄凉貞烈한 違標를 觀하면 비록 蠢奴劣僕이라도 此에서 奮起할지니 歷史에 如何한 偉人을 傳하던지 단지 其言行과 事實을 記錄하거니와 劇에 至하야난 不然하야 千古以上의 人物이라도 其容顏을 接하는듯 咳唾를 聽하는듯 하야 十分精神에 七分을 可得이라 今에 假令 成忠 階伯 朴提上 諸公을 演하면 其瑩潔한 狀態가 腦에 印하며 崔瑩 尹瓘 鄭夢周 諸賢을 演하면 其忠壯한

實跡이 眼에 照하야 畢竟 心往神移하야 高尚純潔한 心思가 自生할지니 所以로 劇을 可貴라 함이어늘 **乃者 今日國內에 存在한 劇은 只是 有害無益의 劇이오 壹個可觀의 劇이 無하니 此亦人民의 恥로다.**[20](강조는 인용자)

논자는 연극의 재현능력과 효용성을 간파하고 있다. 연극은 "千古以上의 人物이라도 其容顔을 接하는듯 咳唾를 聽하는듯 하야 十分精神에 七分을 可得"이라고 하였는데, 이는 과거의 역사 인물이 연극에서 재현되면 너무도 실감이 나서 역사 인물을 실제로 접하는 것과 같은 느낌을 주기 때문에 교훈 효과가 상당히 크다는 것이다. 따라서 최영, 윤관, 계백과 같은 영웅호걸이나 성충, 박제상, 정몽주와 같은 충신열사의 이야기를 연극으로 만들면 관객이 절로 감화 감동하여 그와 같은 인물들을 본받게 될 것이라는 주장이다. 관객에게 귀감이 될 만한 훌륭한 역사인물을 그린 연극을 만드는 것이 진정한 연극개량이며, 이러한 개량을 통해 연극이 "국민의 심리와 감정"을 도야할 수 있을 것이라고 보았다.

「연극계지이인직(演劇界之李人稙)」에서 논자는 연극개량을 약속하며 원각사를 설립한 이인직에게 "국민의 순수한 덕성"을 도야할 연극의 개량을 기대했더니 원각사가 온달, 을지문덕, 워싱턴, 나폴레옹과 같은 영웅호걸의 이야기는 연극으로 만들지 않고 "춘향가뿐 심청가뿐 華容道뿐"의 연극만 하고 있다고 타매한다. 더 나아가 이인직이 국민들의 애국심을 고취시킬 연극개량의 의지는 박약한 것 같고 오

20)「劇界改良論」,『대한매일신보』, 1908.7.12.

로지 자신의 소설을 팔아먹는 돈벌이에만 관심이 있는 것 같다고 비판하였다.

요컨대, 이러한 연극개량 논의의 핵심은 국민을 교화시킬 수 있는 국민(민족) 이야기를 소재로 삼은 '국민 연극'을 만들자는 것이다. 종래 진부한 내용의 연희는 모두 폐지하고 충신열사, 영웅호걸의 이야기를 다룬 연극, 즉 국민의식 함양에 유익한 연극을 만들자는 것이다. 그러나 이러한 개량 논의는 단지 연극 소재에 대한 개량 요구에 국한될 뿐 각본 개량의 문제(극작가 양성, 극작술)라든가 극장 및 공연 관습 개량의 문제로까지 확대되지 못했다는 점에서 관념적 논의에서 크게 벗어나지 못했다고 할 수 있다. 그 이유는 무엇일까. 가장 근본적인 원인은 연극개량 논의가 『황성신문』, 『대한매일신보』와 같은 민족주의 계열의 신문사 논설진에 의해 주도되었기 때문이다. 당시 『황성신문』의 논설진은 장지연, 박은식, 류근 등이었고, 『대한매일신보』의 논설진은 양기탁, 신채호, 박은식, 장도빈 등이었다. 이들은 대체로 유학과 한학을 공부하다가 신학문을 접한 사람들이다.[21] 물론 『황성신문』과 『대한매일신보』의 사상적 계보는 약간 다르지만,[22] 유학 및 한학 지식을 바탕으로 하면서 민족자강운동을 주창하는 민족주의 지식인들이 신문의 논지를 이끌었다는 점에서 큰 차이

21) 신채호는 성균관 박사(1906) 출신이고, 장지연, 박은식은 1909년 大同敎(공자교)를 창립할 만큼 유학에 뿌리가 깊은 인물들이다. 반면 박찬승에 의하면, 양기탁과 장도빈은 한학보다는 서양사상의 영향을 더 크게 받은 지식인으로 분류된다. 박찬승, 『한국근대정치사상사연구』, 역사비평사, 1992, 85면. 그러나 한성외국어학교 출신인 양기탁은 이 학교 입학 전에 한학을 공부하였다. 한성사범학교를 마치고 보성전문학교 법과를 다니면서 『대한매일신보』에서 논설을 집필한 장도빈의 경우는 한학을 공부했다는 사실이 확인되지 않는다.

22) 위의 책, 69~99면 참조.

가 없다. 이들은 '국가주의'라고 할 만큼 특히 국민정신, 국가사상의 고취에 커다란 관심이 있었다. 따라서 연극개량론을 주도한 이 민족주의 지식인들은 연극개량의 목표를 국민의식, 국가사상의 함양 및 고취에 두었던 것이다. 애초부터 그들에게 연극의 관습, 공연 스타일, 극장에 대한 개량 문제는 관심 밖에 있었던 것이다.

신문을 중심으로 연극개량론을 펼친 장지연, 박은식, 신채호 등 민족주의 지식인들은 1880년대에 일본에서 연극개량론을 전개한 '연극개량회' 멤버들과 연극관에 있어서 차이가 있었다. 연극개량회 멤버들은 당시 메이지 정부와 깊이 관련된 정치 인사들이었고 국민통합을 위한 국민연극 만들기라는 정치적 목적을 갖고 활동했지만[23] 명목상으로는 '연극'을 앞에 내세우고 개량을 주장하였다. 뿐만 아니라 그들은 서양식 근대극장의 설립과 가부키 공연관습의 폐지 등을 통해 제한적이나마 가부키의 실질적 개량을 추구하기도 하였다. 그러나 1900년대에 한국에서 연극개량을 요구한 민족주의 지식인들은 '국민'('민족') 만들기를 위한 수단으로서 연극의 개량을 요구했을 뿐 연극(전통연희) 자체의 근대적 개량에는 어떠한 실질적 관심도 보이지 않았다. 이는 이들의 인식 토대가 한학, 유학이어서 예술을 천시하는 보수적인 예술인식을 갖고 있었던 데다가 근대적 문화 인식의 부족, 그리고 지나친 정론(政論)적 사고방식과 관념성에 원인이 있었던 것이다.

23) 이상우, 「1900년대 연극개량운동과 근대국민국가 만들기」, 『한국연극학』 제23호, 2004.8 참조.

3. 연극개량론과 서사문학의 관계 국민국가 담론이라는 용광로

1908년 무렵의 연극개량 논의에서 흥미로운 사실은 연극개량론을 둘러싸고 벌어진 역학관계이다. 연극개량론자들의 주요 공격 대상이 된 인물이 이인직이고, 연극개량론의 주요 집필진이 신채호, 박은식, 장지연 등이라는 사실이다. 이인직과 신채호, 박은식, 장지연은 공교롭게도 관여한 분야에서 많은 공통점이 있지만 여러 면에서 대척적인 지점에 선 인물이다. 이들은 정치, 언론, 문학, 연극 등에 서로 공통적으로 관여하였으나 대척점에 서 있었다. 이인직은 일본에 의존한 근대화주의를 추구한 이완용 휘하의 친일 정치인이었던 반면 신채호, 박은식, 장지연 등은 민족자강운동 계열의 민족주의자였다. 언론 면에서, 당시 이인직은 친일신문인 『대한신문』 사장(1907)이었던 데 비해, 신채호, 박은식, 장지연은 민족주의 신문인 『황성신문』과 『대한매일신보』에서 논설위원, 주필 등으로 활동한 언론인이었다. 문학 면에서 보면, 이인직은 「혈의 누」(1906), 「귀의 성」(1907), 「은세계」(1908) 등 당대 최고의 인기 신소설을 쓴 작가였던 데 비해, 신채호는 「을지문덕」(1908), 「이순신전」(1908), 「동국거걸 최도통전」(1909) 등을, 그리고 장지연은 「애국부인전」(1907),[24] 박은식은 「서사건국지」(1907), 「천개소문전」(1911)[25]라는 역사전기소설을 집필하거나 번역한

24) 장지연의 「애국부인전」은 1907년 광학서포에 발행한 작품으로서 영국과 대적하다가 체포되어 화형 당하는 프랑스 여성 약안의 영웅담을 담은 것이다. 외국의 영웅담을 다룬 것이기에 번역, 또는 번안이라는 견해가 있기도 하나 창작 역사전기소설로 보는 것이 유력한 견해다. 김영민, 『한국근대소설사』, 솔, 1997, 112~113면.

25) 박은식의 「서사건국지」는 스위스의 건국운동을 다룬 역사전기 번역물인데, 그는 역사전기물을 창작하는 데에도 관심이 많아서 「을지문덕전」을 비롯해 여러 편의 역사인물고를

당시의 대표적인 역사전기소설 작가이기도 했다.[26)]

이러한 양 진영의 인물들이 당시 연극개량을 둘러싸고 다시 맞서고 있었던 것이다. 연극개량 논의의 입장에서 보면, 당시 원각사 설립자로서 원각사의 연극개량을 주도한 위치에 있던 이인직이 공격을 받는 입장에 있었고, 민족주의 언론사에 논설 집필진으로 있던 신채호, 박은식, 장지연 등이 공격하는 입장이었다. 그러니까 자세히

원각사

창작하였다.

26) 1900년대에 작가, 언론인 등 계몽적 지식인들은 당시 서구 제국주의에 의한 동양의 침탈이라는 정세에 대해 큰 관심을 갖고 있었고, 이에 대한 저술 및 번역 활동을 통해 민족의 경계심을 불러 일으켰다. 프랑스의 베트남 지배를 폭로한 『월남망국사』(1906), 필리핀 독립전쟁의 승리와 좌절을 그린 『비율빈전사』(1907) 등과 같은 번역서를 비롯해 미국 건국 영웅 조지 워싱턴의 전기를 이해조가 번역한 『화성돈전』(1908) 등이 대표적이다. 신채호, 박은식, 장지연의 역사전기소설도 이러한 맥락에 속하는 작품이라고 할 수 있다. 최원식, 『한국계몽주의문학사론』, 소명출판, 2002, 162~205면 참조.

들여다보면 당시 연극개량론은 메이지 정부의 연극개량운동을 모방하여 이인직 등의 친일 인사들이 시도한 원각사의 연극을 곱지 않은 시선으로 지켜보던 민족주의 신문의 집필진이 연극개량 논의를 통해 그들의 친일적 활동을 포괄적으로 비판한 것이라고 할 수 있다. 양 진영의 대표적 인물들이 이인직과 신채호, 박은식 등이었던 것이다. 흥미로운 점은 연극개량론이 당시의 서사문학과 깊은 관련성을 갖는데, 이 인물들이 여기에도 얽혀있다는 점이다.

당시 연극개량 논의는 소설과도 깊은 관련을 맺는다. 원각사에서 연극개량을 한다면서 내세운 작품이 이인직의 신소설을 연극화한 〈은세계〉이며, 원각사의 연극을 비판하면서 그 대안으로 을지문덕, 최영, 워싱턴, 나폴레옹 등과 같은 역사인물 이야기를 극화할 것을 제안한 민족주의 신문의 연극개량론 배후에는 신채호의 「을지문덕」, 「동국거걸 최도통(최영)전」과 장지연의 「애국부인전」, 박은식의 「서사건국지」, 「천개소문전」이라는 역사전기소설들이 버티고 있었던 것이다. 본격 역사전기소설은 아니지만 역사전기소설의 전 단계에 해당하는 역사인물 기사도 이러한 범주에 포함시킬 수 있다. 대개 『서우(西友)』, 『대한자강회월보』 등 민족자강운동 계열의 학회보에 실린 짤막한 분량의 인물기사, 또는 '인물고(人物考)'가 그것인데, 박은식의 「을지문덕전」(『서우』, 1907.1), 「양만춘전」(『서우』, 1907.2), 「김유신전」(『서우』, 1907.3)을 비롯해 장지연의 「민충정공영환전」(『대한자강회월보』, 1907.2) 등이 대표적이다. 뿐만 아니라 『대한매일신보』를 비롯한 근대 계몽기의 언론들에 게재, 발표된 단형 서사물들도 있다. 지면이 학회보이든 신문이든 관계없이 역사 인물들을 다룬 짧은 분량의 인물 기사(인물고)를 '단형 역사전기물'이라고 부를 수 있는데, 이것이 신채호, 박은식, 장지연 등의 긴 분량의 역사전기 소설로 발전해 나간 것인데, 이를 '장형 역사전기물'이라고 할 수 있다.[27)]

당시 민족주의 신문에 게재된 단형 서사물은 논설 형태를 갖지만 서사적 요소가 있는 '서사적 논설'과 논설의 요소가 다소 있지만 서사문학에 가까운 '논설적 서사'로 크게 대별된다. 그런데, 서사적 논설에서 점차 논설적 서사로 이행, 발전하면서 근대적 서사 양식이 형성되었다고 보는 것이 일반적 견해이다.[28)] 서사적 논설은 대개 1897년부터 1900년대 초반까지 『독립신문』, 『제국신문』, 『매일신문』, 『대한매일신보』 등을 통해 발표되었는데, 논설적 서사에 비해 상대적으로 신문 편집자의 목소리가 강하게 드러났다. 서사 방식에 따라 서술체 방식, 문답체 방식, 토론체 방식으로 나뉜다. 반면 논설적 서사 또한 유사한 민족 언론들에 발표되었는데 시기적으로는 서사적 논설과 비슷하거나 조금 늦다. 그 하위 유형으로는 「거부오해」, 「소경과 앉은뱅이 문답」, 「향로방문의생이라」 등 소설에 가까운 유형과 역사인물의 일화나 일대기를 다룬 인물기사 유형으로 양분되는 양상을 보여준다.[29)]

그 중에서 특히 연극개량과 관련을 지어 주목을 요하는 작품들이 소위 '논설적 서사'의 하위 유형으로 분류되는 '인물기사(人物記事)'형 단형

27) 김찬기, 「근대계몽기 신문 잡지 소재 인물기사 연구」, 『어문논집』 제50호, 민족어문학회, 2004, 179면.
28) 김영민, 『한국근대소설사』, 솔, 1997, 51~52면.
29) 김영민, 「근대계몽기 단형 서사문학 자료 연구」, 『근대계몽기 단형 서사문학 자료전집』 상, 소명출판, 2003 참조.

서사물이다. 이 서사물들은 대개 역사인물의 일화나 일대기를 서사적 형식으로 다룬 작품들인데, 『그리스도 신문』에 발표된 「라파륜 사적」(나폴레옹, 1901.5.16~30), 「을지문덕」(1901.8.22), 「원천석」(1901.8.29), 「길재」(1901.9.5), 「김유신」(1901.10.31~11.7), 『독립신문』에 게재된 「일백 륙십륙년 전 이월 이십이일에」(조지 워싱턴, 1898.2.22), 「모기 장군의 사적」(1899.8.11), 「덕국 재상 비사막씨는」(비스마르크, 1899.10.31), 『제국신문』에 발표된 「아라사 전 임금 피득 황제의 사적」(1899.10.12), 「덕국 사람 득뇌사의 사적」(1899.10.25), 「신라국 충신 박제상의」(1900.3.23), 『대한매일신보』의 「이태리국 아마치전」(1905.12.14~21) 등이 있다. 이 단형 서사물들은 주로 우리나라와 외국의 영웅호걸이나 충신열사의 일화나 일대기를 짤막한 서사형식으로 다루었는데, 나폴레옹, 워싱턴, 을지문덕, 김유신과 같은 전쟁영웅이나 박제상, 길재, 원천석과 같은 충신열사가 많이 소개되었다. 특히 역사인물 중에서 '인물기사'가 워싱턴, 아마치와 같은 독립투쟁의 영웅을 즐겨 다루었다는 점은 흥미롭다. 전쟁영웅(독립투쟁 영웅)이나 충신열사 이야기를 다룬 단형 서사물이 의도한 바는 무엇이었을까. 두말할 나위 없이 국권 상실의 위기에 놓인 당대 국민들에게 국민(민족)의식과 애국심을 확고하게 불어넣기 위한 계몽의 방편이었음에 분명하다. 그 일례로 「일백 륙십륙년 전 이월 이십이일에」라는 단형 서사물을 살펴보자.

> 와승돈이 곳 그 백셩들을 모혀 가지고 밤낫으로 죠련도 하며 연셜도 하야 영국 압뎨를 물리치고 미국 젼국 인민이 셰계에 자쥬독립하는 백셩이 되도록 하자고 권면하는 까닭에 그 백셩들이 다만 규칙잇는 군사만 될 뿐

이 아니라 나라 위하야 죽으랴는 마음이 사람마다 가젓는 고로 그 강하고 교련 잘한 영국 군사들과 싸홀 때에 군기도 변변히 가지지 못한 군사들이 죽기를 한하고 싸호는 기운 까닭에 영국 군사를 여러 번 패하고 또 와승돈의 공평한 행실과 실심으로 자쥬독립하는 것을 사랑하는 마음과 군사들을 상벌이 분명하게 대접한 힘으로 온 젼국에 잇는 졀믄 사람들이 그 장슈를 다만 무셔워할 뿐 아니라 사랑하기를 친부형갓치 넉이는 고로 인민들이 와승돈을 다만 대쟝이라고만 불을 것이 아니라 아버지라고들 하엿시며.[30](강조는 인용자)

이 서사물은 압제자 영국에 대한 미국의 독립투쟁과 미국 민주주의 정치제도의 정착과정에서 보여준 조지 워싱턴의 영도력을 높게 평가한 글이다. 미국 독립전쟁의 영웅 조지 워싱턴의 건국투쟁 영웅담을 강하게 부각시킨 것으로 독립전쟁 영웅의 서사를 통해 이를 읽는 독자로 하여금 워싱턴의 애국심과 독립 투쟁의지에 감화받도록 만들고자 의도한 것이다.

바로 이러한 점에서 인물기사 류의 단형 서사물은 신채호, 박은식 등의 역사전기소설과 매우 밀접하게 관련된다고 할 수 있다. 단형 서사물의 인물기사는 인물의 일생을 논설 1~2회 분량으로 요약적으로 제시하는 교훈적 성격의 논설이라 할 수 있는데, 이러한 논설에 거의 단행본 분량의 방대한 서사가 보태져 만들어진 것이 역사전기소설인 것이다. 이러한 이행과정에 영향을 미친 것이 「중동전기」, 「미국

30) 논설 「일백륙십륙년 전 이월 이십이일에」, 『독립신문』, 1898.2.22(김영민 · 구장률 · 이유미 편, 『근대계몽기 단형 서사문학 자료집』 상, 소명출판, 2003, 117면).

독립사」 등 번역 역사물, 번역 전기물이다.[31] 신채호, 박은식, 장지연 등의 역사전기소설 또한 인물기사처럼 을지문덕, 최영, 이순신, 연개소문 등 전쟁영웅 이야기를 주로 다뤘는데, 이를 통해 그가 의도한 것도 국민들에게 국민국가인식을 함양케 하기 위함이었다. 즉, 1890년대부터 1900년대까지 발표된 민족 언론의 인물기사와 번역 역사물, 번역 전기물이 신채호, 박은식 등의 역사전기소설로 직결된 셈이다.

이와 같은 맥락에서 당대의 단형 서사물은 당시 이인직 등에 의해 창작된 신소설과 갈등 및 대립관계에 놓여 있었다고 할 수 있다.[32] 당시 신채호, 박은식을 비롯한 『대한매일신보』의 논설 집필진들은 이인직의 신소설에 대해 매우 비판적인 입장에 있었다. 연극개량 논의에서 「연극계지이인직(演劇界之李人稙)」(『대한매일신보』, 1908.11.8)이라는 논설에도 나타나듯이, 당시 『대한매일신보』는 이인직이 쓰는 신소설이나 이인직이 주도하는 원각사 연극이나 모두 건전한 국민의식 함양에 도움이 되지 않는 개량의 대상이라고 싸잡아 비판하였다. 그러한 비판의 배후에는 이인직이 이완용 친일 내각의 하수인이라는 정치적 관점이 존재하는 것은 두말할 필요도 없을 것이다.

정작 중요한 문제는 당시 민족주의 신문에서 이인직의 원각사에 요구했던 연극개량의 내용이 무엇인가 하는 점이다. 답은 이미 제시되었다. 나폴레옹, 워싱턴, 을지문덕, 최영, 연개소문과 같은 전쟁영웅이나 비스마르크, 정몽주, 길재 등과 같은 충신열사의 이야기를 다

31) 김영민, 『한국근대소설사』, 솔, 1997, 98~109면.
32) 한기형, 『한국근대소설사의 시각』, 소명출판, 1999, 19~20면.

루면 연극개량이 저절로 이루어진다는 것이다. 민족주의 신문 및 자강운동 계열의 학회보에 발표된 인물기사 류의 단형 서사문학들, 그리고 신채호, 박은식, 장지연 등이 쓴 역사전기소설들이 연극개량을 위한 텍스트가 될 수 있었다.

신채호, 박은식, 장지연, 세 인물 가운데 가장 본격적인 창작 역사전기소설 작가라고 할 수 있는 신채호에게 특히 주목할 필요가 있다. 그렇다면 신채호의 역사전기소설은 연극개량론과 어떤 연관을 맺는지 살펴보자. 우선, 전쟁영웅을 작품의 소재로 삼음으로써 국민에게 애국계몽의식을 고취시키려고 했다는 점에서 국민(민족) 서사(nation narrative)로서의 특징을 갖는다는 점을 언급할 수 있다. 신채호의 역사전기소설은 을지문덕, 최영, 이순신 등 역사상 실존인물의 이야기를 다루고 있어서 역사와 소설의 경계가 매우 모호하다. 역사 서술에 준하는 측면이 강해 소설이라기보다는 역사서의 일종으로 보아야 하는 것이 아닌가 하는 의문이 든다. 이러한 점은 박은식이나 장지연의 역사전기소설의 경우도 마찬가지이다. 실제로 신채호의 작품은 서론—본론—결론의 체계를 갖고 있으며, 본론도 역사 서술처럼 장별로 구분하여 서술하고 있다. 가령, 「을지문덕」의 체재를 살펴보면 다음과 같다.

서론

제1장 을지문덕 이전의 한국과 중국 관계

제2장 을지문덕 시대의 고구려와 수(隋)의 형세

제3장 을지문덕 시대의 열국 상태

제4장 을지문덕의 굳센 정신

제5장 을지문덕의 웅대한 지략

제6장 을지문덕의 외교

제7장 을지문덕의 무비(武備)

제8장 을지문덕의 수완 아래서의 적국

제9장 수(隋)의 성세(聲勢)와 을지문덕

제10장 용처럼 범처럼 변화하는 을지문덕

제11장 살수 대풍운의 을지문덕

제12장 성공 후의 을지문덕

제13장 옛 사가(史家)의 좁은 눈으로 본 을지문덕

제14장 을지문덕의 인격

제15장 처음도 끝도 없는 을지문덕

결론[33]

이 작품의 체재는 을지문덕 당대의 국제정세와 고구려의 국내 상황, 지략과 용맹을 겸비한 군사영웅으로서 을지문덕의 탁월한 능력, 수나라 침공 때 을지문덕이 이룩한 살수대첩의 영웅적 전과와 후대의 평가, 그리고 을지문덕에 대한 신채호의 평가 등으로 구성되어 있다.[34] 이러한 작품의 체재와 내용을 볼 때 「을지문덕」은 역사적 사

33) 신채호, 「을지문덕」, 『꿈하늘』(송재소 · 강명관 편), 동광출판사, 1990 참조.

34) 김찬기에 따르면, 역사전기소설은 전시대의 '전(傳)' 문학의 형식과 체재에서 많은 영향을 받았으므로 '인정기술—행적—논찬'이라는 '전'의 일반적 서술체재에 따라 쓰이는 것이 일반적이었다고 한다. 신채호의 역사전기 소설의 경우도 대체로 이러한 전의 체재에 의거해 씌어졌다고 볼 수 있다. 김찬기, 앞의 글, 181~182면.

실의 객관적 서술인지 역사적 사실을 바탕으로 쓴 허구적 소설인지가 매우 혼란스러워 보인다.

신채호의 역사전기소설은 허구적 소설인가, 아니면 역사 서술인가. 호미 바바(Homi K. Bhabha)에 의하면, 민족(국민)(nation)은 서술(narration)될 수밖에 없는 운명을 갖고 있다. 왜냐하면 민족(국민) 이야기(nation narrative)는 본래 권력의 강력한 정치적 요구에 의해 허구(fiction)적으로 만들어진 서사이기 때문에 문학 언어처럼 낭만적이고 비유적인 언어를 사용하는 허구일 수밖에 없다는 것이다. 그럼에도 불구하고 모든 민족(국민)이 민족 이야기를 가지려고 하는 것은 상징적 힘만으로는 민족(국민) 통합이 어렵기 때문에 강력한 문화적 강제력을 지닌 민족 이야기를 만들려고 한다는 것이다.[35]

신채호의 역사전기소설은 역사적 사실을 바탕으로 쓰인 것이지만 실은 허구적으로 서술된(구성된) 민족이야기인 것이다. 그 중에서도 특히 자신이 그렇게 되기를 바라는 이상화된 민족의 이미지로 재구성된 허구의 민족 이야기를 창출해낸 것이다. 즉, 한국적 남성성(manhood)의 재구성(re-making)을 통해 자신이 생각하는 바람직한 민족성(nationhood)을 창출함으로써 이상화된 민족 이미지 만들기를 의도한 것이다. 유학자 출신이면서도 유교에 대해 비판적이었던 신채호는 조선의 몰락이 우리 민족이 중국 사상과 문화에 동화되어 문약한 유교문화를 갖게 된 점에 있다고 보았다. 본래 우리 민족은 고구려, 신라, 발해 이래로 상무정신(尙武精神)을 지닌 남성 무사의 이미지를

35) Bhabha, Homi K., "Narrating the Nation", *Nation and Identities*(Pecora, Vincent, P. ed.), Malden : Blackwell, 2001, p.359.

갖고 있었으나 유교 때문에 문약하고 나약한 여성적인 이미지를 갖게 되었다고 보았다. 때문에 그는 자신의 역사전기소설에서 을지문덕, 최영, 이순신에 관한 전쟁영웅 담론의 서술을 통해 온순하고 평화로운 민족이 아닌 결연하고 진취적인 새로운 민족 이미지를 창출하고자 했다.[36)]

① 슬프다. **시대의 굳은 습속이 언제나 호남아를 속박하여 좁아터진 울타리 속에서 앉은 채 썩도록 만들었으니, 이순신이 출현한 시대는 유의(儒衣)가 온 나라에 가득하고 청담(淸談)이 성행할 때**였을 뿐만 아니라, 또 집안의 부조(父祖)가 대대로 **유자(儒者)**의 문정(門庭)에 출입한 인물이었으니 공에게 하늘이 내려준 군인의 자격이 있다한들 어떻게 쉽사리 스스로 발신할 수 있었으랴? 이 때문에 두 형을 따라 **유업(儒業)**을 배워 20년이란 세월을 보냈던 것이다. 그러나 장래 바다 위의 일엽편주로 적의 목구멍을 움켜쥐고 호남을 가로막아 전국의 대사령관이 될 인물이 이 가운데서 생을 마칠 것인가. 개연히 붓을 내던지고 무예를 배우니, 그때 나이 스물 둘이었다.[37)](강조는 인용자)

② 피비린내 풍기는 참담한 고전을 계속하여 곧장 단군 7, 8세기경 삼국 말엽에 이르러 두 손을 잠시 거두고 승부의 판세를 돌아보니, 적들이 너나없이 백기를 꽂고 우리 부여족에게 완전한 승리를 양보하였다. **동명왕, 대무신왕, 광개토대왕, 부분노, 우온달, 을지문덕**의 누차 소탕 평정을 거쳐

36) Jager, Sheila, Miyoshi, *Narratives of Nation Building in Korea — A Genealogy of Patriotism*, New York : An East Great Book, 2003, p.7.
37) 신채호, 「이순신전」, 앞의 책, 257~258면(『대한매일신보』, 1908.5.2~8.18).

낙랑, 임둔에 불어나 퍼져 살던 기씨, 위씨, 최씨, 장씨 등 중국 족속이 혹은 항복하거나 혹은 달아났고, 숙신씨, 모용씨, 우문씨, 보육씨 등 각 오랑캐 족속이 잇달아 패망한 뒤 절대 영웅 천개소문이 나타나 그 산을 옮기고 바다를 둘러엎는 웅대한 지략으로 동서의 각 종족을 정복하고, 번득이는 광망 하늘을 비추는 다섯 자루 큰 칼을 휘둘러 중국 아이들의 울음을 뚝 그치게 했으니, 이것은 우리 북부 민족의 영광이다. 비류, 온조, 박혁거세, 석탈해, 진무, 거칠부의 역대 경영을 거쳐 본주의 각 부족이 통일되고 바다 밖의 다른 종족들이 모두 숨을 죽이고 멀리 달아난 뒤 태종 같은 영주(英主)와 김유신 같은 양상(良相)이 동시에 등장해 천년 묵은 해적의 방자한 짓거리를 시원스레 쓸어버리고자 만리 건너 군대를 파견하고 동양의 끝으로 깊숙이 쳐들어가 막 바로 대판(大阪)을 짓밟아 성하(城下)의 맹약(盟約)을 맺자, 저 삼천년 동안 지험천참(地險天塹)을 뽐내던 일본 아이들의 교만한 주둥이가 꺾였으니, 이것은 우리 남부 민족의 영광이다.

아아! 위대하다. 이 당시 우리 부여족의 역사여! 대개 고대의 가장 명예로웠던 역사로다.[38](강조는 인용자)

인용문 ①은 오랜 유교 문화의 관습이 용맹한 상무정신을 지닌 무인(군인)의 탄생을 억압하였음을 주장한 것이다. 이는 본래 우리 민족의 기질인 상무정신이 외래의 것인 유교문화에 의해 멸실된 것이므로 고대 정신의 회복을 통해 되찾아야할 가치임을 역설하는 것이다. 인용문 ②는 북으로는 중국을 비롯한 제 북방 민족들('중국 족속', '오랑캐 족속')을, 남으로는 일본('일본 아이들')을 물리친 고구려, 신라, 백제의

38) 신채호, 「동국 거걸 최도통전」, 위의 책, 213~215면(『대한매일신보』, 1909.12.5~1910.5.27).

수많은 전쟁영웅들의 무용담을 '민족의 영광'이자 '명예로웠던 역사'로 표현하면서 우리 고대사의 민족정신이 상무적 기상으로 가득 찬 것이었다고 서술하고 있다. 이는 대체로 역사적 사실을 바탕으로 삼은 것이기는 하지만 우리 고대사를 상무정신의 역사로 기억하고 싶어 하는 역사에 대한 집단적 기억 욕망이 표현된 것이라고 할 수 있다. 즉, 재구성된 역사로서 '발명된 고대(the invented ancient)'의 성격을 갖는다고 할 수 있다.

신채호가 특히 전쟁영웅의 이야기를 역사전기소설에서 즐겨 다룬 것은 남성적이고 호전적인 민족 이미지를 창출하기 위한 것이었다. 그는 자신이 살고 있는 당시 근대계몽기를 우승열패의 시대, 생존경쟁의 시대로 인식하였다. 그는 「동국 거걸 최도통전」에서 "아아! 경쟁은 인간의 천직(天職)이며 생활의 자본이다. 그러므로 천직을 잊고 자본을 내버려두면 여위어 반드시 사경에 빠지는 법이니, 개인도 그러하고 한 나라도 그러하다. 이처럼 경쟁에 덤덤한 국민이 어찌 안락무사할 수 있겠는가?"[39]라고 말할 정도로 자기 시대가 치열한 생존경쟁의 시대라고 인식하였다. 따라서 국민국가간의 생존경쟁 시대라는 환경에서 살아남기 위해서 강하고 호전적인 민족 이미지의 창출로 새로운 민족정체성을 만들어가는 것이 불가피하다고 본 것이다. 그는 이상화된 국민으로서 을지문덕, 최영, 이순신 등의 무사 이미지를 설정함으로써 남성적이고 호전적인 민족 이미지로 '자기'(민족 주체) 정체성을 삼으려 했고, 겁 많고 비굴하고 잔인한 민족 이미지로써 '오랑캐'(북방 민족들)와 '왜놈(일본)'이라는 야만적 '타자'를 설정하

39) 위의 책, 215~216면.

려고 하였다. '오랑캐'와 '왜놈'은 남성적이고 호방한 민족정체성을 지닌 조선이라는 자기 이미지를 확립시키기 위해 호명된 부정적 이미지의 타자였던 것이다. 자민족의 민족정체성(민족성, nationhood) 확립을 위한 거울로서 이민족을 오랑캐와 왜놈으로 타자화 하는 이미지 만들기는 불가피한 일이었다.[40] 이렇듯, 신채호를 비롯하여 박은식, 장지연의 역사전기소설에서 민족의 새로운 정체성 창출을 위한 민족 이야기는 새롭게 재구성되는 것이다.

물론 신채호, 박은식, 장지연 등이 당시 현실에서 이러한 민족 이야기를 창출하게 된 데에는 당시 지식인 사회에 커다란 영향을 미친 사회진화론 사상의 세례가 크게 작용하였다. 사회진화론은 19세기 근대사상에 지대한 영향을 끼친 찰스 다윈의 생물학적 진화론을 사회 현상을 설명하는 방법에 적용시킨 이론이다. 사회진화론은 우승열패, 자연도태, 생존경쟁, 적자생존을 원리로 하는 까닭에 애초 자본주의 사회의 승자인 자본가와 제국주의의 승리를 합리화하기 위한 이데올로기로 이용되었다.[41] 19세기부터 20세기 초반까지 제국주의의 광풍이 휩쓸고 지나가는 치열한 민족 생존경쟁 시대에 우리 민족이 살아남기 위해서 부득이 민족자강(民族自强)의 방법을 모색하지 않을 수 없었다. 신채호, 박은식을 비롯한 근대 계몽기의 민족주의 지식인들은 근본적으로 민족자강론의 영향을 받았다. 특히 이들의 민족자강론에 큰 영향을 미친 것은 청말 변법자강파인 량치차오[梁啓超]의 신민론(新民論)이었다. 신채호가 '신민회'에 가담하게 되는

40) 강상중, 임성모 역, 『내셔널리즘』, 이산, 2004, 38~41면.
41) 전복희, 『사회진화론과 국가사상』, 한울아카데미, 1996, 14~28면 참조.

것도 이 같은 이유에서였다.[42] 당시의 상황 논리를 고려한다고 해도 사회진화론 사상이 신채호의 국민국가 사상을 왜곡, 굴절시킨 면이 있는 것은 사실이다. 그의 역사전기소설에 나타난 남성적 '상무정신(尙武精神)'에 대한 집착에는 다원적 가치를 지닌 개인 주체를 '국민'이라는 이름으로 호명함으로써 국민국가라는 거대한 공동체의 용광로 속에 기꺼이 개인을 함몰시킬 것을 강요하는 파시스트적 전체주의 논리로 호도될 위험이 도사리고 있기 때문이다. 근대 계몽기의 사회진화론 사상이 이광수, 박정희로 연결되면서 전체주의 이데올로기의 사상적 계보를 형성했다는 최근의 한 주장은 이러한 맥락에서 설득력을 갖는다고 할 수 있다.[43]

신채호의 역사전기소설에 나타난 민족 이야기는 사회진화론 사상의 영향으로 인해 강한 남성성에의 집착, 즉 남성다움(masculinity) 콤플렉스의 징후가 나타나는 한계를 드러낸다는 것은 분명한 사실이다. 또 그의 소설에는 영웅에 대한 지나친 숭배사상이 깔려있다. 그는 「을지문덕」의 서론에서 다음과 같이 말한다.

> 한 나라의 강토는 그 나라의 영웅이 몸을 바쳐 장엄하게 한 것이며, 한 나라의 민족은 그 나라의 영웅이 피를 뿌려 보호한 것이다. 그 정신은 뭿 부리처럼 우뚝 서고 그 은혜는 한바다처럼 넓으니, 그 나라의 영웅을 그 민족이 알지 못한다면 그 나라가 어떻게 정말 나라가 될 수 있으랴?[44]

---

42) 신일철, 「신채호의 근대국가관」, 『신채호』(강만길 편), 고려대 출판부, 1990, 5면.
43) 박노자, 『우승열패의 신화』, 한겨레신문사, 2005 참조.
44) 신채호, 「을지문덕」, 앞의 책, 174면.

'국가'와 '국토'의 보존은 영웅에 의해 이루어진 것이라는 영웅주의적 역사인식은 신채호로 하여금 「을지문덕」, 「최도통전」, 「이순신전」 등 전쟁영웅의 전기를 쓰게 만든 원동력이 되었다. 그가 국민국가간의 생존경쟁 시대에 영웅주의적 사관에 빠진 데에는 그럴만한 이유가 있어 보인다.[45] 국민국가 시대에 진입하면서 영웅(英雄)은 '애국(愛國)'의 덕목과 결부되었다. 따라서 영웅은 국민들의 애국심을 이끌어내는 원천으로 작용했던 것이고, 이러한 원리에 따라 근대 국민국가 시대에 나라마다 대거 민족 영웅이 창출되었다. 근대의 영웅은 서로 모르는 사람을 하나의 민족인 '우리'라는 상상의 공동체(the imagined community)로 묶어주는 구실을 하는 것이다.[46] 따라서 근대 국민국가 형성의 시기에 영웅은 우리라는 상상의 공동체를 창출하기 위해 의도적으로 만들어질 필요가 있었던 것이다. 근대 계몽기에 쓰인 신채호를 비롯한 박은식, 장지연 등의 역사전기소설과 역사 '인물기사'('인물고')가 영웅주의에 사로잡힌 것은 이와 같은 맥락과 무관하지 않다.

국권 상실 위기의 시대에 국민들에게 '국민'과 '국가'의 정신, 즉 '국혼(國魂)'을 일깨워주어 국권회복을 꿈꾸었다는 점에서 신채호, 박은식 등의 역사전기문학은 민족사적 관점에서 중요한 의미를 갖는다. 그들의 역사전기소설 및 역사 인물기사, 인물고 등은 당시 연극 개량을 위한 텍스트로 사용될 수도 있었을 것이다. 그러나 현실적으로 이

45) 신채호의 역사인식은 1900년대에는 영웅주의 사관에 빠져 있었으나 이후 국민주의 사관으로, 그리고 다시 민중주의 사관으로 이행한다. 강만길, 「신채호의 영웅 · 국민 · 민중」, 『신채호』, 고려대 출판부, 1990, 51면.

46) 박지향 외, 『영웅 만들기』, 휴머니스트, 2005, 26면.

들이 쓴 역사전기소설과 역사인물기사류 단형 서사문학 작품은 당시 연극계에서 공연을 통해 실현되지 못했다. 민족주의 신문에 게재된 연극개량 논의의 차원에서 그쳤을 뿐이다. 연극개량을 주도한 세력은 흥행에만 관심이 있는 자본주(대개 일본인)와 흥행사, 그리고 이와 결탁된 이인직과 같은 친일 지식인들이었기 때문에 '우리'라는 하나의 상상적 공동체로서 '민족'을 인식하도록 하기 위해 '영웅' 서사를 굳이 연극으로 꾸밀 이유가 없었다. 물론 이인직으로 대표되는 연극개량 담당자들도 나름대로 근대 국민국가 만들기 프로젝트의 일환으로 연극의 개량을 수행하기는 하였지만, 신채호, 박은식 등으로 대표되는 연극개량론자들의 주장과는 거리가 있는 것이었다.

이러한 차이를 우리는 당시 연극개량 담당자들이 만들어낸 신연극 〈은세계〉를 통해 살펴볼 수 있다. 〈은세계〉는 주지하다시피 1908년 11월에 소설로 출간되고, 동시에 이인직이 운영하는 원각사에서 연극으로 상연되었다. 당시 원각사의 '신연극(新演劇)' 〈은세계〉는 이인직이 이끄는 연극개량 활동의 최대 성과물로서 커다란 주목을 끈 연극이었다. 그러나 애초에 연극 대본이 존재했는지조차 의문이지만 설사 존재했다하더라도 현전하지 않기 때문에 그 내용은 신소설 〈은세계〉을 통해 미루어 짐작할 수밖에 없다. 신소설 〈은세계〉는 내용상 크게 최병도 실화를 바탕으로 쓴 전반부와 최병도 사후 자녀(옥순, 옥남)의 미국 유학을 다룬 후반부로 나누어져 있다. 강릉의 재산가 최병도가 아무 죄도 없이 원주 감영으로 끌려가 억울하게 맞아죽은 실화를 바탕으로 한 전반부는 전근대적 부패관료문화의 폐해를 폭로하는 내용이다. 실화를 토대로 만들어진 최병도 타령이 있었던 것과 관련이 있는지 모르겠으나[47] 전반부는 판소리 문체로 구성되어 있고 농부가, 상여소리 등 연행적 요소가 강하다. 반면 최병도 사망 이후 그 자녀 옥순과 옥남의 미국 유학과 귀국 이야기를 담은 후반부는 전형적인 신소설 문체로 구성되어 있어서 형식적으로는 연극적 요소를 발견하기 어렵다. 뿐만 아니라 내용적으로도 판소리 광대나 우인(優人)이 연행하기에 쉽지 않은 서양의 근대적 삶의 양식이 표현되어 있다. 이 때문에 원각사의 신연극 〈은세계〉는 신소설 〈은세계〉의 전반부만 공연되었을 것으로 보는 것이 일반적 견해다.[48] 이러한 해석에는 공연 담당자의 신분이 근대적 배우가 아니라 판소리 광대였다는 사실도 작용하였다.

문제는 소설 〈은세계〉를 통해서 신연극 〈은세계〉의 연극개량 내용이 어떤 것이며, 그것이 연극개량을 요구한 민족주의 지식인들의 개량 의견과 어떤 차이를 갖고 있는가를 따지는 일일 것이다. 소설 〈은세계〉는 전근대 사회의 모순을 폭로함으로써 근대적 개혁의 당위성을 강조하는 작품이다. 비록 미완성으로 끝이 났기 때문에 미국 유학에서 돌아온 옥순, 옥남의 활약상이 잘 나타나지 않아 근대적 개혁의 내용이 무엇인지 구체적으로 표현되지 못한 점에서 아쉬움을

---

47) 최원식(1982), 서연호(1982) 등은 '최병도 실화 → 최병도 타령 → 창극 〈은세계〉'의 발전경로로 신연극 〈은세계〉의 성립과정을 설명하였다. 즉, 실화에서 연극으로 이행하는 중간 단계에 최병도 타령이 존재했을 것으로 보는 입장이다. 반면, 김종철(1995), 백현미(1997), 양승국(2001) 등은 3개월 이상의 연습기간이 필요했던 점, 당시 언론에서 최병도 타령에 대한 언급이 없는 점 등을 들어 최병도 타령의 존재 여부에 대해 의구심을 갖고 있는 입장이다.

48) 그러나 양승국(2001)은 '신연극'이라는 것이 형식 개념이라기보다는 '애국계몽의 연극'이라는 내용 개념의 성격이 강하기 때문에 〈은세계〉의 경우 애국계몽의 성격이 짙은 후반부도 공연이 되었을 것이라는 견해를 내놓았다. 양승국, 『한국 신연극 연구』, 연극과인간사, 2001, 39면.

갖는다. 그럼에도 불구하고 이 작품은 이인직의 근대적 개혁에 대한 의지를 분명하게 드러내고 있다.

그 신문의 기재한 제목은 한국대개혁(韓國大改革)이라 하였는데, 대황제 폐하 전위하시던 일이라. 옥순이가 그 신문을 다 본 후에 옥남이와 옥순이가 다시 의논이 부산하다.

옥순 : "이애 옥남아, 세계 각국에 개혁 같은 큰 일이 없고 개혁같이 어려운 일은 없는 것이라. 우리나라에서 수십 년래로 개혁에 착수하던 사람들이 나라에 충성을 극진히 다하였으나, 우리나라 백성은 역적으로 알고 전국 백성은 반대하고 원수같이 미워한 고로, 개혁당의 시조되는 김옥균 같은 충신도 자객의 암살을 면치 못하였고, 그 후에 허다한 개혁당들도 낱낱이 역적 이름을 듣고 성공치 못하였는데 지금 이렇게 큰 개혁이 되었으니, 네 생각에 앞일이 어찌 될 듯하냐?"

옥남이가 한참 동안을 말없이 가만히 앉았다가 우연 탄식이라.

옥남 : "지금이라도 개혁만 잘 되면 몇 십 년 후에 회복될 도리가 있지요. 내가 이때까지 누님께 듣기 좋은 말만 하고 조금도 걱정되는 일은 말하지 아니 하였더니 오늘 처음으로 내 마음에 있는 말을 다 하리라. 만일 우리나라가 칠십 년 전에 개혁이 되어서 진보를 잘 하였다면, 우리나라도 세계 일등 강국이 되어 해삼위에 아라사 사람이 저러한 근거지를 잡기 전에 우리나라가 먼저 착수하였을 것이요, 만일 오십 년 전에 개혁이 되었다면 해삼위는 아라사 사람에게 양도하였으나, 청국 만주는 우리나라 세력 범위 안에 들었을 것이오. 만일 사십 년 전에 개혁이 되었으면 우리나라 육해군의 확장이 아직 일본만 못하나, 또한 당당한 문명국이 되었을

것이오. 만일 삼십 년 전에 개혁이 되었으면 삼십 년 동안에 또한 중등 강국은 되었을지라. 남으로 일본과 동맹국이 되고 북으로 아라사 세력이 뻗어 나오는 것을 틀어막고 서로 청국의 내버리는 유리(遺利)를 취하여 장차 대륙에 전진의 길을 열어서 불과 기년에 또한 일등 강국을 기약하였을 것이오. 만일 이십 년 전에 개혁이 되었으면 이십 년 동안에 나라 힘이 크게 떨치지는 못하였더라도 인민의 교육 정도와 생활의 길이 크게 열려서 국가의 독립하는 힘이 유여하였을 것이오."[49](강조는 인용자)

미국 유학 중인 남매 옥순과 옥남이가 워싱턴의 어느 호텔방에서 대한제국의 개혁(1907)[50] 소식을 실은 미국 신문을 읽고 나누는 대화 장면이다. 두 남매는 한결같이 한국에서 진작 근대적 개혁이 이루어지지 못한 것을 안타까워하면서 대한제국의 개혁에 관한 소식에 기뻐하고 있다. 그러면서 "황제 폐하께서 등극하시면서 일반 정치를 개혁하시니 만고에 영걸하신 성군"이라면서 황제를 중심으로 한 대한제국의 친일적 개혁정책에 적극 지지 의사를 밝히고 있다.[51] 옥남의 대화를 살펴보면, 한국의 개혁이라는 것은 결국 황제를 중심으로

49) 이인직, 〈은세계〉, 『〈은세계〉, 「모란봉」, 「빈선랑의 일미인」』(권영민 · 김종욱 · 배경열 편), 서울대 출판부, 2003, 83~84면.

50) '대한제국의 개혁'은 문맥으로 보아 헤이그 밀사사건으로 인한 고종의 강제퇴위와 순종의 등극이 이루어진 직후 체결된 '한일신협약(정미 7조약)'(1907)에 따라 일본 통감부의 지도 아래 시행된 '시정개선(施政改善)' 사업을 의미하는 것으로 보인다. 그러나 이는 일본인을 대한제국 정부의 차관으로 임명하여 이른바 '차관정치(次官政治)'에 의해 한국에 대한 일본의 내정간섭을 일층 강화하는 것이었다.

51) 김영민은 옥남과 옥순의 개혁 찬성 발언은 결국 고종 양위사건에 대한 합리화이자 일본 세력의 개입에 대한 합리화를 의미한다고 보았다. 그는 더 나아가 〈은세계〉는 조선의 국권 상실과 일제의 식민통치를 정당화하기 위한 수단으로 쓰인 작품이라고 규정하였다. 김영민, 앞의 책, 263~264면.

전근대적 잔재를 청산하고 근대 문명국가를 건설하여 부국강병을 추구하자는 것을 의미한다. 그러나 이는 '한일신협약(정미7조약)'(1907) 체결 직후 차관정치(次官政治)를 시행함에 따라 통감부의 지휘에 의해 추진된 '시정개선(施政改善)' 사업을 의미하는 것으로 사실상 대한제국에 대한 일본 통감부의 내정간섭이었다. 〈은세계〉에서 주장하는 개혁의 문제는 일본과의 관계설정이 중요한 것인데, 이인직의 생각은 한국의 근대 개혁은 일본의 지도 아래 근대화를 추구하는 것이며 국제관계에서는 일본과 동맹관계(사실상 예속관계)를 유지하는 것이라고 할 수 있다. 한 마디로 일본으로 경도된 근대화주의가 〈은세계〉 속에 내재되어 있는 것이라고 할 수 있다.

요컨대, 원각사에 대해 비판적이었던 연극개량론자인 신채호, 박은식 등 민족주의 계열의 지식인들과 원각사의 연극개량 담당자였던 이인직 등의 친일적 지식인들은 1908년경에 연극개량을 통해 근대적 국민국가의 건설을 이루는데 일조해야 한다는 점에서 비슷한 의견을 갖고 있었다고 볼 수 있다. 그러나 근대적 국가의 건설을 어떻게 이루어야 하는가에 대한 세부적인 면으로 들어가면 입장이 크게 달라진다. 신채호, 박은식 등은 영웅 서사를 통해 우리 민족을 하나로 묶을 수 있는 '민족'(민족주의)이라는 상상의 공동체를 형성하는데 더 큰 관심을 가졌다. 이를 위해 그들은 그 자산을 과거의 역사를 통해 가져왔다. 연개소문, 을지문덕, 최영, 이순신 등 민족의 과거 유산을 민족 영웅으로 부활시킴으로써 민족 공동체를 하나로 연대시키려고 하였다. 반면, 이인직은 결코 민족이라는 가치를 내세우지 않았으며 과거 유산의 폐해만을 강조하면서 이를 척결 대상으로 간주하였다. 그에게 있어서 민족이라든가 과거 역사란 없어져야 할 '전근대(pre-modern)'의 유산일 뿐이었다. 그는 '민족'을 버리는 대신 일본과 협력하는(사실상 일본에 예속된) 근대적 개혁을 강조하는 '근대화주의자'였다.

이인직의 신소설 〈은세계〉를 통해 원각사의 신연극 〈은세계〉를 미루어 짐작한다면 이 연극은 소설의 전반부를 위주로 상연되었을 가능성이 높고 또 당시 공연 담당자들이 판소리 창자였기 때문에 공연 스타일 면에서는 창극 형태에 가까웠을 것이며, 내용적인 면에서는 전근대 사회의 모순을 폭로하고 근대적 개혁이 필요함을 역설하는 것이 되었음이 분명해 보인다. 그러한 면에서 당시 이를 '신연극'이라고 불렀을 것이다. 당시 『황성신문』, 『대한매일신보』 등에 몸담고 새로운 연극개량을 요구했던 민족주의 지식인 계열의 논설진(신채호, 박은식, 장지연 등)은 원각사의 〈은세계〉가 가진 창극 스타일의 공연방식에도 불만이 있었고, 작품의 내용에도 이견이 있었던 것으로 보인다. 공연방식은 판소리 광대에게 일임된 것이었기 때문에 창극 스타일로 공연될 수밖에 없었고, 이인직 역시 이 부분에 크게 관여하지 않았던 것 같다. 그러나 내용 면에서는 대본(원작) 제공자인 이인직과 크게 관련될 수밖에 없다. 민족주의 신문 논설진은 연극개량 담당자들에게 국민의식, 민족의식을 함양하는 영웅의 서사를 통해 민족 공동체의 연대의식을 연극 속에 담아줄 것을 요구하였지만, 이인직이 주도한 연극담당자들은 민족의 과거를 버려야 할 '전근대'로 단정하여 부정하고 새로운 근대 개혁으로 나아가는 길만 고집하였다. 즉, '민족'을 우선할 것이냐, '근대'를 우선할 것이냐를 놓고 연극개량에 대한 의견이 갈라졌다고 할 수 있다. 민족을 배제한 근대화란 결국 이인직처럼 친일의 길로 경도될 수밖에 없는 것이고, 근대를 일본과 동일시하는 한 결국 신채호처럼 민족의 길에 더욱 집착하지 않을 수 없었던 것이다. 이처럼 1900년대 후반의 연극개량 논의는 결국 이인직 대 신채호, 박은식, 장지연 등이 벌인 정치 담론 대결의 한 교차점이었던 것이다.

4. 맺음말

이 글은 필자가 2004년에 발표한 바 있는 근대계몽기 연극개량운동에 관한 논문(「1900년대 연극개량운동과 근대국민국가 만들기」, 2004.8)의 속편 성격을 지닌다. 지난 번 논문은 근대 계몽기의 연극개량운동이 일본의 연극개량운동 사례를 모방, 추수한 것이고, 그것이 대한제국 말기 친일 내각에 의해 근대 국민국가 만들기 프로젝트의 일환으로 수행된 것이며 이 과정에서 이완용 친일 내각의 하수인인 이인직이 기획자의 역할을 담당했다는 사실에 주목한 것이다. 요컨대, 이인직으로 대표되는 연극개량운동의 주도자에 초점을 맞춰 근대 계몽기의 연극개량에 관한 논의를 진행한 점에 그 특징이 있다. 반면, 이번 논문은 당시 연극개량론을 선도한 『대한매일신보』, 『황성신문』의 논설진인 신채호, 박은식, 장지연으로 대표되는 연극개량운동의 비판자에 중점을 두고 논의를 전개한 점에서 본질적인 차이가 있다. 따라서 이 비판자들이 어떤 시각에서 연극개량 논의를 진행하였으며, 또 그러한 논의 결과가 당시 서사문학의 추이와 어떤 관련을 맺고 있는지, 그리고 그러한 관련성이 결과적으로 근대 계몽기 정치 담론의 배경과 어떻게 결합되는지에 관해 살펴보는 것이 이 논문의 주요 관심사였다. 따라서 이 논문은 앞의 논문에서 미처 다루지 못한 점들을 보완하는 의미가 있는 것이다.

이러한 논의의 보완과정에서 필자는 기존의 서사문학 연구결과로부터 많은 도움을 받을 수 있었다. 특히 신소설 작가와 단형 서사문학 담당자와의 갈등, 길항관계에 관해 밝힌 한기형의 논의는 이 연구가 이루어지는 데 중요한 밑거름이 되었다. 당시 연극개량운동과 연극개량론 연구를 통해 얻을 수 있었던 필자의 추론에 한기형의 논의는 매우 구체적인 증거를 제시해주었다. 또 당시의 단형 서사문학 자료를 집대성하고 명쾌하게 분류하고 분석함으로써 근대 계몽기 서사문학의 지형도를 제시한 김영민의 연구 성과 역시 연극개량론과 서사문학의 관계를 실증하는 데 중대한 자료 제공의 역할을 해주었다. 이밖에 전근대 시대의 전(傳) 문학과 근대 계몽기의 역사전기소설과의 문학적 관련성을 밝힌 김찬기의 연구 성과도 단형 서사문학의 인물기사와 역사전기소설의 양식적 특성을 이해하는 데 큰 도움이 되었음은 물론이다.

이제 결론을 정리해보자. 애초 이 연구는 근대 계몽기 연극개량론이 당시의 서사문학과 깊은 관련을 맺고 있다는 판단에서 시작되었다. 이러한 추론은 연극개량운동의 주도자인 이인직과 그 비판자인 신채호, 박은식, 장지연 등 『대한매일신보』, 『황성신문』의 논설진이 언론면에서 '친일 언론 / 민족 언론'(『대한신문』 / 『대한매일신보』, 『황성신문』)의 대립구도로 맞서고 있을 뿐만 아니라 서사문학 분야에서도 '신소설 / 단형 서사문학 및 역사전기소설'의 관계로 길항, 대립하고 있다는 연구 결과에 도움을 받으면서 보다 힘을 받게 되었다. 따라서 근대 계몽기의 문화적 풍경은 '친일 언론 / 민족 언론', '신소설 / 단형 서사문학 및 역사전기소설', '원각사의 연극개량 / 연극개량론'으로 갈등, 길항하고 있는데 결국 이러한 대립구도는 '일본과 협력한 근대화주의 / 애국계몽적 민족주의'라는 정치 담론으로 귀결될 수 있는 것이다. 그리고 이러한 대립구도를 대표하는 문화계 지식인으로서 '이인직 / 신채호, 박은식, 장지연'을 상정할 수 있는 것이다. 따라서 당시 연극개량론은 이러한 근대 계몽기의 정치 담론의 장에서 일어난 갈등, 대립구도 속의 한 작은 단면인 셈이다.

1890년대 말 『독립신문』, 『제국신문』 등에서 시작하여 1900년대 『대한매일신보』 등에 이르기까지 다양한 신문에서 역사인물을 다룬 단형 서사물(인물 기사)이 발표되고, 1900년대 『서우』, 『대한자강회월보』 등 민족자강운동 계열의 학회보에도 역사인물을 다룬 단형 서사물(인물고)이 게재되고, 1900년대에 이르러 신채호, 박은식, 장지연 등 여러 민족주의 지식인들이 민족 영웅을 소재로 역사전기소설을 써서 발표한 것은 넓게 보면 민족자강운동의 일환이라고 할 수 있다. 이인직 주도의 원각사가 추진하는 연극개량 활동에 대해 비판하면서 민족 영웅 이야기를 다룬 연극을 상연할 것을 주장한 연극개량론도 이러한 측면에서 보면 민족자강운동의 일환으로 전개된 것이라고 할 수 있다. 연극개량론자들이 주장한 연극개량의 요구란 결국 민족 영웅 이야기를 담은 단형 서사물이나 역사전기소설의 연극화를 의미하는 것에 다름 아니다. 그러나 당시 연극계는 극장의 운영권과 자본금을 소유한 일본인 및 친일 인사들에 의해 장악되어 있었기 때문에 현실적으로 민족주의 진영에서 제기한 연극개량론의 요구가 받아들여질 수 없었다. 더욱이 이러한 사실은 당시 원각사의 주도자인 이인직이 쓴 신소설 〈은세계〉와 그의 비판자들 중의 한 사람인 신채호의 역사전기소설들을 비교, 분석해 볼 때 확연하게 드러난다. 신채호는 민족의 과거에서 발굴한 군사 영웅 서사를 통해 재구성된 집단 정체성의 신화 창출을 시도함으로써 남성적이고 강인한 민족 만들기를 의도하였던 것이고, 이인직은 자신의 신소설에서 민족의 과거를 버려야 할 유산으로 전면 부정하고 일본과 협력하는 극단적 근대화주의를 지향했던 것이다. 양자 사이에 이렇듯 메울 수 없는 정치 담론의 간극이 존재했기에 근대 계몽기의 연극 활동과 연극개량 요구 사이에는 서로 대답 없는 메아리만 존재했던 것이다.

입센주의와 여성, 그리고 한국 근대극

1930년대 입센주의의 한국 수용과 창작극의 관련양상

1. 머리말

이 글은 19세기 말부터 20세기 초에 걸쳐 근대적 사회개혁사상으로 인식된 입센주의(Ibsenism)가 1930년대 우리 근대극에 어떠한 영향을 미쳤는가 하는 점을 살펴보는 데 주된 목적이 있다. 입센주의(Ibsenism)는 극작가이자 비평가인 버나드 쇼(Bernard Shaw)가 자신의 저술『입센주의의 정수(*The Quintessence of Ibsenism*)』(1891)에서 사용한 말이며, 이는 특히 19세기의 위대한 우상파괴자이자 사회개혁자인 헨릭 입센(Henrik Ibsen, 1828~1906)의 사상과 문학이 근대 사회에 끼친 사회, 문화적 반향을 의미한다. 입센주의는 20세기 초반에 한, 중, 일 동아시아 3국에 모두 강력한 영향을 미쳤음은 주지의 사실이다.[1] 그 영향은 사상적 측면과 사회적 측면, 문예적 측면 등에서 다양하게 나타났다. 이는 20세기 전반기의 동아시아 사회가 입센을 단지 극작가로만 인식한 것이 아니라 사회사상가, 사회개혁자로 인식했기 때문이었다. 특히 중국에서는 〈인형의 집〉의 주인공 노라가 '신여성(新女性)'의 상징일 뿐 아니라 '신청년(新青年)'의 상징으로 인식되었다.[2] 노라가 억압에 대한 해방의 상징이자 자율적 주체 탄생의 상징으로 인식되었을 만큼 중국에서 노라로 상징되는 입센주의는 중국 5·4운동의 사상적 진원지 구실을 하였다. 우리나라에서 입센은 여성문제('婦人問題')에 관심을 가진 여성자각운동, 여성해방운동의 주창자로서 주목 받은 면이 크다. 이러한 입센 열기는 당시 사회, 문화적으로 커다란 영향을 미쳤지만 문예 부문에만 국한시켜 보아도 희곡, 연극 이외에 나혜석의 시 「인형의 가」(1921)라든가, 채만식의 장편소설 『인형의 집을 나와서』(1933)와 같은 주목할 만한 작품들을 접할 수 있다. 특히 『인형의 집을 나와서』에 대해서는 최근 들어 입센주의와 관련된 활발한 논의가 이루어지고 있다.[3] 이 때문에 20세기 전반기 입센주의 열풍이 우리 근대 문예에 끼친 영향이 마치 채만식의 장편소설에만 국한되는 것처럼 보인다. 물론 입센주의는 우리 근대극과도 깊

1) 정선태, 「입센주의의 번역과 동아시아 근대성 1~2」, 『심연을 탐사하는 고래의 눈』, 소명출판, 2003 참조.

2) 임우경, 「중국의 반전통주의의 민족서사와 젠더」, 연세대 박사논문, 2003.12, 91면.

3) 채만식의 『인형의 집을 나와서』에 대한 연구는 최근 들어 상당한 진척이 이루어졌다. 한지현 「채만식의 『인형의 집을 나와서』에 나타난 여성문제 인식」, 『민족문학사연구』, 민족문학사학회, 1996; 서경석, 「채만식의 『인형의 집을 나와서』론」, 『문예미학』, 문예미학회, 1999; 심진경, 「채만식 문학과 여성—『인형의 집을 나와서』와 『여인전기』를 중심으로, 『한국근대문학연구』, 한국근대문학회, 2002; 안미영, 「한국 근대소설에서 헨릭 입센의 〈인형의 집〉 수용」, 『비교문학』, 한국비교문학회, 2003; 정선태, 「입센주의의 번역과 동아시아 근대성 1~2」, 『심연을 탐사하는 고래의 눈』, 소명출판, 2003 등이 대표적이다.

은 관련을 맺고 있지만 이와 같은 점에 주목한 논의가 많지 않았고,[4] 또 그나마 기존의 논의도 입센주의에 대한 세밀한 분석에 이르지 못한 채 입센 연극의 수용사 연구에 머물렀다. 때문에 입센주의와 한국 근대문예의 관련양상에 대한 논의는 근대극에 관한 논의가 배제된 채 채만식 소설 논의로 국한되었다고 할 수 있다.

1930년대에 입센주의가 한국 근대극에 끼친 영향은 대체로 여성문제(부인문제)에 대한 인식, 즉 '노라 현상'에 초점이 맞추어져 있다고 보인다. 한국에서 입센의 희곡은 특히 1930년대 초반에 집중적으로 상연되었는데, 이 때 상연된 작품들은 '노라 현상'과 관련된 〈인형의 집(A Doll House)〉(1879), 〈유령(Ghosts)〉(1881), 〈바다에서 온 여인(The Lady from the Sea)〉(1888) 세 편이다. 〈인형의 집〉은 '집 나간 노라'를, 〈유령〉은 '집에 남은 노라'를, 그리고 〈바다에서 온 여인〉은 '집 나갈 필요가 없게 된 노라'를 다루고 있다는 점에서 이 세 편의 작품들은 '노라 현상'과 직접적으로 관련을 맺는다. 이러한 이유로 이 세 작품들은 이른바 '노라 3부작'(또는 여성문제 3부작)이라고 부를 수 있다. 이렇듯 '노라 현상'을 중심에 놓고 입센을 선택적으로 흡수한 것은 20세기 전반기 한국 사회에서 입센을 철저하게 여성문제 작가로 인식한 데 원인이 있는 것으로 보이는데, 입센 희곡을 모방한 1930년대의 창작 희곡에서도 유사한 사례를 발견할 수 있다. 1930년대 중반 이후 우리 연극계에서 입센의 상연은 거의 중단되는 대신 입센을 모방한 창작 희곡들이 등장하여 발표되거나 상연된다. 유치진의 〈당나귀〉(1935),

4) 고승길, 「한국 신연극에 끼친 헨릭 입센의 영향」, 『중앙대 논문집』 27, 1983; 신정옥, 「북구의 입센과 신극」, 『한국신극과 서양연극』, 새문사, 1994 등이 대표적인 연구 성과들이다.

〈제사〉(1935) 등이 미약하나마 입센주의의 영향을 받은 작품이라고 볼 수 있다. 그러나 함세덕의 〈해연〉(1940)은 입센의 영향이 매우 구체적이며 복합적으로 나타난다. 특히 '노라 3부작'의 영향을 골고루 받은 작품이라는 점에서 주목을 요한다.

이 글에서는 입센의 노라 3부작에 나타난 여성 인물형의 의미를 점검해보고 그것이 입센주의라는 이름으로 우리 연극계에 어떻게 수용되었으며, 또 우리 창작극에 끼친 영향은 무엇이었는지에 대해 분석하기로 하겠다.

2. 입센과 여성

헨릭 입센(Henrik Ibsen)은 흔히 근대극의 창시자로 널리 알려져 있다. 극작가 입센의 등장으로 인해 낭만주의 운문극시대가 막을 내리고 근대적 생활을 반영한 사실주의 및 자연주의 산문극(prose drama)시대가 막을 연다. 뿐만 아니라 그는 대표작 〈인형의 집〉(1879)을 비롯해 〈유령〉(1881), 〈바다에서 온 여인〉(1888) 등 이른바 여성해방 문제를 다룬 3부작을 발표함으로써 여성의 해방과 자각을 주창한 근대 사회사상가로도 널리 알려져 있다. 그는 근대극을 개척한 뛰어난 극작가로서, 그리고 근대적 사회사상을 설파한 사상가로서, 극작과 사상 두 분야에서 모두 큰 족적을 남긴 인물로 평가된다.

입센이 사회사상가로 널리 알려지게 된 결정적 계기는 극작가이자 비평가인 버나드 쇼가 그의 책 『입센주의의 정수』에서 입센을 19

세기의 가장 위대한 우상파괴자(iconoclast)라고 규정하면서부터이다. 이를 계기로 입센은 이른바 사회문제극 작가를 의미하는 '논제극(thesis play) 작가'라는 별칭을 얻게 된다. 쇼는 입센이 자기 시대의 천박한 이상주의(idealism)와 투쟁을 벌였는데, 그러한 점은 그의 생생한 여성 인물들을 통해 잘 나타난다고 했다.[5] 일례로, 그는 〈인형의 집〉에서 주인공 노라가 스위트 홈(sweet home), 여자다운 여자(womanly woman), 이상적 아내와 어머니, 이상적 남편이라는 당대 이상주의자의 꿈이 얼마나 허구이고 환상에 불과한지를 폭로했다고 보았다.

극작가 입센

『입센주의의 정수』에 나타난 쇼의 해석에 의거해 일련의 입센 희곡들은 사회문제극으로 인식되었고, 〈인형의 집〉의 노라는 여성해방의 세계적 상징이 되었다. 그러나 입센 자신은 〈인형의 집〉을 비롯한 일련의 희곡들이 여성문제극으로 인식되는 것에 대해 부정적 입장을 갖고 있었다. 그는 1898년 '노르웨이 여권동맹'(Norwegian Women's Rights League)이 그의 70회 생일을 맞아 베풀어준 연회에서 행한 연설에서 "축배에 대해서는 감사하지만, 의식적으로 여권운동을 위해 일했다는 영예는 거두어져야만 합니다. (…중략…) 다른 모든 문제들과 함께 여성문제를 해결하는 것은 바람직한 일임에 틀림없지만 그것이 모든 목적은 아니었습니다. 나의 작업은 인간성의 서술(the description

5) Bernard Shaw, *The Quintessence of Ibsenism*, New York : Hill&Wang, 1957, p.79.

of humanity)에 있었습니다"[6]라고 말함으로써 자신의 작품이 여성문제극으로 편협하게 해석되는 것을 경계하였다.[7] 물론 이러한 그의 언급은 그의 작품을 페미니즘 극이 아니라고 보는 학자 및 비평가들에게는 작가의 진정한 창작 의도를 말해주는 호재로써 즐겨 인용되기도 한다.

그러나 입센 연설의 진정한 의미는 자신의 작품을 너무 편협하게 해석하는 태도를 경계하는 데 있는 것이지 여성문제에 대한 그의 관심 자체를 부정하는 것은 아니라고 보인다. 그는 〈인형의 집〉 창작 20주년 기념 연회에서 행한 연설에서 "여성은 현대사회에서 혼자가 될 수 없습니다. 현대사회는 남성에 의해 만들어진 법과 남성의 관점에 의해 여성의 행위를 판단하는 변호사와 판사를 가진 배타적인 남성사회입니다"[8]라고 주장할 만큼 당대 여성문제에 대해 깊은 관심을 갖고 있었다. 〈인형의 집〉을 창작할 무렵 입센의 행적을 살펴보면, 그가 얼마나 당시 여성운동에 대해 많은 관심을 갖고 있었고 또 그에 대해 열렬한 지지를 보내고 있었는가 하는 점을 알 수 있다. 그는 〈인형의 집〉을 구상중인 1879년 봄에 로마의 스칸디나비아인 클럽에서 도서관 직원 채용을 여성에게 개방할 것과 클럽 회의에서 여

---

6) 영어 원문은 다음과 같으며, 이는 Joan Templeton, *Ibsen's Women*, Cambridge : Cambridge University Press, 1997, p.110에서 재인용한 것이다. "I thank you for the toast, but must disclaim the honor of having consciously worked for the women's rights movement…… True enough, it is desirable to solve the woman problem, along with all the others; but that has not been the whole purpose. My task has been the description of humanity".

7) Joan, Templeton, *Ibsen's Women*, Cambridge : Cambridge University Press, 1997, p.110.

8) "A woman cannot be herself in contemporary society, it is an exclusively male society with laws drafted by men, and with counsel and judges who judge feminine conduct from the male point of view". 위의 책, p.125에서 재인용.

성에게 투표권을 줄 것을 제안하였는데, 이 가운데 첫 번째 것은 받아들여졌지만 여성 회원의 투표권이 받아들여지지 않은 데 대해 그는 매우 심각하게 불만을 표현한 바 있다.

한편, 그는 〈인형의 집〉이 출판된 지 5년 후에 설립된 노르웨이 여권동맹(1884)에 동료 작가인 뵈른손, 요나스 리에, 알렉산더 키엘랜드 등과 함께 가입하였고, 결혼한 여자의 재산 분배권을 의무화하는 법안의 통과를 촉구하는 청원서에 서명하기도 했다. 입센은 기질적으로 고독한 사람이었지만, 그는 또한 "타고난 논객(a born polemist)"이어서 자기 시대의 사건과 사상에 대해 열광적으로 관심을 가졌다. 그는 〈인형의 집〉 독일어판 번역자에게 보낸 편지에서 "모든 새로운 작품은 해방과 카타르시스로써 나를 위해 봉사했습니다. 우리 가운데 어느 누구도 우리가 속한 사회의 책임과 죄악으로부터 자유로울 수 없습니다"[9]라고 진술할 정도로 자기 시대의 사회문제에 대해 깊게 천착하였다.[10]

그가 특히 깊은 관심을 가진 자기 시대의 사회문제는 여성운동과 여성해방의 과제였다. 그리고 그러한 사회인식을 자신의 희곡 작품을 통해 반영하였다. 물론 입센의 작품은 여성해방 문제만을 다룬 것이 아니고 궁극적으로는 여성을 통해 인간 주체의 개인적 자각과 해방을 다루려고 한 것이고, 또 그것을 가로막는 사회의 왜곡된 이상주의의 허구와 위선을 폭로하려 하였다. 그러나 19세기 후반부터 20세기 초반의

9) "Every new work has served me as emancipation and catharsis; for none of us can escape the responsibility and the guilt of the society to which we belong". 위의 책, p.128에서 재인용.

10) 위의 책, pp.127~128.

근대 사회에서 여성해방은 매우 중요한 사회적 정의에 해당되었으며, '부인문제(婦人問題)'는 사회문제의 중요한 한 부문으로 인식되었기 때문에 자연스럽게 입센은 '여성의 해방과 자각을 일깨워준 근대 사상가이자 극작가'로서 평가되었다. 입센이 여성의 해방과 자각을 일깨워준 극작가로서 인식될 때, 그의 작품들 가운데 특히 주목받는 것이 〈인형의 집〉, 〈유령〉, 〈바다에서 온 여인〉 등 소위 노라 3부작이 되는 것은 매우 자연스럽다. 물론 〈청년동맹(The League of Youth)〉(1869), 〈사회의 기둥(Pillars of Society)〉(1877), 〈로스머스홀름(Rosmersholm)〉(1886), 〈헤다 가블러(Hedda Gabler)〉(1890) 등에도 입센의 탁월한 여성문제 인식이 드러나기는 하지만11) 여성(특히 婦人)이 사회적 관습의 억압에 도전하여 가출하고 주체를 발견하는 노라형 서사(또는 변주)를 다루고 있는 측면에서 3부작만큼 세간의 주목받는 작품을 찾아보기 어렵다.

주지하는 바와 같이, 〈인형의 집〉(1879)의 주인공 노라(Nora)는 남편 헬머(Helmer)와 세 자녀들을 버리고 '인형의 집'을 박차고 나온다. 1879년 〈인형의 집〉이 덴마크 코펜하겐 왕립극장에서 처음 공연되었을 때, 노라가 문을 쾅 닫고 집을 떠나는 장면이 당시 관객들에게 엄청난 충격을 주었고, 당시 유럽의 언론과 비평가들은 〈인형의 집〉

11) 〈인형의 집〉보다 10년 전에 쓰인 〈청년동맹〉의 셀마(Selma)는 노라와 유사한 인물인데, 그는 남편에게 "당신은 나를 인형처럼 꾸몄어요. 당신은 어린아이를 데리고 놀듯이 나를 데리고 놀았어요. 이제 나는 당신의 근심거리가 되지 않겠어요. 나는 떠나겠어요!"라고 〈인형의 집〉에서 노라가 헬머에게 말하듯이 이야기한다. 〈사회의 기둥〉은 19세기의 가장 급진적인 페미니스트 작품으로 평가받는데, 베르닉(Bernick)이라는 남성 인물을 사이에 두고 구여성 베티(Betty)와 신여성 로나(Lona)의 삼각관계를 보여주는 작품이다. 여기에서 신여성 로나는 "당신들의 사회는 남성들의 클럽"이라고 냉소적으로 말하자 베르닉은 "사회의 기둥은 당신들 여성"이라고 추켜세운다. 이에 로나는 베르닉에게 "그것은 당신의 아주 박약한 지식일 뿐이에요. 진리의 정신, 자유의 정신이 사회의 기둥"이라고 날카롭게 반박한다. 위의 책, pp.128~134.

을 매우 부도덕한 작품으로 규정하면서 입센을 가정파괴범이라고 공격하였다. 남편에게 '귀여운 종달새', '귀여운 다람쥐'로 불리어지며 사랑을 받던 노라가 가출하게 된 것은 그녀에 대한 남편의 사랑이 진실한 부부관계를 바탕으로 한 참된 사랑이 아니고, 남편의 노리개로서 완롱의 대상에 불과했다는 사실을 노라가 자각하기 때문이다. 그녀는 병든 남편을 살리기 위해 고리대금업자에게 돈을 빌리고자 법률을 어기는 위험을 감수하지만, 남편 헬머는 노라의 서명위조가 자신의 명예를 훼손시킬 것을 두려워하여 그녀에게 온갖 악담과 저주를 서슴지 않는다. 노라가 헬머와의 부부관계가 진실한 것이 아니었음을 깨닫게 되는 것은 바로 이러한 지점이다. 자신의 잘못을 뉘우친 고리대금업자 크로그스타드(Krogstad)로부터 서명이 위조된 차용증서를 돌려받게 되자 헬머는 태도가 돌변하여 아내의 잘못을 모두 용서한다고 말하지만 이젠 이미 노라가 부부관계의 허구성을 깨닫고 난 뒤였다. 노라는 헬머에게 '독립'하기 위해 집을 나가겠다고 말하고, 헬머는 아내의 "남편과 아이들에 대한 신성한 의무"를 거론하면서 그녀를 붙잡으려고 한다. 노라는 아내로서의 의무, 어머니로서의 의무보다도 "자신에 대한 의무"가 더 중요하다며 가출의 뜻을 굽히지 않는다.

헬머 : 여보, 나는 당신에게 있어 이제는 남 이상의 아무 것도 절대로 되지 못할까?

노라 : (여행가방을 들고) 큰 기적이 일어나야 되겠지요.

헬머 : 그것이 뭔가 말해 봐요.

노라 : 우리 두 사람, 당신과 내가 완전히 변해서… 아뇨, 토르발. 저는 이제 그런 기적이 생기리라고는 믿지 않아요.

헬머 : 그러나 난 그것을 믿소. 완전히 변해서, 그리고 어떻게 되는 거지?

노라 : 우리의 공동생활이 **진실한 결혼생활**이 된다면 말이죠. 그럼, 안녕히 계세요. (현관을 지나 밖으로 나간다)

헬머 : (문 옆 의자에 쓰러져 얼굴을 두 손으로 감싸 안는다) 노라! 노라! (주위를 둘러보고 일어선다) 없구나! 노라는 가버렸어. (한 가닥의 희망을 안고) 큰 기적이라고 했지?

밑에서 문이 쾅하고 닫히는 소리가 들린다.[12)](강조는 인용자)

집을 떠나는 노라에게 헬머는 그들의 부부관계가 복원될 수 있는 한 가닥의 희망을 발견한다. 그것은 그들의 부부 생활이 "진실한 결혼생활"(true marriage)이 될 수 있을 때 비로소 가능한 것이다. 그러나 그것은 노라가 "큰 기적(the greatest miracle)"이라고 표현할 만큼 쉽게 실현될 수 있는 것이 아니다. 그만큼 당시 가정에서 여성의 지위는 열악했고, 여성해방의 앞길은 멀고 험난한 것이었다.

〈유령〉(1881)은 〈인형의 집〉에 대한 세상의 난폭한 공격에 대하여 입센이 내놓은 답변이다. 〈인형의 집〉에 대하여 당시 여론이 결혼과 가정생활을 파괴한 작품이라고 비난한 데 대하여 입센은 〈유령〉에서 '집으로 되돌아온 노라'격인 알빙 부인(Mrs. Alving)을 통해 비난자들

12) 입센, 김유정 역, 〈인형의 집〉, 『인형의 집』, 혜원출판사, 2000, 100~101면.

식민지시대 〈인형의 집〉 공연 사진

에게 되묻는다. 결혼 생활 1년 만에 가출했다가 집으로 다시 돌아온 알빙 부인에게 안겨진 결과가 남편으로부터 아들(오스왈드)에게 전해진 매독 유전이라는 비극적 결말 이외에 무엇이 있는가를 묻고 있는 것이다. 이는 노라의 가출을 비난한 당대 여론에 대한 조롱이자 반격인 셈이었다. 노라가 가출하지 않고 남아보았자 별로 나을 것이 없으며, 오히려 끔찍한 재앙의 결과가 있을 뿐이라는 사실을 '가정에 남은 노라' 알빙 부인을 통해 보여주고 있는 것이다.

〈인형의 집〉 공격에 대한 응답으로 입센이 내놓은 〈유령〉 또한 당대 여론으로부터의 따가운 뭇매를 피하지 못했다. 영국에서 〈유령〉이 초연되었을 당시 1891년 3월 14일자 『데일리 텔레그래프(The Daily Telegraph)』에 게재된 공연 비평은 〈유령〉에 대해 "야만적이고(bestial),

냉소적이고(cynical), 메스껍고(disgusting), 해롭고(poisonous), 넌더리나고(sickly), 헛소리 하는(delirious)" 엉터리 작품이라며 온갖 추악한 수식어를 통원하여 매도하였다.13)

신혼 시절 남편 알빙 중위에게 애정을 느끼지 못한 알빙 부인은 집을 나와 자신이 흠모하던 목사 만데르스(Manders)에게로 도망치지만 결국 목사에게 설득당하여 집으로 되돌아온다. 그리고 방탕한 알빙 대위와의 결혼생활을 인내를 통해 이어가면서 아들 오스왈드를 키운다. 그녀는 방탕한 아버지의 유산을 이어받지 못하도록 오스왈드를 파리로 보내 교육시켰고, 죽은 알빙 대위를 기념하는 고아원의 낙성식을 보기 위해 오스왈드는 파리에서 집으로 돌아온 상태이다. 알빙 부인은 고아원 낙성식을 통해 그녀의 실패한 결혼생활을 은폐하려 하였고, 파리 유학을 통해 오스왈드를 아버지와 다른 건실한 남자로 성장시키고자 하였다. 그러나 고아원이 불에 타고, 오스왈드의 매독 유전이 밝혀짐으로써 왜곡된 부부관계와 결혼생활의 모순을 덮으려고 했던 그녀의 모든 노력은 실패로 돌아가고 만다. 왜곡된 이상주의의 위선은 폭로되고 만 것이다. 노라 이야기가 남편을 향해 문을 쾅 닫고 거리로 나간 여자의 내력에 관한 것이라고 한다면, 알빙 부인 이야기는 아내와 어머니로서의 의무의 길로 돌아오도록 설득당한 여자의 내력에 관한 것이다.14) 즉, 〈유령〉은 집을 나갔다가 되돌아온 노라의 이야기라는 점에서 〈인형의 집〉의 속편인 셈이다. 그러나 되돌아온 노라에게 "진실한 결혼생활"은 이루어지지 않았고, "큰

---

13) Shaw, 앞의 책, p.25.
14) Templeton, 앞의 책, p.148.

기적"도 일어나지 않았다. 입센의 시각에서 볼 때 19세기말 부르주아 가정에서 진실한 결혼생활은 큰 기적이라고 불릴 만큼 인식의 혁명 없이는 쉽게 성취될 수 있는 것이 아니었다.

입센이 제시한 "큰 기적"은 무엇일까 하는 점을 우리는 신비주의적이고 상징주의적인 희곡 〈바다에서 온 여인〉(1888)을 통해서 확인할 수 있다. 외딴 섬의 등대지기 딸이었던 젊은 엘리다(Ellida)는 생계의 방편으로 장성한 두 딸을 둔 중년의 의사 뵌겔(Wangel)의 후처로 들어가지만 뵌겔의 집에서 적응하지 못한 채 바다의 신비한 마력에 끌려 바다를 동경하면서 살아간다. 그러던 어느 날 몇 년 전에 서로의 반지를 묶어 결혼을 약속한 적이 있는 낯선 남자(Stranger, 미국인 선원)가 엘리다를 찾아와 자기와 함께 떠날 것을 요구한다. 엘리다는 바다 빛깔에 따라 눈동자의 색깔이 변하는 이 신비한 바다 사내와 함께 떠날 수 있도록 자신을 자유롭게 놓아달라고 남편에게 요구한다. 엘리다의 요구를 거절하고 설득하던 뵌겔이 마침내 그녀에게 자유의지를 주자 뜻밖의 결과가 나타나게 된다.

뵌겔 : 당신은 어디든 갈 수 있소. 이제 당신은 나에게서 완전히 자유요. 당신은 다시 참된 길을 찾을 수 있게 됐소. 당신의 선택이 자유로우니까 말이오.

엘리다 : (자기의 머리를 양손으로 감싸고 뵌겔을 응시하면서) 자유롭고 그리고 완전한 책임감으로! 아 모든 게 변했구나!

배의 고동소리가 다시 울린다.

낯선 사람 : 엘리다, 들려요? 마지막 신호요. 나와 함께 갑시다.

엘리다 : (그를 향하여 얼굴은 여유를 보이면서 단호하게 말한다) 나는 당신과 절대 함께 갈 수 없어요.

낯선 사람 : 가지 않겠다고?

엘리다 : (봔겔에게 붙어서) 오, 여보. 난 절대 당신을 떠나지 않겠어요.

봔겔 : 여보, 엘리다!

낯선 사람 : 이제 모든 게 끝난 거요?

엘리다 : 네, 영원히.[15)](강조는 인용자)

봔겔이 자기 아내 엘리다에게 완전한 자유의지를 주는 순간 그녀는 낯선 남자를 따라 떠나겠다는 뜻을 버리고 봔겔의 가정에 남겠다고 결정한다. 남편이 아내에게 "자유의지(free will)"를 주는 순간 아내는 가정에 대한 "책임감(responsibility)"을 갖게 되는 것이다. 아내에게 자유의지를 부여하여 스스로 주체임을 자각하게 하는 것, 이것이야말로 노라가 말한 "진실한 결혼생활"인 것이며, "큰 기적"이 이루어지는 순간인 것이다. 이로써 〈바다에서 온 여인〉의 플롯 해결은 〈인형의 집〉의 결말과 완전히 반대의 양상을 보여준다. 헬머와 달리, 봔겔이 그의 부인을 소유물이 아닌 자유로운 인간 주체로서 대접하였을 때 노라가 말한 "진정한 결혼생활"의 "기적"이 실현된 것이다.[16)] 즉, 엘리다는 남편의 극적인 변화로 '집을 떠날 필요가 없게 된 노라'인 셈이다.

15) 입센, 김유정 역, 〈바다에서 온 여인〉, 『인형의 집』, 혜원출판사, 2000, 292면.
16) Templeton, 앞의 책, 199면.

이와 같은 맥락에서 〈인형의 집〉, 〈유령〉, 〈바다에서 온 여인〉 등 소위 노라 3부작은 '노라' 인물형의 변주를 통해 여성의 해방과 독립에 있어서 여성의 자각이 얼마나 중요한 관건이 되는가에 대해 역설하고 있다. 이러한 '노라 3부작'에 관한 사전 이해는 우리 근대 연극계에 나타난 입센주의의 특징을 이해하는 데 매우 중요한 요체가 된다. 한국 근대연극계는 입센을 여성(부인)문제극 작가로 인식했고 이에 따라 특히 그의 노라 3부작에 주목하였다. 이는 1930년대의 공연과 희곡 창작에 반영되고 있다.

3. 입센주의의 한국 수용

그렇다면, 입센은 어떠한 경로를 통해 한국 연극계에 수용되었는지에 대해 먼저 알아보자. 입센의 이름이 한국에 처음 알려지게 된 것은 1909년 최남선이 번역한 「지리학(地理學) 연구(硏究)의 목적(目的)」(『소년』 12호, 1909.11)과 1910년 유옥겸이 쓴 『서양사교과서(西洋史敎科書)』(광한서림, 1910) 등을 통해서이나 이것들은 말 그대로 극작가 입센의 이름을 알렸다는 사실 이상의 의미는 발견하기 어렵다.[17] 입센에 대한 본격적인 수용은 1920~30년대에 걸쳐 나타나는데, 시기적으로 주목해보면 특히 ① 1920년대 초반, ② 1928년, ③ 1930년대 초반, ④ 1936년 등 네 차례에 걸쳐 집중적으로 입센주의의 열풍이 일어나게 된다는 사실을 알 수 있다. ①은 입센의 대표작 〈인형의 집〉

17) 신정옥, 『한국신극과 서양연극』, 새문사, 1994, 13면.

이 처음으로 번역, 출간되었던 시기이며, ②는 입센의 탄생 100주년을 맞는 해였고, ③은 학생극 단체와 극예술연구회의 입센 공연이 활발했던 시기이며, ④는 입센 서거 30주년을 기념하는 해였다.

입센주의 열풍은 물론 일본을 통해 들어온 수입품이다. 따라서 먼저 일본의 사례를 검토하지 않을 수 없다. 일본에서 입센주의 열풍, 이른바 '입센열(熱)'은 입센이 사망한 무렵인 1900년대 중반에 본격적으로 나타나기 시작하며, 입센 희곡의 상연은 1910년을 전후한 무렵부터 시작된다. 이렇게 보면, 우리나라에 비해 입센주의 열풍의 도래가 대략 20년가량 빨랐다고 할 수 있다. 일본의 입센열은 입센이 사망한 1906년을 시작으로 해서 5~6년가량 지속된다. 하세가와 덴케이[長谷川天溪]는 평론 「환멸시대의 예술」(『太陽』, 1906.10)에서 진실을 묘사한 꾸밈없는 예술이야말로 이 환멸시대에 사는 사람들이 추구하는 것인데, 이러한 대표적인 사례가 바로 입센의 희곡이라면서 근대극의 확립자 입센의 희곡을 높이 평가했다.[18] 입센에 대한 이러한 관심은 1907년 2월 오사나이 가오루[小山内薫], 야나기타 구니오[柳田國男], 하세가와 덴케이 등에 의해 '입센회'가 결성되면서 고조되기 시작하고, 이 같은 열기는 1909년 자유극장(自由劇場)의 창단으로까지 이어져 마침내 그 창립 공연(1909.11)으로 입센의 희곡 〈요한 가브리엘 보르크만(John Gabriel Borkman)〉을 상연하기에 이른다.

입센회는 구속력이 느슨한 연구단체의 성격으로 발족하여 잡지 『신사조(新思潮)』를 통한 지상 중계에서 나타난 바와 같이 입센의 희곡에 대한 작품 토론회의 형식으로 모임이 운영되었다. 입센회보다

18) 스가이 유키오, 서연호 · 박영산 역, 『근대일본연극논쟁사』, 연극과인간, 2003, 65~66면.

더 주목을 요하는 것은 입센회의 주요 멤버를 주축으로 창단된 자유극장(自由劇場)과 시마무라 호게쓰[島村抱月], 쓰보치 쇼요[坪內逍遙] 등이 주축이 되어 1906년에 창립한 문예협회(文藝協會)(1906)의 관계일 것이다. 이른바 와세다 학파가 중심이 된 문예협회는 셰익스피어의 고전극에 보다 많은 관심을 기울였고, 동경제대 학파가 주축을 이룬 자유극장은 입센을 찬미하며 서구 근대극의 이식에 보다 열중하였다. 이 두 연극단체는 일본 근대극의 확립에 목표를 두고 있다는 점에서 일치했는데 그 방법론으로 셰익스피어를 먼저 배워야 할지, 입센을 먼저 배워야 할지를 놓고 서로 다른 입장을 갖고 있었다. 그러나 입센회를 계승한 자유극장이 1909년 〈요한 가브리엘 보르크만〉으로 창립 공연을 한 데 자극을 받아, 문예협회는 1911년 극단의 운영방침을 변경하고 입센의 〈인형의 집〉을 상연하였다.[19] 그리고 근대극협회(近代劇協會)가 이어서 1912년에 입센의 〈헤다 가블러(Hedda Gabler)〉를 상연하면서 1910년대의 일본은 이른바 '번역극 전성시대'를 맞게 되는데, 이러한 계기가 된 것이 바로 '입센주의 열풍'이었던 셈이다.

중국의 사례도 참고해볼 필요가 있다. 중국은 일본보다 다소 늦은 1918년에 잡지 『신청년(新青年)』 4권 6기가 "易卜生專號"(입센 특집호)로 꾸며지면서 입센주의가 본격적으로 중국에 도입되었다. 이 특집호는 중국에서 처음으로 전면적이고 체계적으로 입센을 평가하고 분석한 글인 후쓰[胡適]의 「입센주의」를 서언으로 삼고, 입센의 작품 〈娜拉(A Doll House)〉(라가둔이 제1 · 2막을, 후쓰가 제3막을 번역),[20] 〈國民公

19) 위의 책, 110면.

敵(An Enemy of the People)〉(미완성, 陶履恭 번역), 〈小愛友夫(Little Eyolf)〉(미완성, 吳弱男 번역) 등이 번역 소개되었고, 중국에서 최초로 쓰인 입센 전기인 원진영(袁振英)의 〈입센전〉을 함께 실었다. 그리고 '청년 입센'이라는 조각상 그림과 입센의 필적을 게재하였다.[21] 「입센주의」에서 후쓰는 극작가 입센보다 사상가 입센을 소개하는 데 보다 큰 관심을 기울였다. 『신청년』의 입센특집호는 입센이 문학혁명, 여성해방, 반전통주의의 수범으로, 그리고 노라가 사람들의 마음속에 반봉건의 상징이 되게 하도록 만드는 데 기여했다.

이에 따라 입센주의는 중국에 자유주의 사상을 불러일으키는 데 커다란 공헌을 하였는데, 특히 5·4운동 당시 신문화운동에 많은 영향을 끼쳤다. 입센주의가 신문화운동에 끼친 영향은 대체로 세 가지로 요약할 수 있는데, 사상적 측면에서 반전통주의적 움직임을 강화시키고, 사회적 측면에서 부녀자들의 해방운동을 촉진시키고, 문예적 측면에서 사실주의를 발흥시키는 데 기여했다. 물론 중국에서도 입센주의의 상징적 존재는 〈인형의 집〉의 노라였다. 중국에서 노라는 '신여성'의 상징이면서 동시에 '신청년'이라는 중국의 새로운 주체를 호명하는 상징으로 인식되었다. 때문에 여성 노라의 해방서사는 반전통주의를 기치로 내건 새로운 민족 주체인 '신청년'의 해방서사로 전이되면서 '무성화(無性化)' 또는 '남성화(男性化)'되었다.[22]

---

20) 당시 중국에서는 『신청년』뿐만 아니라 거의 대부분의 평론가나 연극인들이 〈인형의 집〉 대신에 〈노라〉라는 제목을 사용하였다.

21) 왕충상, 「5·4 전후의 입센 및 그의 연극」, 『外國文學硏究』 제2기, 1979, 9면; 전화, 「입센이 중국근대문학에 끼친 영향」, 미발표, 2004, 2면에서 재인용.

22) 임우경, 앞의 글, 115면.

입센주의의 전파를 통해 신문화운동을 주도한 진영은 1915년에 창간된 잡지 『신청년(新青年)』의 그룹이었다. 이 잡지를 통해 천두슈[陳獨秀], 후쓰, 루쉰[魯迅] 등은 반전통주의 사상을 설파하였다. 후쓰는 1919년에 입센의 〈인형의 집〉을 모방한 〈종신대사(終身大事)〉라는 작품을 발표함으로써 중국판 노라를 창조하였다. 이 작품이 창작된 후 중국에서 노라 열풍이 일기 시작하여 많은 화극(話劇) 작품에서 노라의 형상이 재현되었다. 언론에서도 노라 선풍이 일기 시작했고, 많은 여자들이 노라를 본떠 가정을 뛰쳐나가기도 했다.[23] 당시 이러한 '노라 현상'의 열기는 중국에서 1920년대까지 이어져갔는데, 이는 1923년 12월 베이징여자고등사범학교에서 행해진 루쉰의 유명한 강연 〈노라는 집을 나간 뒤 어떻게 되었는가〉와 〈인형의 집〉의 영향을 받고 쓰인 그의 소설 『상서(傷逝)』(1925)를 통해 나타난다.

우리나라의 경우 입센주의의 열풍은 중국보다 조금 늦은 1920년대 초반에 나타나기 시작하는데, 그 결정적 계기가 된 것은 1920년에 양백화와 박계강이 공동 번역으로 〈인형(人形)의 가(家)〉를 『매일신보』에 연재(1920.1.25~4.3)한 것이다. 양백화는 이 번역본을 1922년 6월 영창서관에서 『노라』라는 제목으로 출간하였다.[24] 이상수가 번역한 『인형의 가』도 같은 해 11월에 출간되어 입센 소개의 붐을 일으켰다.

『매일신보』의 번역 연재에 즈음하여 쓰인 반광생(半狂生)의 「세계문호평전 19—입센」(『매일신보』, 1920.11.27)은 입센에 대해 소개한 글로

23) 강계철, 「중국 신문학과 중국 신극운동 연구—중국초기화극과 입센주의를 중심으로」, 『중국연구』 14, 한국외대 중국연구소, 1993, 154~157면.

24) 이 책에는 김영환이 곡을 붙이고 나혜석이 작시한 노랫말과 김운정의 서문, 김일엽의 발문 등이 수록되어 있다.

서는 선구적이지만 간략한 소개에 머물고 있다. 보다 본격적인 입센론은 현철의 「근대문예와 입센」(『개벽』, 1921.1)를 통해 나타난다. 이 글을 통해 현철은 입센에 대한 정확한 이해 정도를 보여준다. 그는 세계문예사상 손꼽히는 문호로서 호머, 단테, 셰익스피어, 괴테, 그리고 입센 등을 차례로 꼽을 수 있는데 입센은 근대문예의 건설자로서 입센을 모르고 근대문예를 말할 자격이 없다고 하였다. 그는 〈인형의 집〉이 여성의 자각을 묘사한 작품이라면서 '자각 생활'이 입센극의 전반적 정신이고 참된 요점이라고 보았다. 그는 입센은 자각적 생활을 가진 다수의 결합으로 이루어진 사회가 이상적 사회라고 보았다면서 이러한 점에서 사회의 개선, 개혁에도 관심을 기울인 작가라고 평하였다.25)

이 무렵 현철과 쌍벽을 이루던 연극이론가 윤백남은 양백화가 번역한 『노라』의 서평 「노라의 출현을 축하야」(『시사평론』, 1922.7)를 통해 〈인형의 집〉의 번역 출간은 조선 여자계(女子界)를 위한 큰 공헌이라고 평가하였다. 그는 이어서 「위대한 극작가 입센론」(『시사평론』, 1922.8)에서 입센이 무대 기교의 명인이며, 자기 철학을 강하게 표현하고, 인물을 그리는 데 교묘한 능력을 극작가라고 평하였다. S.P생의 「문제극 〈인형의 가〉와 〈해부인〉」(『신여성』, 1924.5)은 부인들의 자각운동에 가장 큰 자극을 주고 영향을 끼친 작품은 입센의 〈인형의 가〉(노라), 〈바다의 부인〉(海夫人)이라면서 이 작품들이 진실한 의미의

25) 이 글 이외에도 현철은 이 무렵에 「현당극담」(『조선일보』, 1921.1.24~4.21), 「문화사업의 급선무로 민중극을 제창하노라」(『개벽』, 1921.4) 등을 통해 부분적으로나마 입센의 작가적 위상과 작품세계에 대해 소개하였다.

사랑과 결혼이 무엇인지에 대해 분명하게 보여주었다고 평가하였다. 그는 〈인형의 가〉가 여자도 여자이기 전에 사람이라는 사실을 강조한 작품이며, 〈해부인〉은 여자에게 자유의지를 주면 책임의식을 갖는다는 점을 강조한 작품이라고 해석하였는데, 이는 입센의 대표작에 대한 정확한 이해 정도를 보여준다고 할 수 있다.

1920년대 초반에 입센 희곡의 번역과 소개가 신문, 잡지를 통해 이루어지고 난 뒤인 1925년에 비로소 우리나라 최초의 입센 작품의 상연이 이루어졌다. 현철이 세운 조선배우학교가 1925년 9월에 입센의 〈인형의 집〉을 천도교회관에서 상연하였으며, 주인공 노라 역은 복혜숙이 맡아 관객으로부터 커다란 갈채를 받았다.[26] 현철이 조선배우학교 공연 작품으로 입센의 작품을 선택한 것은 그가 일본에서 연극을 공부할 때 시마무라 호게쓰의 예술좌(藝術座)에서 공연한 〈바다에서 온 여인〉에 단역으로 출연한 경험이 있기 때문이었다고 한다.[27]

입센의 탄생 100주년을 맞는 1928년에는 유엽의 「입센의 생활과 사상－그의 출생 후 백년에 제하야」(『동아일보』, 1928.3.18~29), A.Z생의 「입센의 일생」(『조선일보』, 1928.3.20), 심훈의 「입센의 문제극」(『조선일보』, 1928.3.20~21), 정인섭의 「브레이크 사후 백년제, 입센 탄생 백년제」(『동아일보』, 1928.4.1~10) 등 여러 편의 입센과 관련된 글들이 발표되었다. 그러나 이들은 대체로 사상가, 극작가 입센에 대한 소개에 치중

26) 현철, 「연예 천일야화」, 『서울신문』, 1958.9.24; 신정옥, 앞의 책, 31면에서 재인용.
27) 고승길, 「한국 신연극에 끼친 헨릭 입센의 영향」, 『동양연극연구』, 중앙대 출판부, 1993, 456면.

하고 있는데, 이 가운데 유엽의 글이 주목할 만하다. 유엽은 입센이 예술적 방면에서는 종래의 낭만주의에서 벗어나 자연주의 예술 형식을 개척한 공로자이며, 사상적 방면에서는 근대의 사회문제, 특히 '부인문제'에 영향을 끼친 바가 크다고 했다. 그는 "그(입센—인용자)의 작품 중에 社會劇으로 유명한 〈인형의 집〉과 〈유령〉과 〈바다에서 온 여인〉에서는 직접 **婦人問題를 취급하야서 이것이 乃終에는 近代 婦人問題의 先聲이 되엇다는 것은 世人의 주지하는 바이 아닌가?**"[28](강조는 인용자)라며 특히 여성문제에 천착한 사회극 작가로서 입센을 평가하였다. 이와 같은 유엽의 관점은 입센을 여성문제에 천착한 사상가이자 극작가로 여기는 당시 한국 지식인의 입센 인식을 대표하는 견해라고 볼 수 있다.

1936년의 입센주의도 다분히 기념적인 성격이 강하다. 입센의 서거 30주년을 기념하여 여러 신문과 잡지들이 일제히 앞을 다투어 입센과 관련된 글을 게재하였다. 서항석의 「입센과 여성문제」(『신가정』, 1936.5), 「근대극의 아버지 헨릭 입센—그의 30주기를 제하야」(『신동아』, 1936.5), 「헨릭 입센과 현대」(『동아일보』, 1936.5.23), 김광섭의 「근대극의 父 입센의 작가적 생애」(『조광』, 1936.5), 「연극사상에 있어서의 헨릭 입센의 위상」(『동아일보』, 1936.5.23~27), 이헌구의 「입센의 사상적 이단—특히 〈인형의 가〉를 논하면서」(『조광』, 1936.5), 김진섭의 「입센 단상」(『조선일보』, 1936.5.22), 이원조의 「입센小傳」(『조선일보』, 1936.5.22), 박영희의 「헨릭 입센의 사회극—그 몰후 30주년에 제하야」(『조선일보』, 1936.5.22), 전일검의 「〈노라〉 인상기—벌써 박물관적 존재인가?」(『조선

28) 유엽, 「입센의 생활과 사상—그의 출생 후 백년에 제하야」, 『동아일보』, 1928.3.28.

일보』, 1936.5.23) 등이 대표적인 글들이다. 입센의 사회극을 비판적으로 조망한 박영희의 글 정도를 제외하면 이 평론들은 대체로 전 시대에 나타난 입센론의 연장선에서 크게 벗어나지 않는다고 할 수 있다.

1928년과 1936년의 입센주의 현상이 다분히 기념행사 식의 의례적 수준에 머무는 데 비해, 1930년대 초반의 입센주의는 학생극 단체, 극예술연구회의 실제 공연과 맞물려 연극사적 맥락에서 진행된다는 점에서 그 의미가 매우 깊다. 1930년대 초반에는 입센의 대표적 희곡들이 연달아 공연되었는데, 특히 주목할 만한 점은 이른바 여성문제 3부작이 모두 이 시기에 공연되었다는 사실이다. 1932년 6월 연희전문 문우회가 연희전문학교 교정에서 야외극의 형태로 〈바다의 부인〉을 상연하였는데, 여기에는 설정식, 황재경, 장현직 등이 출연하였다. 또 1934년 4월에는 극예술연구회가 제6회 공연으로 〈인형의 가〉를 박용철 역, 홍해성 연출로 장곡천정 공회당에서 상연하였다. 한편, 1934년 6월에 경성여자기독청년회가 제1회 공연으로 〈유령〉을 서항석 역, 홍해성 연출로 장곡천정 공회당에서 상연하였는데, 이는 노천명, 김수임, 모윤숙 등 전원 당시 여성 지식인 출연진으로 이루어진 공연이었다. 여성의 힘으로 이루어진 입센 공연이었다는 점에서 의의가 있다.

이 시기의 입센론들은 대체로 실제 입센 작품의 상연과 맞물려 진행되었다는 점에서 다른 시기의 교과서적 입센 논의와 차별화된다. 연희전문의 〈바다의 부인〉과 관련해서는 연전 문우회 회원 장현직의 「연전 제2회 공개극 야외극 공연을 앞두고—입센 작 〈바다의 부인〉」(『동아일보』, 1932.6.21~23)이 대표적인데, 여기서 그는 연극이 일부

계층의 사유물이 아니고 민중 생활의 일부여야 하는데 민중극의 가장 완전한 형태는 야외극이기 때문에 〈바다의 부인〉을 야외극 형태로 상연하는 것이라고 하였다. 〈바다의 부인〉이 입센의 작품들 중에 가장 자연을 많이 이용한 작품이어서 야외극 공연의 대본으로 선택했다고 그 동기를 밝혔다. 주영하가 쓴 〈바다의 부인〉에 대한 공연 비평은 "일찍이 저 유명한 독일의 하일랜드 극장에서도 실패하였다고 하는 작품이다. 이번 연전 극우들이 이것에 손을 대인 것은 무모라 할지 맹랑하다 할지? 먼저 출연자에게 다소의 경의를 표해도 좋다"[29]고 논평하였는데, 연전 교정에 1만 명에 가까운 관객이 모여들 만큼 공연은 대성황을 이루었다고 소개하였다. 학생극 최초로 시도된 야외극 공연이었다는 점에서 연전의 〈바다의 부인〉은 연극사적 의의가 있는 것이다.

극연의 제6회 공연 〈인형의 가〉는 1925년 조선배우학교의 초연에 이은 두 번째 상연이자 해방 이전의 마지막 공연이 되었다. 일제 당국이 1934년 극연의 공연을 마지막으로 더 이상 〈인형의 집〉 상연을 허용하지 않았기 때문이다.[30] 극연 회원인 이헌구가 〈인형의 가〉 공연을 앞두고 쓴 「극연 제6회 공연 극본 〈인형의 가〉 해설」(『동아일보』, 1934.4.15~4.18)은 '노라는 어떤 여성인가?', '노라는 왜 인형의 가를 나왔는가?'에 대해 집약적으로 논지를 전개하고 있다는 점에서 논점이 분명한 입센론에 속한다. 그는 '노라는 어떤 여성인가?'라는 장에서

29) 주영하, 「연전 야외극 〈바다의 부인〉」, 『조선일보』, 1932.6.27; 신정옥, 앞의 책, 41면에서 재인용.
30) 김복진, 「〈인형의 가〉에 출연했든 기억」, 『조광』, 1936.5, 363면.

노라는 19세기 후반의 난숙한 자본주의 사회의 중류 가정을 대표하는 여성이며, 〈인형의 집〉은 "여성해방운동의 가장 구체적 종합표현"이라고 말했다. 또 '노라는 왜 인형의 가를 나왔는가?'라는 장에서는 아내와 어머니로서의 의무를 갖고 가정을 위해 희생하던 노라가 자기 자신에 대한 발견을 획득하고 가정을 나왔다고 했다.

극연의 〈인형의 가〉 공연에 대한 비평은 극예술연구회와 대립 각을 세우고 있던 카프 계열의 연극인인 이상춘과 나웅이 썼는데, 이들은 공연 자체는 긍정적으로 평가했지만 입센의 원작이 지닌 근본적 한계를 넘어서지는 못했다고 보았다. 카프 진영의 대표적 연출가인 이상춘은 「극연의 제6회 공연 〈노라〉를 보고」(『조선중앙일보』, 1934.4.22~26)라는 글에서 홍해성의 연출이 진정한 노라의 모습을 보여주지는 못했지만 과거의 어느 누구의 연출보다도 극 전체를 묘사하는 데 흠이 없었다고 높이 평가했다. 그러나 그는 〈노라〉의 상연은 단순히 노라를 보여주는 것보다 조선의 예술을 한 차원 향상, 발전시킬 수 있는 것이어야 하는데, 골동품을 내놓은 것에 지나지 않았다고 비판하였다. 나웅은 「극연 제6회 공연 〈인형의 집〉을 보고」(『동아일보』, 1934.4.27~5.2)라는 대화체 형식의 비평에서 극연 공연 자체는 비교적 성공한 편이라고 보았다. 그러나 그는 소시민적 작가 입센이 시대적, 계급적 한계 내에서 자기 시대의 생활을 정직하게 보고 표현한 위대한 작가이지만, 소시민적 개인주의의 한계에서 벗어나지 못했다며 아쉬움을 나타냈다.

당시 좌파 문인들은 입센에 대해 작가로서의 탁월성은 인정하지만 소시민적 개인주의의 사상적 한계에 대해서는 비판적인 입장을 갖고 있었다. 김기진[八峯生]은 엥겔스의 서한 「입센—문학 문제에 관한 엥겔스의 서한 초역」(『문학창조』, 1934.6)을 번역, 소개하였는데, 이는 1890년에 엥겔스가 파울 에른스트에게 보내는 서한의 내용인바 여기서 엥겔스는 독일과의 비교를 통해 노르웨이의 소시민이 지니는 계급적 특수성에 대하여 설명하였다. 엥겔스에 따르면, 노르웨이는 독일에 비해 훨씬 더 민주적인 헌법을 갖고 있었고, 유럽 어느 나라와도 견줄 수 없는 문학적 르네상스를 맛보고 있었으며, 노르웨이 소시민은 자유농의 아들로서 수 세기 동안 정상적인 경제 상태를 유지했다고 보았다. 이에 따라 노르웨이 소시민의 부인들은 독일인에 비해 훨씬 고급한 지위에 있었다고 하면서 노르웨이 소시민의 계급적 특징을 지적하였다. 한편, 박영희는 「헨릭 입센의 사회극—그 몰후 30주년에 제하야」에서 입센이 사회문제에 대하여 커다란 이상을 보이지만 그 이상은 결론이 없는 이상이라고 비판하였다. 또 그는 "입센의 사회극은 개인주의에 입각하야 부정한 사회를 통렬히 해부하고 공격하는 선언문이다. 그러나 공격 후에 나아갈 길은 막연하다"[31]고 입센의 대안 부족을 비판하였다.

1930년대 초반에 상연된 세 번째 입센 공연 〈유령〉에 대해서도 홍해성의 작품 해설 기사와 이헌구, 장현직의 공연 비평이 신문에 잇달아 발표되었다. 〈유령〉의 연출자 홍해성은 「여기청 공연을 앞두고—극본 〈유령〉에 대하야」(『동아일보』, 1934.6.20~23)에서 〈유령〉이 〈인형의 가〉에 대한 세간의 공격에 대하여 작가가 대응한 작품이라면서 '집을 나가지 않은 노라'의 참담한 비극적 사실을 보여주기 위해 쓴

31) 박영희, 「헨릭 입센의 사회극—그 몰후 30주년에 제하야」, 『조선일보』, 1936.5.22.

것이라고 작품의 핵심을 적확하게 포착하였다. 이헌구는 「여자기청 공연의 〈유령〉에 대한 평감」(『동아일보』, 1934.6.26~7.1)에서 입센의 명작 〈유령〉을 조선에서 최초로 여성의 손으로 올렸다는 데 여기청 공연의 의미가 있다고 하였다. 그리고 극연의 〈인형의 가〉 공연에 이어 〈유령〉이 공연된 것은 분명코 하나의 역사적 사건이라고 고평하였다.

그러나 학생극 출신의 장현직은 〈유령〉 공연을 보고 매우 근본적인 문제를 제기하였는데 이는 매우 주목할 만하다. 그는 「〈유령〉의 관극 소감–여자들만의 극」에서 왜 하필 이렇게 어려운 극본을 취하였는지에 대해 물음으로써 조선에서의 입센 공연에 대한 근본적인 문제제기를 하였다.

> 웨 이러케 어려운 극본을 취하얏든가. 남자가 끼고도 어려울 것을 하물며 여자만으로…… 더욱히 미숙한 연기를 가지고 그 그윽하고 심각하고도 칼노 에이듯한 대사와 분위기를 어떠케 표현하려고 하엿는가. (…중략…) 각본으로 〈유령〉을 읽어본 사람 외에 멧 사람이나 이 극에 흥미를 늣겻느냐 하는 것은 둘재 처노코 대체로 그 사건이 어떠케 되엿나는 자초지종을 명백히 깨달은 사람이 멧 사람이나 될까.[32](강조는 인용자)

〈유령〉과 같은 난해한 작품을 왜 공연하였는가라고 묻는 장현직의 문제제기는 매우 의미심장한 것이다. 왜냐하면 〈유령〉 공연을 끝으로 조선 연극계의 입센주의 열풍은 사실상 막을 내리기 때문이

32) 장현직, 「〈유령〉의 관극 소감」, 『조선중앙일보』, 1934.7.3.

다.[33] 실질적으로 여기청의 〈유령〉 공연은 일제강점기 입센주의의 결말이라고 할 수 있다.[34] 그렇다면, 입센의 상연이 왜 더 이상 지속되지 못하였을까. 첫째, 일제 당국의 탄압. 일제 당국은 1934년 극연의 〈인형의 집〉 상연을 조선에서의 마지막 공연이라는 단서를 달아 허용해준다. 당시 『매일신보』 기사는 "이번에 제6회 공연을 명 18일(수)부터 양일간 매야(每夜) 7시부터 시내 장곡천정 공회당에서 개시하게 되어 입센의 〈인형의 집〉(전 3막)을 박용철 씨 역, 홍해성 씨 연출, 유형목씨 장치로 성대히 상연한다는데 **특히 이 극본은 문제의 희곡이니만치 검열 당국의 조건부 허가에 의하야 조선 상연은 금회로써 최후로 하게 되엇슴**으로 일반 인텔리층 특히 여성계에 잇어서는 이번 공연은 노처서는 안 될 기회"[35](강조는 인용자)라고 밝히고 있다. 당시 극연의 〈인형의 집〉은 마지막 공연이라는 전제하에 조건부 허가를 받아 이루어진 공연이었고, 그 이유는 이 작품이 '문제 희곡'이라는 점이었다. 〈인형의 집〉에 나타난 여성 주체의 자각과 해방운동을 부추기는 사상이 일제 당국에게는 '위험한 사상'으로 인식되었던 것으로 보인다. 둘째, 입센 작품 수용의 곤란함. 장현직의 비평에 나타난 바와 같이 당시 관객 수준에서 입센의 작품은 요령부득이었던 것

---

33) 1938년에 중앙무대가 김승구 역 · 연출로 부민관에서 입센의 〈헤겔란의 해적〉을 공연한 적이 있다.

34) 고승길은 앞의 논문에서 앞의 공연들과 1936년 연전연극부의 〈작은 이욜프〉와 1938년 중앙무대의 〈헬게랜드의 해적〉 공연을 포함하여 식민지시대에 입센의 희곡이 모두 5편이 공연되었다고 기술했다. 그러나 1936년 연전연극부의 공연 여부는 기록을 통해 확인되지 않는다. 1938년 중앙무대의 공연은 공연사항에 대한 기록만 남아있다. 그러나 일본에서도 한 번도 상연된 적이 없는 〈헬게랜드의 해적〉을 당시 중간극 단체인 중앙무대가 어떤 이유에서 공연했는지에 대해서는 명쾌하게 해석하기 어렵다. 고승길, 앞의 글, 459면.

35) 『매일신보』, 1934.4.18.

이다. 장현직은 〈유령〉을 읽어본 사람 이외에 과연 몇 사람이나 이 연극에 흥미를 느꼈을 것이며, 극중 사건의 자초지종이 어떻게 되었는지를 과연 몇 사람이나 제대로 이해했을 것인지를 진지하게 묻고 있다. 그만큼 입센은 우리 근대극 수립과정에서 반드시 배워야 할 교과서였지만 당시 일반 관객에게 쉽게 이해될 만한 작품은 아니었던 것이다.

당시 조선 지식인 사회에서 입센은 근대적 이행과정에서 여성의 자각과 평등권 확보 등 여성문제(부인문제)에 대한 인식을 깨닫게 해준 사상가이자 작가로서 인식되었다. 입센에 대한 소개와 입센 희곡의 상연은 중요한 근대 사상가이자 극작가인 입센을 알기 위한 이른바 '공부를 위해 필요한 교과서'로서 받아들여진 것이다. 즉, 당시 관객의 요구와는 무관하게 신극운동을 이끌던 당시 계몽적 지식인들 사이에 팽배한 딜레땅티즘적 욕망이 입센주의를 불러일으켰던 것이다. 그런데, 주목할 만한 점은 입센주의 공부를 위한 교과서로 하필 〈인형의 집〉, 〈유령〉, 〈바다에서 온 여인〉 등 노라 3부작이 선택적으로 우리 연극계에 받아들여졌는가 하는 사실이다. 이는 당시 우리 사회의 입센주의에 대한 인식 태도를 단적으로 보여준다. 즉 당시에 입센의 여러 가지 면모들 가운데 특히 여성의 해방운동을 주창한 사상가로서의 입센이 가장 강렬하게 각인되었다는 증거가 된다고 볼 수 있다. 1930년대에 조선에서 입센은 여성과 뗄 수 없는 단어였던 것이다.

4. 1930년대 창작극과 입센주의

앞서 지적한 바와 같이, 1934년 〈인형의 집〉과 〈유령〉 상연 이후 식민지 조선에서 입센은 더 이상 상연되기 어려워진다. 그렇다면, 1934년을 끝으로 조선에서 입센주의가 종말을 맞았다고 보아야 할까. 물론 그렇지 않다. 1934년 이후에도 입센주의는 조선 연극계를 떠나지 않고 여전히 연극계를 배회하고 있었다. 입센주의는 조선 극작가의 가슴에 독특한 방식으로 내면화되어 존재했으며, 그것은 그들에 의해 작품화되었다.

1930년대 중반 이후 입센이 더 이상 공연되지 못한 것은 당국의 탄압 이외에 연극계의 내부적 원인이 더 큰 이유가 되었던 것으로 보인다. 1930년대 중반에 극연을 중심으로 한 신극 진영 내부에서 기존의 '번역극 우선론'이 점차 힘을 잃고 '창작극 위주론'과 '관중 본위론'이 세를 얻게 되어 신극운동의 성격이 변화하게 된 점이 보다 근본적인 원인이 되는 것이다.

실상 1930년대 초반 입센의 상연은 번역극 우선론의 산물이었다고 해도 과언이 아니다. 홍해성, 김우진은 일찍이 1920년대에 「우리 신극운동의 첫 길」(1926)이라는 논문을 통해 "우리의 처지로서는 신극운동상 재래의 전통에서 어들 아모 것도 업다. 황무지 벌판"[36]이라 하였고, 따라서 "이 황무지 벌판에서 다른 곳으로부터 수입해오는 새 종자가 아니면 무엇으로써 신극운동을 일으킬가?"[37]라고 질문하

36) 김우진 · 홍해성, 「우리 신극운동의 첫 길」, 『조선일보』, 1926.7.29.
37) 위의 글, 『조선일보』, 1926.7.27.

면서 연극 전통의 부재한 조선의 현실에서 서구와 일본의 근대극 수입이 필수적임을 역설하였다. 이러한 '황무지 의식'과 '신종자론(新種子論)'은 1930년대에 극연 멤버인 김광섭, 이헌구 등에 의해 그대로 계승된다. 가령, 김광섭이 「우리 연극과 외국극의 영향」(1933)에서,

> 최근 조선에서도 극예술연구회를 비롯하야 학생극에 잇서서 놀라울 만큼 외국극을 상연하고 잇다. 이것은 연극이 업고 침체한 사회에서 그것을 진흥식히고 또는 수립하는 데 유일한 길이다. 갓가히 일본의 신극 수립이 축지소극장을 통하야서의 외국극 이입에 잇고 널리 세계의 신극운동이 노르웨—의 천재 극작가 입센의 극의 각종에 번역 상연됨에 잇슴을 보아도 알 수 잇을 것이다.[38]

라면서 입센을 비롯한 외국극(번역극) 상연의 불가피성을 펴고 있는데, 그 맥락은 김우진과 홍해성의 '황무지 의식'과 '신종자론'을 그대로 답습한 것에 지나지 않는다. 그러나 이러한 번역극 위주론은 극연 내부에서 반발을 불러일으키게 된다. 극연 내부에서 번역극 위주론에 기울어 있던 그룹은 김광섭, 이헌구 등 '해외문학파' 동인들이었는데 이들은 극연 내에 연구부에 소속되어 있으면서 신극운동의 순수성(아마추어리즘)을 강조하였다. 그러나 극연의 공연 실무를 담당한 유치진을 비롯한 실천부 그룹은 신극운동과 생계를 분리시킬 수 없는 입장이었다. 관객은 번역극에 대해 괴리감을 느끼고 있었고 자신들의 정서에 맞는 창작극 공연을 바라고 있었다. 때문에 극연의 실천

38) 김광섭, 「우리의 연극과 외국극의 영향」, 『조선일보』, 1933.7.30.

부 그룹은 관객이 원하는 창작극의 상연을 보다 선호하였다.[39]

이에 유치진은 「연극시평—창작희곡 진흥을 위하야」(1935)에서 창작극의 중요성을 강조한다. 그는 극연에 창작극 레퍼토리가 요구되는 이유로서 "첫재 번역극의 과식은 우리 배우의 연기를 망치기 쉽다는 것과, 둘재로는 신극과 거리를 두고 잇는 현재의 조선 관중의 처녀지는 창작극의 힘을 빌리지 아니하면 도저히 광범한 범위에서 개척해낼 수 업다는 것"[40]을 내세웠다. 즉, 조선의 관객에게 다가가려면 번역극보다는 그들의 구미와 정서에 맞는 창작극이 필요하다는 논리를 내세웠다. 그는 이어서 「연극시평—번역극 상연에 대한 사고」(1935)에서 번역극의 문제점을 다음과 같이 지적하였는데 이는 매우 주목을 요한다.

> ① 그 반면에 번역극에 대한 불만과 비난이 여간 큰 것이 아니다. 그들은 이구동성으로 말한다. "제발 번역극은 그만두어다고. 그런 것은 자네들 서재에서나 감상하지 무대에까지 내노치 말어라. 자네들이 아모리 노력하야도 구경하는 우리로서는 그 극의 요령조차 모르겟다." 이것이 그들의 다가치 하는 불평이다.

> ② 요는 외국극을 우리가 어떠케 조선적으로 소화시키느냐는 문제에 오로지 걸렷스리라고 나는 생각한다. '조선적으로 소화시킨다'는 말은 반드시 그 척도가 관중본위로써 수행되어야 할 것은 물론이다.

39) 이상우, 「극예술연구회의 창작극과 유치진」, 『유치진 연구』, 태학사, 1997, 314면.
40) 유치진, 「연극시평—창작희곡의 진흥을 위하야」, 『조선일보』, 1935.8.3.

③ 그럼으로 나는 여기에서 주장한다. 금후의 번역극은 그것을 어떠케 번역해야만 조선 관중이 이해하고 어떠케 연출해야만 조선 관중이 아러먹을 수 잇슬까? 하는 문제를 본위로 하야주기를 바란다. 반드시 **나는 원작에 축자적 충실을 고집함을 원하지 안는다. 될 수만 잇스면 번안이라도 조코 개작이라도 조타.** (…중략…) 연극의 본의는 그 작품이 말하는 바를 관중에게 전달시키는 데 잇다 하겟다.[41](강조는 인용자)

유치진의 주장을 요약하면, ① 우리 실정에 맞지 않는 번역극에 대한 관객의 불만이 대단히 크며, ② 번역극을 조선적으로 소화하기 위해서는 그 기준이 관객 본위가 되어야 하며, ③ 번역은 번안이나 개작이 되는 한이 있더라도 관객에게 이해되기 쉽도록 해야 한다는 것이다. 즉, 이 두 편의 글을 통해 유치진은 조선의 관객 수준과 기호, 정서 등을 고려하여 가급적이면 창작극을 공연하는 것이 바람직하지만 불가피하게 번역극을 상연하고자 할 때에는 원작에 충실하기보다 번안이나 개작이 되는 한이 있어도 조선적으로 소화될 수 있도록 노력해야 한다고 주장한다.

김우진, 홍해성에서 김광섭, 이헌구로 이어지는 신종자론, 즉 번역극으로부터 근대극 수립을 위한 종자를 가져오자는 논리와 유치진이 주장하는 관중 본위의 창작극 위주론은 외견상 충돌할 수밖에 없는 것이었다. 그러나 이 모순된 논리들은 1930년대 중반 극작가 유치진에 의해 조화가 모색되고 있었다. 즉, 번역극의 조선적 소화론이 그것인데, 이는 번역극을 조선의 실정에 맞게 번안, 또는 개작하는

41) 유치진, 「연극시평—번역극 상연에 대한 사고」, 『조선일보』, 1935.8.7~8.

것이었다. 유치진이 주장한 '번역극의 조선적 소화론'은 실상 번역극의 통속적 번안에 다름 아니었다. 1930년대 중반의 연극계 사정은 신극의 대중화를 요구하고 있었기에 번역극의 통속화 경향은 피할 수 없었다. 애초부터 대중적인 번역극 레퍼토리를 선별하여 상연하든지, 아니면 고상한 번역극을 조선적 실정에 맞게 번안, 개작하여 상연할 수밖에 없었던 것이다.

유치진이 1935년에 발표한 희곡 〈당나귀〉와 〈제사〉는 이러한 맥락에서 주목을 요하는 작품이다. 물론 이 작품들은 입센 희곡의 번안이라고 보기는 어렵지만, 당시의 연극사적 맥락에서 비추어 볼 때 1930년대 입센주의의 영향을 받고 쓰인 것이라고 볼 만한 요소가 많다.

〈당나귀〉는 1935년 1월 30일부터 2월 6일까지 『조선일보』에 연재된 단막극이며, 상연 사실을 알려주는 기록은 없다. 〈제사〉는 극예술연구회 제8회 공연으로 1935년 11월 19일부터 20일까지 경성 공회당에서 상연되었으며, 희곡은 이보다 늦은 이듬해 2월 『조광』에 게재되었다. 〈당나귀〉와 〈제사〉는 단막극이기에 공연사적 측면에서 그리 주목할 만한 작품은 아니지만, 1930년대 입센주의의 한 단면을 엿볼 수 있는 연작 형태의 창작극이라는 점에서 의미가 있다.

〈당나귀〉는 "10여 년 전 어느 바람 부는 겨울 저녁"에 "서울에서 멀지 않은 외진 산골짜기"에서 벌어지는 삼각관계의 갈등을 그린 작품이다. 늙고 병든 추암은 젊고 아름다운 첩이 있는데, 이들의 부부관계는 '늙음 / 젊음', '병듦 / 건강함'의 간극으로 인해 원만하지 못하다. 추암은 젊고 아름다운 첩을 육체적으로 만족시켜주지는 못하는 점이 마음의 부담으로 작용하고, 첩은 병들고 노쇠한 추암의 곁을 지키며 욕망을 억누른다는 점이 고통이 된다. 첩은 아내로서의 의무보다 자신에 대한 의무에 충실하기 위해 노파의 중매로 알게 된 젊은 머슴과 함께 도망을 치려 한다. 첩은 막상 떠나려는 순간 '아내로서의 의무 / 자신에 대한 의무' 사이에서 번민하다가 결국 머슴이 준비해온 당나귀를 타고 떠난다. 몰래 이를 지켜본 추암은 괴로움을 이기지 못하고 아편을 마시고 자살한다.

이 극은 가출하는 아내라는 '노라' 모티브가 사용되었다는 점에서 입센의 노라 연작들과 관련지을 수 있다. 물론 '가출'이라는 모티브가 사용되었다고 해서 입센주의의 영향을 받았다고 볼 수는 없지만, 사회적 관습에 의해 부여된 '아내(또는 어머니)로서의 의무'와 주체의 발견에 의해 자각된 '자신에 대한 의무' 사이에서 갈등하다가 결국 후자를 택하는 점이 노라의 선택과 흡사한 점이다. 이는 입센주의가 갖는 근대성의 핵심적 내용이 된다. 입센이 여성문제를 가장 명백하게 다루고 있는 〈인형의 집〉에 나타난 갈등은 "모든 것 이전에 당신은 아내이고 어머니(Before all else, you're a wife and mother)"라고 노라를 규정하는 사회적 요구와 "모든 것 이전에 나는 인간(I believe that, before all else, I'm a human being)"이라면서 주체의 이름으로 사회적 요구를 거부하는 힘 사이에서 발생한다.[42] 즉, 노라는 자신을 아내와 어머니라는 젠더로 규정하는 사회적 관습의 요구를 주체의 이름으로 거부한 점에서 인간 주체를 확립하였고, 이 때문에 노라로 집약되는 입센주의는 근대적 의미를 갖는다. 그러나 〈인형의 집〉에서 노라는 자신

42) Templeton, 앞의 책, 325면.

에 대한 의무를 선택하는 데 있어 주체적인 결정을 내리는 데 반해, 〈당나귀〉에서 첩은 이러지도 저러지도 못하고 고민하다가 머슴의 강한 권고에 설득되어 집을 떠난다는 점에서 여성 주인공의 주체성이 미약하게 나타난다는 결함을 갖고 있다. 이러한 점은 유치진의 희곡이 입센주의의 제재적 원용에 급급하고 입센주의가 갖는 사상적 근대성을 전취하지 못한 한계에서 비롯된다.[43)]

〈제사〉는 〈당나귀〉의 속편 격에 해당하는 작품이다. 조부모와 함께 사는 일영과 재영 형제는 25년 전에 '가출'한 어머니의 제사를 지내는데 마침 어머니가 그들을 만나기 위해 찾아온다. 평소에 간절히 그리던 어머니였지만 그들 앞에 나타난 실제 어머니는 두 아들의 마음속에 그려진 순결한 어머니가 아니고 늙고 추한 모습의 어머니이다. 그들은 어머니로부터 25년 전 자식들을 버리고 행랑남자와 함께 야반도주하게 된 사연을 듣게 된다. 그들은 현실의 추한 어머니를 어머니가 아니라면서 돌려보내고 마음속에 간직한 순수한 어머니를 위해 다시 제사를 지낸다. 〈제사〉는 〈당나귀〉와 마찬가지로 '집 떠난 부인(어머니)' 이야기를 다루고 있다는 점에서 노라 서사와 관련을 맺는다. 이 작품의 어머니는 25년 전에 자식에 대한 어머니로서의 의무를 저버리고 자신의 욕망을 찾아 다른 남자와 함께 집을 나갔다.

---

43) 결말 부분에서 추암이 다량의 마약을 마시고 자살하는 대목은 〈유령〉의 결말과 유사한 점이 있다. 유전으로 인해 매독에 감염된 오스왈드는 허물어져가는 몸을 의자에 맡기고 "태양을…… 태양을"이라고 부르짖으며 발작을 일으킨다. 알빙 부인은 고통을 겪는 아들의 모습을 지켜보며 오스왈드가 모아놓은 12회 투약분의 아편을 들고 어떻게 해야 할지 고민한다. 물론 〈유령〉에서 입센은 알빙 부인이 고통 받는 오스왈드를 위해 마약을 주고 안락사를 돕게 되는지 그렇지 않은지에 대한 판단을 관객(또는 독자)에게 맡기는 열린 결말을 택했다는 점에서 닫힌 결말을 취한 〈당나귀〉와 차이가 있다.

'어머니로서의 의무 / 자신에 대한 의무' 사이에서 갈등하다가 결국 '자신'을 선택했다는 점에서 노라의 갈등구조를 원용하고 있다. 사회가 여성에게 부여한 젠더의 요구를 주체의 이름으로 거절했다는 점에서 노라의 해방서사와 유사점을 지닌다.

그러나 이 작품은 〈당나귀〉와 마찬가지로 여주인공이 집을 떠난 이유가 자신의 성적 욕망 추구에 있다는 점에서 〈인형의 집〉에서 노라가 타인의 소유물에서 벗어나 진정한 주체로 거듭나기 위해 집을 나가는 이유와 거리가 있음을 부인하기 어렵다. 〈당나귀〉와 〈제사〉에서 여주인공의 자기에 대한 의무가 여성 주체로서의 자각이라는 사회적인 의미를 갖는 수준으로 발전하지 못하고 개인의 성적 욕망 충족에 머문 것은 한계라고 보인다. 이 작품들이 멜로드라마적 감성에 호소하는 수준에 머무르는 것은 당대 연극계의 통속화 경향과 연관이 있다고 보인다.

본래 노라 현상은 '노라'가 '가출'과 동의어로 인식되는 데서 출발하였다. 이때의 가출이라는 것은 가정에서 사회로, 전통에서 근대(반전통주의)로 탈출을 의미하며, 이는 곧 억압적 사회 관습에 대한 근대적 주체의 승리를 의미하는 것이다.[44] 후쓰의 〈종신대사〉에서의 여성 주인공의 가출과 루쉰의 〈상서〉에서 여성 주인공[子君]의 가출은 입센의 〈인형의 집〉에서 노라의 가출과 차이가 있는 것이었지만, 본질적으로 중국판 노라 서사가 '억압적 가족제도에 대한 반항—가출—자유연애'라는 기본 플롯을 갖는다는 이유로 중국에서 이들 작품은 입센주의 작품으로 평가를 받았다.[45] 이러한 관점에서 보면 유치

44) 임우경, 앞의 글, 95면.

진의 〈당나귀〉, 〈제사〉는 여성 주인공의 욕망 추구가 두드러져 통속적 경향이 강하게 나타나지만 중국판 노라 서사의 기본 플롯에서 크게 벗어나지 않으므로 입센주의 작품으로 보는 데 큰 무리가 없다고 할 수 있다.

문제는 중국의 노라 서사와 달리 1930년대 한국 창작극의 입센주의가 갖는 통속적 경향을 어떻게 봐야 할 것인가 하는 점이다. 한국의 입센주의 작품이 본래부터 통속적 경향을 보인 것은 아니다. 한국에서 입센주의 작품은 1920년대부터 나타나는데, 그 대표적 작품으로 1921년 7월 동우회 연극단이 전국을 순회하며 상연한 홍난파의 〈최후의 악수〉와 1927년 1월 『조선문단』에 발표된 김영팔의 〈여성〉 등을 꼽을 수 있다. 〈최후의 악수〉는 희곡이 전하지 않고 작품 경개만 전해지는데, 이에 따르면 회의적이며 불철저한 사상의 소유자인 김홍수가 애인 박화봉을 불신하여 의심을 품고 그녀를 시험하려고 하였는데 이를 알게 된 박화봉은 애인의 사랑이 진실한 것이 아님을 깨닫고 이제까지 잠복하였던 자아를 각성하게 된다는 내용을 담고 있다.[46] 작품 경개에는 "입센의 〈인형의 가〉와 그 극적 동요(動搖)가 유사한 점이 있슴"을 분명히 밝히고 있다. 김영팔의 〈여성〉은 부모를 잃고 삼촌 집에 기탁하여 사는 경숙이 삼촌과 삼촌댁에 의해 자신의 의사와 무관하게 돈 많은 남자의 첩으로 들어가기를 강요당하자 오빠 경완과 함께 삼촌 집을 나간다는 내용을 갖고 있다.

---

45) 위의 글, 106면.
46) 『동아일보』, 1921.7.27 참조.

삼촌 : 나도 엇절 수 업다. 네 말대로 나는 듯겟다. 내 말을 듯겟지? 시집을 가겟지?

(…중략…)

경숙 : (힘을 다하여 떨면서) 아니요. 제 개성을 죽이여 가면서 남의 첩 되지는 아니 할 터이니 용서하서요. 저는 못가요. 죽으면 죽어도— (업더저 운다)

삼촌 : 무엇이 엇재? (달녀든다)

(…중략…)

경숙 : (강하게) 아버지의 그리서요. 저는 **아버지의 권력**에 사라온 때는 벌서 지낫서요. 저의 몸을 돈으로 밧구랴고 하시는 심리를 다 아럿서요. 저는 속지 안어요. 마음대로 하서요.[47](강조는 인용자)

〈여성〉의 여성 주인공 경숙은 자신의 개성(주체)을 주장하며 삼촌(아버지)의 권력에 저항하였다는 점에서 중국판 노라 서사의 '억압적 가족제도에 대한 반항—가출—자유연애'라는 기본 플롯에 거의 들어맞는 특징을 갖고 있다. 때문에 〈여성〉은 노라의 해방서사에 흡사한 것이며 입센주의 작품이라고 볼 수 있는데, 문제는 이러한 1920년대 입센주의 작품이 1930년대에 들어서 통속적 경향을 보인다는 점이다. 이는 몇 가지 원인으로 분석해볼 수 있는데, 첫째는 1930년대 초 나혜석의 이혼 사건에 잘 나타나는 바와 같이 당시 한국에서는 신여성의 자유연애가 방탕한 욕망으로 인식되는 경향이 있어서 남성 작가들이 여성의 가출 및 자유연애 추구를 긍정적인 시선으로만 바라

47) 김영팔, 「여성」, 『조선문단』, 1927.1, 104면.

보지 않고 통속취미로 다루었다는 점이다. 둘째, 1935년에 대표적인 대중극단 동양극장이 출현함에 따라 신극이 크게 위축되어 더 이상 종래의 순수 신극만을 고집하기 어려워진 정세를 맞게 되어 입센주의 작품도 통속화의 대세를 거스를 수 없었다는 점이다.[48]

유치진의 작품에 비하면 함세덕의 〈해연(海燕)〉(1940)은 입센주의의 영향이 매우 크게 나타나는 작품이다. 1940년 『조선일보』 신춘문예 당선작인 〈해연〉은 같은 신문에 연재(1940.1.30~2.9)되었고, 같은 해 11월 극단 고협에 의해 이서향 연출로 상연되었다. 〈해연〉은 두 가지 판본이 존재한다. 하나는 1940년 신문 연재본이고, 다른 하나는 1947년 희곡집 『동승』(박문출판사, 1947.6)에 실린 개작본이다. 여기서는 1930년대 입센주의의 연장선상에서 〈해연〉을 분석하고자 1940년 신문 연재본을 대상으로 삼는다.[49]

〈해연〉(1막 2장)은 서해안 어느 섬에서 펼쳐지는 두 젊은 남녀의 비극적인 사랑이야기를 다룬 것인데, 공교롭게도 입센의 3부작 〈인형의 집〉, 〈유령〉, 〈바다에서 온 여인〉의 모티브를 골고루 차용한 작품이라는 점에서 주목을 끈다. 작품의 전반적인 배경이나 인물 구성은 〈바다에서 온 여인〉에서, 그리고 젊은 남녀의 이루어질 수 없는 사랑 모티브는 〈유령〉에서, 집을 나간 아내와 어머니의 모티브는 〈인형의 집〉에서 각각 원용되었다.

48) 이서향의 〈어머니〉는 『조광』(1936.1)에 먼저 발표되고, 극연 제10회 공연(부민관, 1936.4.11~12)에서 무대 상연된 작품인데, 이 작품 역시 '어머니로서의 의무 / 자기 자신에 대한 의무' 사이에서 번민하는 어머니의 이야기를 다루었다는 점에서 〈당나귀〉, 〈제사〉와 연관되는 작품으로 볼 수 있다.

49) 〈해연〉의 상세한 개작양상은 박영정의 「함세덕 희곡의 개작양상 연구 1—〈해연〉을 중심으로」, 『한국극예술연구』 6집, 1996에 잘 나타나 있다.

이 작품에는 등대지기와 그의 딸 진숙, 안의사와 그의 부인, 안의사의 아들 세진, 그리고 등대 인부 윤첨지, 나룻배 사공 등 모두 7명의 인물이 등장한다. 그런데 이 인물의 구성은 입센의 〈바다에서 온 여인〉 그것과 매우 유사하다. 〈바다에서 온 여인〉은 바다를 동경하며 사는 여인 엘리다와 의사인 그의 남편 봔겔 박사, 그리고 엘리다와 약혼한 적이 있는 낯선 남자(미국인 선원), 그리고 봔겔의 두 딸인 볼레타와 힐다, 볼레타에게 청혼하는 안홀름 교장, 젊은 조각가 링스트란트, 화가 발레스테드 등 8명의 주요 인물들이 등장한다. 물론 두 작품의 줄거리 구성에는 차이가 있다. 〈바다에서 온 여인〉은 바다의 신비한 마력에 끌려 바다를 동경하며 살아가는 여인 엘리다가 남편 봔겔 박사와 옛 약혼자인 낯선 남자 사이에서 고민하다가 남편이 그녀에게 자유의지를 부여하자 가정에 남는 길을 선택한다는 내용을 갖고 있다. 이 작품은 사람이 되고 싶어하는 인어 이야기를 다룬 노르웨이의 '인어 민담'(merfolk)에 토대를 둔 것으로서 이 작품의 엘리다는 민담 전통에 따르면 봔겔에 의해 '포획된 인어'(captured mermaid)를 상징하는 인물이다.[50] 때문에 엘리다는 바다를 동경하게 되는 것이고, 알 수 없는 자연의 힘으로 그녀를 강렬하게 유혹하는 과거의 연인인 낯선 남자는 '남자 인어'(merman)에 해당하는 것이다. 이런 점에서 〈바다에서 온 여인〉은 입센 후기극의 특징인 상징주의적이고 신비주의적인 요소가 잘 나타난다고 할 수 있다.

반면에 함세덕의 〈해연〉에는 상징주의적이고 신비주의적인 요소를 발견하기 어려우며, 전형적인 사실주의극의 형태를 갖고 있다. 서

50) Templeton, 앞의 책, 195~196면.

로 사랑하는 세진과 진숙이 이부(異父)남매라는 운명의 덫에 걸려 사랑이 수포로 돌아가는 안타까운 결말로 끝이 난다는 멜로드라마적 구성을 지닌 작품이다. 그런 점에서 이 작품은 함세덕 작품 특유의 사실주의와 낭만주의의 조화가 잘 나타난다. 이렇게 작품의 줄거리 구성은 크게 다르지만 바닷가를 배경으로 삼고 있다는 점, 그리고 인물의 구성이 흡사하다는 점에서 두 작품은 유사성을 갖고 있다. 〈해연〉의 등대지기와 진숙은 〈바다에서 온 여인〉의 엘리다와 등대지기인 그 아버지의 관계를 연상시킨다. 이런 점에서 보면 진숙은 뢴겔과 결혼하기 전 처녀 시절의 엘리다에 해당하는 인물이다. 또 세진의 부모인 안의사와 부인은 의사인 뢴겔 박사와 엘리다를 연상시키는 인물들이다. 부인(세진의 어머니)이 생계의 방편으로 안의사와 재혼한 점이 엘리다가 뢴겔과 결혼하게 된 사연과 유사하다. 그리고 세진은 발레스테드처럼 화가 지망생이고, 링스트란트처럼 병을 앓는 병약한 청년이다. 등대지기가 전직 교장이라는 점도 교장 안홀름과 연결된다.

한편, 소재적 측면에서도 유사성이 있다. 〈바다에서 온 여인〉에서 낯선 남자와 엘리다는 수년전에 반지를 묶어 바다에 던지는 방법으로 결혼을 약속한다. 반면 〈해연〉에서 세진과 진숙은 서로의 머리카락을 뽑아 수건에 싸서 바다에 던지는 방법으로 사랑을 약속한다.

함세덕의 〈해연〉이 입센의 영향을 받았다는 사실은 작품 속에 세진의 대사를 통해서도 확인된다.

> 세진 : 지금 살았으면 수물 하나니까 진숙이 누나보다 두 살 우이지요.

자기 육신은 이뻐두 이뻐뵈지 않는대지만, 정말이지 그 누난 보면 볼수록 이뻤어요. (추억을 더듬는 듯) 밤과 바다를 사랑했구, 해양문학을 사랑했구, 늘 촛불 켜구 방안에 혼자 있길 좋아했어요. 나두 누나한테서 **첨으루 바다의 부인이란 비극을 읽게 됐구**, 싱그라는 고독한 애란의 시인의 바다와 어부와 섬에 관한 이야길 읽어보게두 됐어요.[51] (강조는 인용자)

1947년 개작본에만 나오는 대사이긴 하지만, 이는 함세덕이 〈해연〉을 쓰면서 〈바다에서 온 여인〉의 영향을 받았다는 사실을 암묵적으로 알려주는 증거라고 보아도 좋을 것이다. 그러나 보다 흥미로운 사실은 〈해연〉은 입센의 여성 3부작의 혼성모방 작품이라 할 만큼 〈바다에서 온 여인〉 이외에 〈인형의 집〉과 〈유령〉으로부터도 골고루 영향을 받았다는 점이다. 우선, 진숙과 세진의 생모인 안의사 부인은 과거에 등대지기(전직 교장)의 아내였는데, 남편이 공금 횡령으로 감옥에 간 사이에 남편과 자식을 버리고 안의사와 재혼을 했다는 점에서 '집 나간 노라'의 모티브와 관련된다. 또 세진과 진숙의 이부남매 관계는 〈유령〉에서 오스왈드와 하녀 레지네의 이복남매 관계를 연상시킨다. 〈유령〉에서 매독의 유전으로 인해 정신과 육체가 황폐해진 오스왈드는 하녀 레지네와의 사랑에서 희망을 구한다. 그러나 알빙 부인에 의해 두 사람이 이복남매인 사실이 밝혀지면서 레지네가 떠나고 오스왈드의 마지막 희망은 수포로 돌아간다. 이는 〈유령〉에서는 삽화적 사실에 불과하지만 서로 사랑하는 세진과 진숙이 이부남매라는 사실은 〈해연〉에서는 핵심적 줄거리에 해당되는 것이

51) 함세덕, 〈해연〉, 『함세덕문학전집』 2(노제운 편), 지식산업사, 1996, 44~45면.

다. 〈해연〉이 이부남매의 이루어질 수 없는 사랑 이야기를 부수적 줄거리가 아닌 핵심적 줄거리로 채택한 것은 물론 여성의 주체적 자각이라는 입센주의의 핵심 사상보다 멜로드라마의 창출에 초점이 놓여있기 때문이다.

이처럼 〈해연〉은 유치진의 작품에 비해 입센주의의 영향을 훨씬 더 많이 받은 작품이다. 중요한 사실은 1930년대 중반 이후 입센의 상연은 맥이 끊겼지만 1930년대 말까지 입센주의의 영향은 여전히 남아있었다는 점이다. 그리고 특히 입센의 노라 3부작의 영향이 두드러지게 나타난다는 점이 주목할 만하다. 입센의 상연은 일제에 의해 철저하게 통제되었지만 창작극을 통해 입센주의의 명맥은 1930년대 말까지 잔존하고 있었던 것이다. 또 한 가지 중요한 사실은 비록 함세덕의 입센 모방이 유치진에 비해 훨씬 세련된 극작술의 형태로 나타난다는 점이다. 노라 3부작을 〈해연〉에 복합적으로 모방했음에도 불구하고 극적 구성상 전혀 혼란스럽지 않을 뿐만 아니라 매끈한 멜로드라마를 만들어냈다는 점은 함세덕의 뛰어난 극작술의 단면을 보여주는 것이다.

5. 결론을 대신하여

앞에서 살펴본 바와 같이, 1930년대 창작극에 나타난 입센주의의 영향은 소재주의적 수준에서 크게 벗어나지 못한 점에서 근본적 한계를 지닌다. 유치진의 〈당나귀〉, 〈제사〉에 나타난 입센주의는 '집 나간 노라' 이야기의 차용 수준에서 머문다. 입센주의의 영향이 가장 강하게 나타나는 함세덕의 〈해연〉도 단순 소재주의에서는 벗어났으나 모티브의 차용과 작품 배경, 인물 구성의 복합적 원용에 머물고 입센주의의 여성 주체 발견이라는 사상적 차원으로 발돋움하는 데 미흡함을 보여준다. 입센주의가 소재주의적 한계에 갇혀있다는 점은 1930년대 창작극의 입센 수용이 지니는 가장 커다란 문제점으로 지적될 수 있다. 또 한 가지 문제점은 입센주의의 영향이 바람직한 여성문제 인식에 도달하는 쪽으로 가지 못하고 대중적 멜로드라마로 흘러버린다는 점이다. '집 나간 노라'가 추구하는 '자신에 대한 의무'가 겨우 개인의 성적 욕망 추구에 머문다는 사실이 이러한 점을 말해준다. 이는 당시 남성 극작가들의 의식의 한계이기도 하고, 1930년대 중반 이후 대중극이 지배하던 연극계의 풍토에도 원인이 있다.

이러한 점에서 1930년대 입센주의에 영향을 받은 창작극들은 채만식의 『인형의 집을 나와서』(1933)와 대조적이다. 주지하는 바와 같이, 〈인형의 집〉의 후일담을 다룬 『인형의 집을 나와서』는 가정을 박차고 나온 주인공 임노라가 여성으로서 독립하기 위해 야학교사, 가정교사, 화장품 외판원, 카페 여급, 인쇄소 노동자 등을 전전하면서 경제권 확보를 위해 치열하게 투쟁하는 모습을 그린 작품이다. 물론 이 작품은 베이징여자사범학교에서 행해진 루쉰의 강연 「노라는 집을 나간 뒤 어떻게 되었는가」(1923)의 주제로부터 받은 영향이 크다고 보인다. 루쉰은 이 강연에서 집을 나간 노라에게 펼쳐진 길을 두 가지밖에 없다고 말한다. 타락에 빠지거나 집으로 돌아오는 길. 굶어 죽는 방법이 있긴 하지만 그것은 삶을 떠나는 것이므로 문젯거리가 되지 않는다고 말한다. 루쉰은 노라에게는 돈, 고상한 말로 '경제'가 제일 중요하다고 역설한다. 근대 사회에서 여성에게는 참정권보다도 경제권의 획득이 가장 중요한 것이라고 루쉰은 이 강연에서 주장한다.[52] 채만식의 『인형의 집을 나와서』도 결국 여성이 독립하려면 무엇보다도 경제권의 확보와 노동자 의식이 필요하다는 매우 구체적이고 현실적인 인식에 도달한다. 그러한 점에서 채만식의 이 소설은 루쉰의 사상에 영향을 받고 쓰인 것이라고 짐작할 수 있다. 마르크스주의가 유행한 1930년대 초반이라는 시대적 환경 또한 이 작품을 이처럼 건강한 현실인식에 이르게 하도록 만들었을 것이다. 이에 비하면 중일전쟁과 태평양전쟁을 향해 치닫던 1930년대 중, 후반의 문화적 환경에서 쓰인 유치진과 함세덕의 입센주의 창작 희곡들은 상대적으로 왜소한 인식에 머물고 있는데, 이것은 단지 작가의 식만의 문제로 치부하기에는 곤란하며 시대적 요인과 연극계 상황적 요인이 복잡하게 얽힌 문제라고 할 수 있다. 이에 대한 분석은 보다 섬세한 고찰을 요하는 문제이므로 향후의 연구 과제로 남겨두기로 한다.

52) 루쉰, 이욱연 역, 「노라는 집을 나간 뒤 어떻게 되었는가」, 『아침 꽃을 저녁에 줍다』, 예문, 2003, 58~61면.

함세덕과 아이들

함세덕 희곡의 소년형 인물이 갖는 의미

1. 머리말

함세덕(1915~1950)은 만 35세라는 짧은 생애를 살았지만 극작가로 활동한 기간은 15년에 이른다. 청년기인 20대 초반부터 생을 마감하기 직전까지 희곡을 썼던 것이다. 1936년 9월 『조선문학』에 〈산허구리〉를 발표한 이래 1950년 6월에 사망할 때까지 그가 남긴 희곡은 약 30여 편에 달한다. 이 중에 공연 기록만 남아있고 대본을 찾을 수 없는 작품들을 제외하면 현재까지 20편의 희곡이 전해지고 있다. 그 중 노제운 편, 『함세덕문학전집』(전2권, 지식산업사, 1996)에 17편이 실려 있으며, 전집 출간 이후에 희곡 3편이 새로 발굴, 소개되었다.[1)]

1) 1996년에 간행된 노제운 편, 『함세덕문학전집』 1 · 2, 지식산업사, 1996에 수록된 희곡이

함세덕은 1947년경에 월북한 뒤 1950년 6월 한국전쟁 발발직후 인천 고향 집으로 돌아오다가 폭탄 파편을 맞고 병원에 후송되었으나 과다출혈로 인해 사망했다고 전해진다.[2] 그의 시신은 남매들에 의해 수습되어 망우리 공동묘지에 묻혔다. 그가 북한에 머문 기간은 3년간에 불과하였고, 훨씬 더 많은 세월을 서울 외곽의 공동묘지에 묻혀있었지만 그는 오랫동안 우리 연극계에서 금기시된 존재가 되었다. 1988년에 납북 및 월북 작가에 대한 해금조치가 이루어지면서 자연스럽게 그에 대한 복권이 이루어지게 되었다. 1991년에 극단 연우무대가 희곡 〈동승〉을 공연하였고, 1996년에는 그의 문학전집이 간행되었다. 이에 따라 그에 대한 학계의 연구 성과도 상당한 분량이 생산되었다.[3]

함세덕의 희곡에는 몇 가지 주목할 만한 특징들이 나타난다. 이제까지 선행연구들을 종합해보면 함세덕 희곡의 주요 특징으로 ① 서정적 리얼리즘,[4] ② 멜로드라마적 대중성,[5] ③ 탁월한 극 언어,[6]

모두 17편이며, 후에 새로 발굴된 희곡 세 편 〈황해〉(1943), 〈당대놀부전〉(1947), 〈벽공〉을 포함하여 20편이 남아있다. 〈황해〉는 제2회 국민연극경연대회 출품작으로 총독부에 제출된 검열대본이 하버드대학 옌칭도서관에서 발굴되어 1999년 8월 학술지 『연극교육연구』(제3집)에 수록되었고, 〈당대놀부전〉은 미군정청에 각본심의를 위해 제출된 검열대본이 발굴되어 1998년 7월 『한국연극』에 전문이 소개되었다. 〈벽공〉은 해방직후의 작품으로 『황해문화』 1999년 가을에 소개되었다.

2) 함세덕의 죽음에 관해서는 여러 가지 이설이 있으나 이는 實弟 함성덕의 증언에 의한 것이다. 오애리, 「새 자료로 본 함세덕」, 『함세덕』, 태학사, 1995, 282면.

3) 함세덕에 관한 연구논문은 일일이 소개하는 것이 어려울 정도로 많다. 2000년 이전의 주목할 만한 연구 성과들은 한국극예술학회 편, 『함세덕』(태학사, 1995); 이상우 편, 『함세덕』(새미, 2001) 등에 수록되어 있다. 작가 연구서로는 김만수의 『함세덕』(건국대 출판부, 2003)과 윤진현의 『풍경, 함세덕』(다인아트, 2008) 등이 대표적이다.

4) 유민영, 「사실과 낭만의 조화」, 『한국현대희곡사』, 홍성사, 1982.

5) 박영정, 「함세덕의 「어밀레종」 연구」, 『한국극예술연구』 2집, 1992; 김재석 「「동승」이 지닌 대중극적 성격의 의미」, 『어문논총』 32호, 1998.

6) 김만수, 『함세덕』, 건국대 출판부, 2003.

④ 짜임새 있는 극작술,[7] ⑤ 바다를 소재로 한 어촌극,[8] ⑥ 정치목적극(친일극 또는 좌익극),[9] ⑦ 외국극의 모방,[10] ⑧ 소년 주인공의 형상화[11] 등이 지적되었다. 이 가운데에서 이 글은 '소년 주인공의 형상화'라는 점에 주목하여 함세덕 희곡을 관류하는 소년 인물의 형상화 방식과 그 변모양상을 살피고, 그것이 갖는 의미를 고찰하고자 한다. 이러한 주제에 관한 선행연구로는 김만수의 「소년의 성장과 새로운 세계와의 연대」(1991)와 오현화의 「함세덕 희곡의 소년형 인물 연구」가 있다.

우선, 김만수의 논문에서는 함세덕 희곡의 특징으로 ① 어촌문학이라는 점, ② 극작술이 빼어나다는 점, ③ 이데올로기의 내면화가 나타난다는 점, ④ 어린이를 극의 주인공으로 삼고 있다는 점을 꼽으면서 소년 주인공의 형상화에 주목하고 있다. 김만수는 함세덕 희곡의 주인공들은 "대부분 15세 이하의 경제적 능력과 현실적인 힘이 배제

7) 현재원, 「함세덕 희곡 연구」, 성균관대 석사논문, 1991; 윤석진, 「함세덕 초기 희곡의 등장인물 연구」, 한양대 석사논문, 1993; 김문홍, 「함세덕 희곡의 극적 전략과 의미구조 연구」, 동아대 박사논문, 1997; 이철우, 「함세덕 희곡의 연극성 연구」, 고려대 박사논문, 2002.

8) 양승국, 「함세덕 희곡에 나타난 '바다'의 의미」, 『울산어문논집』 8집, 1993; 이상우, 「함세덕의 「황해」 연구」, 『한국연극학』 12호, 1999.

9) 김재석, 「「고목」에 나타난 일제잔재 청산과 기득권 유지 기대의 충돌」, 『어문논총』, 1990; 이재명, 「함세덕의 「기미년 3월 1일」 연구」, 『희곡문학』, 1991년 봄; 이상란, 「함세덕의 「고목」에 나타난 역사적 담론분석」, 『민족문학사연구』 6호, 1994; 장혜전, 「함세덕 희곡의 지속과 변모」, 『한국희곡작가연구』, 태학사, 1997; 백승숙, 「함세덕 희곡에 나타난 국민국가 담론」, 『한국극예술연구』 제27집, 2008.

10) 유민영, 「사실과 낭만의 조화」, 『한국현대희곡사』, 홍성사, 1982; 장혜전, 「함세덕의 희곡에 나타난 외국작품의 영향문제」, 『수원대학교 논문집』 7집, 1989; 서연호, 「모작·모방 평가는 비학문적 인상비평—서정적 리얼리즘을 개척한 성실한 리얼리스트」, 『계간문예』, 1992년 가을.

11) 김만수, 「소년의 성장과 새로운 세계와의 연대」, 『외국문학』, 1991년 여름; 오현화, 「함세덕 희곡의 소년형 인물 연구」, 고려대 석사논문, 2000.

된 어린이"[12]들인데, 이들은 기성세대와 대립하는 것으로 설정되어서 '소년의 세계 / 성인의 세계', '선함의 세계 / 악함의 세계'의 대결양상으로 나타낸다고 본다. 이러한 대결구도는 함세덕 작품세계의 초기, 중기, 후기에 일관되게 나타나는데 다른 점이 있다면 초기, 중기 희곡에서는 '어른의 폭력과 어린이의 수난'이라는 구도를 형성하다가 후기 희곡에 들어서면 "어린이들이 〈수난〉의 처지에서 벗어나 적극적인 역사참여(의지)의 길목으로" 나아가 새로운 연대를 획득해가는 모습을 보여준다고 설명한다.[13] 그리고 그러한 사례로서 〈감자와 쪽제비와 여교원〉, 〈기미년 3월 1일〉, 〈고목〉 등을 들고 있다.

오현화는 함세덕 희곡의 소년 주인공의 변모양상을 초기 희곡과 중기 이후 희곡으로 구분하고 있다. 초기작 〈산허구리〉, 〈동승〉, 〈해연〉, 〈서글픈 재능〉, 〈무의도기행〉 등은 여성이나 소년 주인공을 등장시켜 정서적인 부분에 치중하고 있는 반면, 중기 이후 작품 〈낙화암〉, 〈감자와 쪽제비와 여교원〉, 〈기미년 3월 1일〉, 〈고목〉 등은 보다 적극적이고 진취적인 주인공을 등장시켜 갈등의 대상을 좌절시키는 화해의 결말을 보여준다고 말한다. 그는 초기작의 소년 주인공을 '정서 구현형' 인물로, 중기 이후의 소년 주인공을 '이념 표출형' 인물로 규정하면서 "초기 소년형 인물들은 극의 서정적이면서도 애수적인 정서와 맞물려 극적 형상화에 뛰어난 기량을 보여주고 있지만, 중기 이후에 소년형 인물들이 작가 의식의 과잉노출로 작위적인 인물로 유형

12) 김만수, 「소년의 성장과 새로운 세계와의 연대」, 『문학의 존재영역』, 세계사, 1994, 219면.
13) 김만수, 위의 글, 230면.

화"14)되었다고 보았다.

두 선행연구는 시기구분에서 다소의 차이를 보이고 있지만, 함세덕 희곡은 일관성 있게 소년 주인공을 내세웠으며 이들은 전기에는 어른들의 억압에 눌려 슬픈 희생자의 위치에 놓였으나 후기에 와서 어른의 잘못을 교정하는 계몽 주체의 역할을 수행하는 인물형으로 변모하였다고 보는 점에서 대체로 일치된 의견을 보인다고 할 수 있다. 본고도 이러한 관점에 전적으로 동의하는 바이다.

선행연구의 분석 결과와 마찬가지로 함세덕 희곡의 주요 등장인물은 대체로 어린이, 즉 소년(소녀)들이다. 〈산허구리〉의 복실과 석이, 〈동승〉의 도념, 〈해연〉의 진숙과 세진, 〈낙화암〉의 륭과 문사, 〈닭과 아이들〉의 덕진, 〈5월의 아침〉의 급장, 〈심원의 삽화〉의 일우, 〈무의도기행〉의 천명, 〈추장 이사베라〉의 요셉, 〈어밀레종〉의 시무나와 혜공왕, 〈기미년 3월 1일〉의 정향현, 손소복, 〈고목〉의 수국, 진이 등이 10대 중반에서 후반에 이르는 소년(소녀)들이다. 이 밖에 〈추석〉의 만표와 천석, 〈감자와 쪽제비와 여교원〉의 수방과 방훈도, 〈거리는 쾌청한 가을 날씨〉의 신이치 등도 20세가 조금 넘은 청년들이지만 이들을 확장된 맥락의 소년들로 분류할 수 있을 것이다. 이렇게 볼 때 함세덕 희곡에서 소년(소녀)형 인물이 차지하는 비중은 거의 절대적이라 할 수 있다. 물론 이 인물들이 개개의 작품에서 모두 주인공 역할을 한다고 보긴 어렵지만 적어도 작품 내에서 비중 있는 역할을 맡고 있기에 주목을 요한다.

그러나 본고가 선행연구와 다른 점이 있다면 함세덕 희곡을 관류

14) 오현화, 「함세덕 희곡의 소년형 인물 연구」, 고려대 석사논문, 2000, 86면.

하는 소년형 인물들의 형상화와 변모양상을 귀납적으로 살피는 데 머무는 것이 아니라 보다 적극적인 해석의 입장을 취하여 소년(청년) 담론을 통해 함세덕 희곡에 나타난 소년(또는 청년)의 함의를 고찰하려는 데 있다. 본고에서는 이를 통해 함세덕의 작품세계를 관류하는 하나의 일관성을 발견하고자 한다. 그 동안 많은 연구자들에 의해 함세덕 작품세계는 흔히 초기, 중기, 후기로 삼분되었는데, 초기는 서정적 리얼리즘, 중기는 친일극, 후기는 좌익극의 특성을 지니는 것으로 각각 설명되었으나 세 시기를 관통하는 극작세계의 일관성을 해명하려는 노력이 다소 부족한 경향이 있었다. 필자는 소년담론이 함세덕 희곡세계의 일관성을 해명하는 데 매우 유익한 거멀못 역할을 할 것이라고 생각한다. 왜냐하면 소년 또는 청년 인물은 함세덕의 초기, 중기, 후기 희곡에 걸쳐 일관성 있게 등장하고 있는 모티프이기 때문이다. 따라서 함세덕 희곡에 소년(청년)형 인물의 궤적이 어떻게 나타나고 있으며, 작가가 그러한 소년 인물에 그토록 집착한 원인과 함의는 무엇인지에 대해 규명한다면 그 극작세계를 관류하는 일관성을 밝히는 데 기여할 수 있을 것이라고 본다. 또 본고에서는 소년형 인물이 함세덕 희곡에서 주인공으로 기능하면서 아버지로 은유되는 어른과 갈등을 빚으며 부자갈등 구조의 형태를 취하고 있는 점에 주목하여 프로이트의 가족로망스 개념을 사용하고자 하는데, 이는 함세덕 희곡의 갈등구조 원리를 해명하는 데 유익한 관점을 제공할 것이라고 기대한다.

2. 발견된 순진무구(純眞無垢)로서의 소년 이미지

그렇다면 왜 함세덕은 소년 주인공의 형상화에 그토록 관심을 갖게 되었을까. 그의 개인사, 특히 그와 김소운(金素雲)의 관계에 주목할 필요가 있다고 생각한다. 그는 1934년 인천상업학교를 졸업하고 서울 충무로에 있는 일한서방(日韓書房)이라는 서점에 점원으로 취직한다. 상업학교 졸업생이면 대개 은행에 취직하던 관행을 깨고 서점에 들어가게 된 것은 극작가가 되려던 야심 때문이었던 것으로 보인다. 이 때 서점에 단골손님으로 드나들던 김소운을 알게 되어 극작가 유치진을 소개받게 되었을 뿐 아니라 당시 김소운이 주관하던 아동문학잡지 『목마』의 간행을 1~2년가량 돕게 된다. 김소운은 1933년에 일본에서 『언문조선구전민요집(諺文朝鮮口傳民謠集)』(第一書房)을 비롯해 『조선동요선(朝鮮童謠選)』(岩波書店), 『조선민요선(朝鮮民謠選)』(岩波書店)을 잇따라 번역, 출간하여 조선 시와 노래의 아름다움을 일본 지식인 사회에 알렸다.[15] 특히 『조선동요선(朝鮮童謠選)』 출간을 계기로 아동문학의 소중함을 발견한 그는 조선으로 돌아와 일어, 한글 혼용의 아동 잡지 『아동세계』, 『신아동』, 『목마』를 간행하였다. 김소운이 여러 개의 아동잡지를 출간하였던 것이 아니라 잡지의 출자가가 바뀔 때마다 그 제호도 바뀐 것이라고 한다.[16] 뜻도 모르는 일본 노래를 부르며 공놀이를 하는 식민지 조선의 아이들을 보고 "정치적

---

15) 임용택, 「근대한일문학교류소고」, 『분화와 심화, 어둠 속의 풍경들』, 민음사, 2007, 227면.

16) 윤진현, 『풍경, 함세덕』, 다인아트, 2008, 33면.

으로는 설사 그들의 지배하에 있다 하더라도 하늘이 준 **동심(童心)의 천진**이 이렇게 짓밟혀야 한단 말인가?"(강조는 인용자)라는 자각을 갖게 된 것이 김소운이 아동잡지 출간에 심혈을 기울이게 된 동기가 되었다고 한다.[17)]

충무로의 일한서방에서 점원과 단골손님의 관계로 함세덕과 김소운이 만나게 된 것은 대단히 운명적인 만남이 되었다. 이를 통해 함세덕은 극작가 유치진과 아동문학의 세계를 동시에 접하게 된 것이다. 유치진과 사제의 연을 맺어 일생 극작가의 길을 가게 되었고, 아동잡지 『목마』를 통해 '어린이'를 발견하게 되었기 때문이다. 김소운과의 만남은 결과적으로 그가 어린이를 소재로 한 희곡을 쓰게 되는 결정적 계기를 제공하였다. 결국 함세덕은 김소운을 통해 "동심(童心)의 천진"을 지닌 '어린이'를 발견하게 되었던 것이다.

수필가 김소운과 극작가 함세덕

17) 김소운, 「부러진 〈목마〉」, 『김소운 수필선집』 5, 아성출판사, 1978, 194~195면.

그렇다면, 함세덕에게 있어 '어린이'라는 이미지의 발견은 순전히 김소운의 영향에만 빚지고 있는 것일까? 그것만은 아니었을 것이다. 그의 성장배경에서도 어린이의 이미지를 발견할 만한 계기를 찾을 수 있다. 그에게는 다른 어머니[姜判心]를 가진 3살 위의 이복형 함금성(咸錦聖)이 있었다. 아버지 함근욱(咸根彧)이 나주군청 주사가 되어 인천을 떠나면서 일시 가족과 떨어져 살게 되었고, 이후 1915년 목포부청으로 발령이 나자 온가족이 목포로 이주하게 되었다. 함금성은 함근욱이 나주에 근무할 때 강판심과의 사이에서 태어났고, 함세덕은 3년 뒤 가족이 목포로 이주하던 무렵에 태어났다. 인천상업학교 학적부에 함세덕은 2남3녀의 '장남'이라고 되어 있지만 형이 1명 있는 것으로 기재되어 있다. 함금성은 공식적인 장남으로서 인정받지 못했지만 내부적으로는 함세덕의 형으로 인정받고 성장하였다. 그는 서울 중동(中東)학교를 마치고 조선의사검정시험에 합격하여 의사가 되었다. 그의 생모는 고향인 진도에 살았다고 한다.18)

이복형 함금성의 서사는 사뭇 업둥이 이야기(실제로는 의붓자식 이야기)와 흡사하다.19) 천덕꾸러기처럼 낯선 가족 틈바구니에서 성장하는 아이, 생모와 생이별한 아이로서 함금성은 자랐고, 함세덕은 그런 이복형을 곁에서 지켜보며 성장하였던 것이다. 가령, 파계한 비구니

18) 오애리, 앞의 글, 270~271면.

19) '업둥이(foster child)'의 사전적 의미는 "자기 집 문 앞에 있었거나, 우연히 얻거나 하여 기르는 아이"이다. 그런 의미에서 함금성은 업둥이는 아니며, 서자(step child)라고 하는 것이 옳다. 그럼에도 불구하고 이 논문에서 업둥이라는 용어를 사용하는 것은 프로이트의 가족로망스 개념을 원용하기 위한 것이다. 가족로망스 개념에서 사용하는 업둥이라는 용어는 가정 내의 부자 관계의 불화에서 비롯되는 것이므로 실질적으로는 서자에게도 통용될 수 있는 것이다. 따라서 여기서는 사전적 정의와 달리 비평적 개념으로써 업둥이라는 용어를 사용한 것이다.

와 포수 사이에서 태어나 심산고찰에 버려져 모성을 그리워하는 〈동승〉의 도념과 같은 인물의 형상화에는 이복형 함금성의 의붓자식 서사가 원형으로 작용했을 가능성을 배제하기 어렵다.[20] 또 이부(異父) 남매의 가련한 사랑을 그린 〈해연〉의 진숙과 세진, 그리고 계모 밑에서 성장하는 〈심원의 삽화〉의 일우와 같은 어린아이의 이야기도 역시 함금성의 의붓자식 서사에서 유래한 것으로 볼 수도 있을 것이다. 이복형 함금성이라는 개인사에서 유래한 '가련한 소년'의 이미지, 이것은 함세덕이 자기 성장배경의 기억을 통해 재구성해낸 또 하나의 "동심(童心)의 천진"을 지닌 희생자로서의 '어린이'라 할 수 있을 것이다. 어린 시절에 바로 곁에서 관찰한 친숙한 의붓자식 서사가 있었기에 함세덕은 〈동승〉의 도념, 〈해연〉의 진숙, 〈심원의 삽화〉의 일우, 〈닭과 아이들〉의 덕진 등과 같이 친모로부터 버려진 아이들의 이야기를 잘 쓸 수 있지 않았을까 생각한다.

한편, 윤진현은 그의 저서 『풍경, 함세덕』에서 모성에 대한 간절한 그리움을 보여주는 도념의 서사가 유사한 체험을 가진 김소운의 이야기로부터 기인했을 가능성이 큰 것이라고 해석하였다. 김소운은 어려서 아버지가 피살당하고 어머니가 애인과 함께 러시아로 떠나버리자 8살의 나이에 자기 어머니를 찾아서 부산에서 평양까지 단신으로 여행을 하였다고 하는데, 이러한 김소운의 경험담이 도념이라는 인물 형상화의 원형이 되었을 가능성을 제기하였다.[21] 이러한 해

20) 함세덕은 「동승」에 대해 "학창시대에 금강산에 천막생활 갔다가 마하연에서 본 사미승에서 얻은 환상이 이 작품을 집필하게 된 동기"라고 밝힌 바 있다. 함세덕, 「〈동승〉을 내놓으며」, 『동승』, 1947, 208면.

21) 윤진현, 앞의 책, 33~34 · 133면.

석도 충분히 설득력을 가진다.

그 기원이 김소운에서 비롯되었든, 혹은 이복형 함금성에서 비롯되었든 간에 한 가지 분명한 사실은 함세덕의 희곡 속에 표상된 어린이들은 대체로 "동심(童心)의 천진(天眞)"이 훼손당한 소년(소녀)들이라는 점이다. 〈산허구리〉(1936)에서 복실과 석이는 가난한 어촌의 불우한 환경에서 성장하는 아이들로서 혹독한 가난과 힘겨운 노동을 겪으면서 살아간다. 큰 형과 매형은 바다에서 목숨을 잃었고, 아버지는 상어 이빨에 다리를 잃었다. 마지막 남은 형 복조마저 풍랑을 만나 시신이 되어 돌아온다. 설상가상으로 과부로서 어린 자식과 살아가는 누나(분어미)는 도둑조개를 잡다가 곤욕을 당한다. 조개를 주워 생계를 보태던 석이는 조개껍질에 발이 찔려 아프다며 고무신을 사달라고 조르다가 아버지(노어부)에게 매를 맞는다.

석이 : 작은 성 고깃배 들올지 모르니 오늘 판돈으론 고무신 하나 사 신겠어요.

노어부 : 산허구리에 고무신 신은 놈 없어.

복실 : (무시무시하며) 항구서 싼거리가 났다고 벌써부터 신겠다고 하는 걸.

노어부 : 맘이 없나 돈이 없지.

석이 : 굴깍지에 뷔진 자리에 흙이 들어가면 쑤셔서 못 견디겠어요.

복실 : 신작로에 돌을 깔았는데 깜깜한 새벽에 가니까 돌부리에 채서 피가 줄줄 흐르는데요.

노어부 : 찰딱서니 없이. (주먹으로 볼치를 훔쳐 갈긴다. 석이, 비틀거

리며 쓰러진다)

복실 : (달려가 석이를 붙들고 반항적으로) 안 사주시면 고만이지. 웨 때리세요. 불면 꺼질 것 같은 등신만 붙은 아이를 때리기만 하면 제일이 세요?

노어부 : 뭣이 어째 요년.

석이 : 누나야 가만 있어. 너마저 마질라.[22)]

발이 아파 고무신을 사달라는 어린아이의 '천진한 동심'에 어른인 아버지는 폭력으로 응답한다.[23)] 혹독한 가난과 힘겨운 노동은 그 자체로도 어린아이에게 커다란 고통을 준다. 설상가상으로 거기에 가중되는 어른의 폭력은 어린아이에게 이중, 삼중의 고통이 된다. 가난과 노동, 그리고 어른의 폭력에 의해 동심의 순수함이 훼손되는 이 장면을 접하는 독자나 관객의 반응은 매우 착잡하고 서글플 수밖에 없을 것이다. 순수한 동심의 훼손이 멜로드라마적 감상을 끌어내고 있는 것이다. 함세덕 희곡의 또 다른 장면들을 보자.

①

도념 : 스님, 죽어서 지옥에 가드래두 난 내려가겠어요. 찾어오는 사름

---

22) 함세덕, 〈산허구리〉, 『함세덕문학전집』 1(노제운 편), 지식산업사, 1996, 43면.

23) 반면, 이철우는 〈산허구리〉의 석이에 대해 천진난만함을 지닌 아이다움보다 어른스럽고 내면적으로 성숙한 의젓함, 의연함을 지닌 인물로 해석한다. 이러한 관점은 〈무의도기행〉의 천명이나 〈동승〉의 도념, 〈낙화암〉의 륭의 해석에서도 일관되게 나타난다. 그는 천명, 도념, 륭의 어른다움, 의연함, 신중하고 소신 있음 등에 초점을 맞춰 어른 안타고니스들과의 대립구도를 설정하고 있다는 점에서 본고와 관점을 달리하고 있다. 이철우, 「함세덕 희곡의 연극성 연구」, 고려대 박사논문, 2002, 101~111면.

을 막지 않구 떠나는 사람을 붙들지 않는 것이 우리 절 주의라구 늘 말씀 하시지 않으셨습니까?

주지 : (열화같이 노하며) 수다스러. 한번 못 간다면 못 가는 줄 알어라. (미망인을 보고 선언하듯) 아씨께서 서방님을 잃으시고 외아들마저 잃으신 것도 다 전생에 죄가 많으셨든 탓입니다. 아씨 죄두 미처 벗지 못하시구 이 죗덩이를 데려다가 어떻게 하실랴구 이러십니까? 두 번 다시 이 이야기를 끌어내시랴거든 다신 이 절에 오시지 마십시오.

(…중략…)

도념 : 어머니, 이대루 그냥 도망이라두 가시지요.

미망인 : 그렇게는 못 한단다. 넌 이 절에 남어서 스님의 말씀 잘 듣구 있어야 한다.

도념 : 촛불만 깜박깜박하는 법당을 또 어떻게 혼자 지켜요? 궂은 비가 줄줄 나리는 밤이나 부엉이가 우는 새벽엔 무서워 죽겠어요.

미망인 : 너한테는 그게 숙명이니까 내 힘으루는 어떻게 할 도리가 없구나.[24]

②

옥례 : 아까, 느 아버지가 너 찾으시더라.

덕진 : 또 술 취하셨지?

옥례 : 그럼.

이뿐이 : 또 집에 가면 매 맞겠구나.

석이 : 그런데 입때 뭘 했냐?

24) 함세덕, 〈동승〉, 『함세덕문학전집』 1(노제운 편), 지식산업사, 1996, 94~95면.

덕진 : 닭 팔러 댕겼지 뭘 해? 이걸 팔어야만 할 텐데.

옥례 : 너 아버진 그 돈으로 술값 갚는다구 하시더라.

덕진 : 석아, 너, 이 수탉 한 마리 안 살 테냐?

석이 : 돈이 있나?

이뿐이 : 애 좀 봐, 암탉 한 마리 있는 것 때문에 밤낮 쌈을 하는데 그걸 또다시 뭘 하게?

덕진 : (길—게 한숨을 쉬며 혼잣말로) 난 언제나 이 동네서 떠나게 될는지?

석이 : 밤낮 넌 도망갈 궁리만 하냐?

덕진 : 참말이지 집에 들어가기가 황소 푸주깐 가는 것처럼 싫어 죽겠어. 이 닭만 팔면, 그걸루 차비해가지구 항구로 가버릴 테야.[25)]

①은 〈동승〉(1939), ②는 〈닭과 아이들〉(1940)의 한 장면이다. 〈동승〉에서 도념은 생모 대신 생모를 닮은 미망인의 수양아들이 되어 속세로 가고 싶어 하지만 주지의 반대에 부딪혀 그 뜻이 좌절된다. 14세의 사미승 도념이 속세로 가고 싶어 하는 것은 초부의 아들 인수처럼 어린아이답게 살고 싶은 욕망 때문이다. 어린아이다움을 추구하는 도념의 천진난만한 욕망이 불도의 논리를 강요하는 어른인 주지의 강압에 의해 안타깝게 좌절되고 만다. 물론 도념은 미망인의 수양아들 되기가 수포로 돌아간 뒤에 홀로 절을 떠나긴 하지만 그렇다고 해서 어린아이에 대한 어른의 폭력성이 무화되는 것은 아니다. 도념이 찾아가는 '속세'라는 공간은 아이다운 동심의 삶이 가능할 것이

25) 함세덕, 〈닭과 아이들〉, 위의 책, 271면.

라고 추정되는 세계일 것이다.

〈닭과 아이들〉에서 덕진은 닭을 팔아서 생계를 꾸려가는 소년이다. 그러나 그의 아버지는 그가 번 돈을 술값으로 탕진하고 돈을 가져다주지 않는 아들에게 폭력을 행사한다. 덕진에게 집은 숨 막히는 공간이고, 언젠가 닭 판 돈으로 여비를 마련해 항구(대처)로 도망칠 궁리를 한다. 노동으로 내몰린 아동과 그를 착취하는 아버지의 갈등, 그리고 아이는 그 질식할 갈등의 공간을 탈피하려 한다. 결국 그는 마을 사람들의 배웅을 받으며 아버지 몰래 마을을 떠난다. 그가 가고자 하는 공간은 '항구'다. '항구'는 아이가 아버지의 폭력으로부터 벗어나 아이답게 살 수 있는 곳으로 상징되고 있다. 두 작품은 공통적으로 소년들이 아이다움과 거리가 먼 종교적 수행(修行)과 노동을 강요하는 억압적 아버지(주지, 덕진 부)로부터 탈주하여 아이다운 행복한 삶이 보장되는 다른 세상을 찾아 떠나는 이야기를 그리고 있다.

함세덕은 위의 작품들뿐만 아니라 많은 작품들에서 어른들로부터 위협받는 아이들의 동심 세계를 그렸고, 이를 통해 비애와 슬픔의 정서를 이끌어내는 '글쓰기 전략'을 구사하였다. 또 그는 그러한 글쓰기 전략을 통해 서정적 리얼리즘의 세계를 성취하였고, 멜로드라마적 대중성을 획득하였다. 여기서 우리는 '전략'이라는 말에 유념할 필요가 있을 것이다. 즉, 함세덕이 의도했든 의도하지 않았든 간에 "동심의 천진"을 위협받는 아이들의 서사가 갖는 비애감은 근대에 들어서 구성된(invented) 이야기로부터 비롯된다는 점에 중요한 논점이 있다.

알려진 바와 같이, 순진무구(純眞無垢, innocence)한 존재로서 '아동

(child, enfant)'이라는 개념이 발견된 것은 17세기 이후의 일이다.[26] 그 이전에는 어른과 아동의 구별이 존재하지 않았고, 아이는 단지 '작은 어른'에 불과한 존재였다. 멀리 갈 것도 없이 불과 20세기 초까지 12,3세에 조혼을 하여 성관계를 갖고 자식을 낳는 것이 일상화 되던 한국의 전근대적 풍속만 보아도 쉽게 알 수 있는 것처럼, 근대 이전에 어른과 구별되는 '아동', '어린이'라는 관념은 없었다고 봐도 과언이 아니다. 근대 이전의 어린이(작은 어른)는 어른과 같은 옷을 입고 어른처럼 술과 담배를 먹고 음담패설을 주고받고 섹스를 했다. 아동(어린이)이라는 관념의 발명은 '의존성'이라는 관념과 결부되어 나타났다.[27] 아동이라는 관념에는 아직 미성숙하기 때문에 누군가에 의해 보호 받고, 훈육 받아야 할 의존적 존재라는 전제가 내포되어 있다. 따라서 근대 사회에서 아동은 학교, 가정, 사회에서 교사, 어머니, 의사 등으로부터 일정한 규율체계에 의해 교육 받고 훈육 받아야 할 존재로 인식되었다. 이러한 아동인식은 물론 근대 국가의 필요에 의해 창출된 것임은 물론이다.[28] 아동을 어른으로부터 분리하여 근대국민국가의 규율체제 내에 훈육 대상으로 편입시키기 위해서는 응당 아동 및 아동기에 대한 새로운 이미지 부여가 필요했다. 아동은 보호 받아야 할 약한 존재이면서 동시에 때 묻지 않은 '순수', '순진무

26) 필립 아리에스, 문지영 역, 『아동의 탄생』, 새물결, 2003 참조.

27) 오선민, 「역사 속의 어린이, 어린이의 역사」, 『모더니티의 지층들』(이진경 편), 그린비, 2007, 177면.

28) 가라타니 고진은 근대국가는 그 자체가 '인간을 다시 만들어내는 하나의 교육장치'라며 그러한 교육장치 기능을 하는 것이 공장=학교=군대라는 기관이라고 말한다. 아동, 청년은 이러한 기관을 통해 근대국가의 국민으로 양성되는 것이다. 가라타니 고진, 박유하 역, 「아동의 발견」, 『일본 근대문학의 기원』, 민음사, 1997, 176면.

구', '천진난만', '결백'의 존재로 표상되어야 했던 것이다.

함세덕의 희곡 속에서 그려지는 수난자, 희생자로서의 소년의 이미지는 이러한 순진무구, 순수, 결백을 전제로 구성된 것이다. 따라서 그들의 훼손되고 상처 받은 순진무구함은 관객으로 하여금 안타까움과 안쓰러움을 불러일으키는 것이다. 함세덕 희곡의 대다수는 동심의 천진을 훼손당한 소년 주인공의 이야기를 다루고 있다. 그의 희곡이 딛고 서 있는 멜로드라마적 메커니즘의 기층은 바로 이러한 점에 있다. 아이들의 천진난만한 동심은 절대 훼손당하면 안 된다는 관념은 절대순수를 신봉하는 낭만주의적 믿음에서 비롯되는 것이다. 그러한 믿음이 현실에서 파괴당하는 데서 오는 충격과 비애의 정서가 감상주의를 불러일으킨다.

일본의 아동문학에 나타난 소년 이미지들 가운데에도 '약한 어린이'의 이미지는 하나의 큰 흐름을 이루고 있는데, 대개 이러한 부류는 병이 든 어린이, 가난한 어린이, 학대받는 어린이 등의 형상으로 나타난다. 대체로 어른과 어린이의 권력관계에서 어린이인 것 자체가 약자가 되는 경우가 많은데, 이 '약자(弱者)'로서의 어린이 이미지는 감상주의와 섞이게 된다.[29] 어른과의 권력관계에서 비롯되는 소년의 약자 이미지는 궁핍, 불우한 가정이라는 외적 환경과 결합하여 자연스럽게 슬픈 감상주의를 이끌어내게 된다. 그리고 약자로서 소년 인물의 이미지가 만들어내는 감상주의가 희곡의 형식과 만나게 될 때 멜로드라마로 전이되는 것 또한 당연한 일이 된다.

〈닭과 아이들〉에서 덕진은 어린 나이에 학교도 다니지 못하고 닭

29) 가와하라 카즈에, 양미화 역, 『어린이관의 근대』, 소명출판, 2007, 105~126면.

장수를 해서 돈을 벌고 덕진의 아버지는 그 돈을 가로채 술을 마신다. 돈을 가져다주지 않으면 아버지에게 매를 맞는다. 그에게 있어서 집은 "황소 푸주깐"보다 못한 곳이다. 덕진의 이야기가 슬픈 감정을 불러일으키는 것은 그가 노동을 한다는 데서 온다기보다는 학교에 다니며 뛰놀 나이인데 보호받고 있지 못하다는 생각, 아동이 아동답게 키워지지 못하고 있다는 근대 사회의 일반적 통념에서 비롯되는 것이다. 이는 〈동승〉의 도념이나 〈산허구리〉의 석이, 〈무의도기행〉의 천명의 경우도 마찬가지이다. 파계한 비구니로부터 버림받고 심산고찰에서 사미승으로 수행하다가 주지의 반대로 속세행이 좌절되는 도념의 서사, 한참 뛰놀 나이에 조개 줍기를 하며 생계를 돕고 고무신을 사달라고 조르다가 아버지에게 매를 맞는 석이의 서사, 뭍에서 트럭운전사가 되길 바라지만 부모에게 등 떠밀려 어부로 바다에 나가 풍랑을 만나 죽는 천명의 서사가 비애감을 불러일으키는 것은 모두 아이다움의 순진무구(innocence)가 처절하게 희생되기 때문일 것이다.

이러한 훼손된 가치, 혹은 희생된 이상이라는 비극적 풍경이 함세덕의 희곡에서 만들어진 것은 그가 "동심의 천진"으로 표상되는 아동이라는 선취된 근대적 관념을 식민지 조선의 궁핍 현실 속에 적용시켰기 때문이다. 김소운에 따르면, 1930년대에 식민지 조선의 취학아동이 80만 명이고, 미취학 아동은 360만 명이었다고 한다.[30] 학교에 갈 나이인데도 학교에 가지 못하고 노동에 종사하는 아이들이 4배가 더 많았던 것이다. 마르크스에 의하면, 근대 자본주의 사회에서

30) 김소운, 앞의 글, 196면.

근대적 매뉴팩처든 근대적 가내공업이든 대공장이든 간에 가장 열악하고 불결하고 처참한 근로환경에서 가장 낮은 임금으로 혹사당하는 희생자는 여성과 아동들이다. 그들은 더럽고 열악한 노동환경 속에서 하루에 15시간 이상을 일하며 음란하고 무례하며 염치없는 습관들을 익히고 불량하고 방탕한 생활방식으로 살아가게 된다고 한다.[31] 근대 자본주의 사회에서 다수의 가난한 아동들은 이러한 환경 속에서 살아간다. 이 같은 근대 자본주의의 경제 현실에서 석이, 덕진, 천명과 같이 '노동하는 소년'이 당시에는 주위에서 흔히 볼 수 있는 보편적 현상이었지만,[32] 함세덕은 이미 선취한 근대적 아동관에 의거해 자신의 소년 인물들을 슬픈 희생자, 수난자의 비극적 이미지로 재구성해 낸 것이다. 김소운과 아동잡지 『목마』에 의해 매개된 근대적 아동 관념이 함세덕으로 하여금 고결한 순백의 아동 이미지를 창출하도록 만들었던 것이다. 그리고 그가 이러한 소년 이미지의 창조를 자신의 희곡 속에 성공적으로 재현함으로써 특유의 서정적 리얼리즘이 가능토록 했던 것이다.

3. 가족 로망스 아버지와 아들의 갈등

소년 주인공이 등장하는 함세덕 희곡의 전형적 갈등구조는 '아버

---

31) K. 마르크스, 김수행 역, 『자본론』 1(하), 비봉출판사, 1989, 581~633면.
32) 어린아이는 자기 의지가 아닌 부모의 의지에 따라서 노동하게 된다. 부모들은 처참한 빈궁과 곤핍으로 인해 자기 아이들을 파는 노예상인이 된 것이다. 김경수, 「어린이의 시간과 공간-순응인가, 아니면 생산적 변화인가?」, 『문화과학』 21호, 2001년 봄, 44면.

지 / 아이(아들)'의 갈등을 다루고 있다는 점이다. 이때 대개 아버지는 권력자로 등장하고 아이는 아버지의 힘에 의해 자신의 욕망이 좌절되는 희생자로 나타난다. 아버지 / 아이(아들)의 갈등, 다시 말해 '부자(父子)갈등'은 대체로 '권력자=아버지 / 희생자=아이'의 형태로 환원될 수 있는 것이다. 아이의 욕망은 아버지의 권력에 의해 좌절되고, 아이는 자신이 아버지에 의해 수난 받고 있다고 생각한다. 〈산허구리〉에서 '노어부 / 석이'의 관계, 〈동승〉에서 '주지 / 도념'의 관계, 〈해연〉에서 '등대지기 / 진숙', '안의사 / 세진'의 관계, 〈무의도기행〉에서 '낙경 / 천명'의 관계, 〈닭과 아이들〉에서 '덕진부 / 덕진'의 관계, 〈낙화암〉에서 '의자왕 / 륭'의 관계, 〈추장 이사베라〉에서 '이사베라 / 요셉'의 관계 등이 그러하다. 이들의 관계는 대개 '억압하는 아버지 / 억압당하는 아들'의 구조를 보여준다. 이 부자 관계에서 아버지의 권력과 아들의 희생 사이에서 발생하는 힘의 불균형, 그리고 그 비극적 결과로 빚어지는 아이(아동)의 희생은 동심의 순진무구함이 상처받고 훼손당하는 의미를 갖는 것이어서 더더욱 서글픈 일이라는 멜로드라마적 공식이 발생한다는 것은 앞에서 이미 언급하였다.

이 멜로드라마적 공식에서 대개 소년 주인공은 억압적인 아버지를 부정하고 현실의 아버지 너머에 있는 다른 세계를 동경한다. 이 다른 세계를 우리는 '다른 아버지'라고 볼 수 있다. 프로이트에 따르면, 부모로부터 무시를 당하는 아이는 자기 아버지가 친아버지가 아니고 자기는 업둥이나 의붓자식일지 모른다고 생각하며, 자기의 진짜 아버지는 현실의 아버지보다 더 고귀하고 고상한 사람(다른 아버지)일 것이라고 믿게 된다는 것이다. 즉 현실의 아버지를 부정하는 욕망을 갖게 된다는 것이다. 이렇게 해서 부모에게 무시당한 아이는 스스로를 업둥이나 의붓자식으로 규정하고 어딘가에 있을 보다 고상한 진짜 아버지를 찾아 나서게 되는데, 프로이트는 이러한 서사를 '가족 로망스(family romance)'라고 불렀다.[33] 그는 더 나아가 이러한 가족 로망스가 발생하게 되는 것은 아이가 현실의 아버지를 제거하려는 것이 아니라 어린 시절에 믿었던 좋은 아버지의 기억으로 돌아가는 것이라고 말한다. 사라져간 행복한 시절에 대한 갈망의 표현이 바로 현재의 아버지에 대한 부정과 새로운 아버지 찾기의 형태로 나타나는 것이다.[34]

함세덕 희곡에 나타난 아버지 / 아이(아들)의 갈등 형태도 이러한 가족 로망스의 관점에서 재음미해 볼 수 있다. 〈동승〉에서 주지와 도념의 갈등은 전형적인 부자갈등의 변주 형태이다. 파계한 비구니와 포수 사이에서 태어나 절에 버려진 도념(14세)은 실제적인 고아이다. 그는 늘 자신의 생모를 그리워하고 만나는 사람마다 생모에 관해 묻는다. 그리고 자신이 부모에 의해 버려진 존재라는 점에 대해 슬퍼한다. 그러다 절에 불공드리러 온 미망인의 자태에 반한다. 더군다나 그녀는 자기 생모와 닮았다고 하지 않은가. 그는 미망인의 눈에 들어 그의 수양아들이 되어 속세로 가기로 약속한다. 주지도 망설이다가 허락한다. 그러나 도념이 자기 생모에게 선물로 주기 위해 토끼를 잡고 털목도리를 만들어 불상 뒤에 감춰놓은 사실이 밝혀

33) 지그문트 프로이트, 김정일 역, 『성욕에 관한 세 편의 에세이』, 열린책들, 1996, 199~200면.
34) 위의 책, 202면.

지면서 불교의 계율을 어긴 죄로 속세행이 좌절되고 만다. 결국 그는 미망인의 수양아들 되기를 단념하고 몰래 절을 빠져나와 속세로 향한다.

도념은 본래 심산고찰에 버려진 고아이므로 실제적인 고아의식을 갖고 있다. 그는 자신의 생모를 그리워한다. 하지만 그의 생부 포수에 대해서는 전혀 관심이 없다. 주지가 그에게 현실의 아버지나 다름없는 존재이기 때문이다. 그러나 그는 도념의 어린아이다운 욕망을 불도의 논리를 내세워 억압한다. 생모가 어디에 사는지를 알려달라는 도념에게 주지는 "네 에미란 대죄를 지은 자야. 너에겐 에미라기보다 대천지원수라는 게 마땅하겠다. 파계를 한 네 에미 죄의 피가 그 피를 이어받은 네 심줄에 가뜩 차 있으니까, 너는 남이 한 번 헤일 염주면 두 번 헤어야 한다"[35]라고 윽박지르며 야단친다. 그리고 도념의 미망인 수양아들 되기에 반대하며 그의 속세를 향한 욕망을 좌절시킨다. 아직 불교의 깨우침을 얻지 못한 그에게 주지의 논리는 납득하기 어려운 것이다. 그에게 주지는 단지 자신의 욕망을 무시하는 나쁜 아버지(현실의 아버지)일 뿐이다. 그가 심산고찰을 떠나 속세로 가는 것은 단순히 자신의 생모를 만나기 위한 것이 아닐 것이다. 주지처럼 자신을 윽박지르거나 자기논리를 일방적으로 강요하지 않는 고귀하고 따뜻한 아버지, 이상적 아버지(부모상)를 찾아나서는 것으로 볼 수 있다. 자신을 이해해줄 수 있는 설득력 있고 합리적인 '다른 아버지'가 속세, 즉 더 넓은 세상 어딘가에 있다고 믿는 것이다. 이상적 아버지를 찾아나서는 소년의 모험과 길 찾기, 그것이 바로 정치적

35) 함세덕, 〈동승〉, 앞의 책, 91면.

고아의식을 지닌 자가 근대적 주체로서 자신을 정립하는 성장의 서사가 되는 것이다.[36]

이러한 점에서 〈낙화암〉도 〈동승〉과 유사한 형태를 지닌다. 백제 멸망사를 다룬 〈낙화암〉의 기본 갈등구조는 륭(20세)과 문사(16세)를 비롯한 백제 충신들 대(對) 의자왕과 태, 신라 첩자, 백제 간신들의 대결양상을 보여준다. 다시 말해, 백제를 구하려는 세력과 백제를 기울게 만드는 세력 간에 벌어지는 힘의 갈등이라고 할 수 있다. 이 정점에 의자왕과 태자 륭이 있다고 할 수 있다. 이들 역시 아버지와 아들의 관계다. 태자 륭은 자신의 조카 문사를 비롯한 충신들과 더불어 기울어가는 나라를 회복시켜 보려고 갖은 애를 쓰지만 그의 아버지 의자왕은 신라에서 온 왕비 시나라에게 매혹되고 간신배들에 둘러싸여서 온전하게 국사를 돌보지 못하고 실정(失政)을 거듭하게 된다. 이를 둘러싸고 의자왕과 륭은 갈등을 빚는다.

왕 : 자식이 다 잘난 체해도 제대로 된 것이 아니야. 자식만 못한 아비가 없어. 너 하나도 이렇게 알뜰히 교육해놓은 홍수가 일국의 대사를 온전히 할 리가 없지 아니하냐? 짐의 성미를 돋지 말고 비키어라.

륭 : 신은 못 물러가겠나이다.

왕 : 정말 물러나지 못하겠느냐?

---

36) 권명아, 『가족이야기는 어떻게 만들어지는가』, 책세상, 2000, 22~23면. 그 이상적 아버지는 학교나 정치 현실, 또는 생활 현장 그 어딘가에 존재할 수도 있고 그렇지 않을 수도 있을 것이다. 어쩌면 그 이상적 아버지가 어디에도 존재하지 않아서 실망하고 다시 심산고찰로 돌아갈 수도 있다. 그러나 그가 다시 심산고찰로 돌아갔다 해도 그는 떠날 때와는 달리 깨달음을 얻어서 돌아가는 것일 터이다. 그런 의미에서 그는 이미 성장한 것이다.

륭 : 임자의 계책을 쓰실진대 그 칼로 신의 목을 찌르시고 환전하옵소서.

왕 : 오, 이놈이 뉘 앞에다 목을 내미는고?

문사 : (륭 옆에 꿇어앉히며) 하나바나마, 숙부의 말을 아니 들으실진대 왕성이 쑥밭이 될 것은 해를 봄과 같사오니, 살아 칠백년 번영으로 내려오든 이 나라가 망하는 걸 보느니 차라리 숙부와 함께 죽고저 하나이다.

효 : (문사를 붙들고) 문사야, 문사야.

왕 : 짐이 그래도 저걸 돈보아 형을 둘이나 젖혀놓고 왕위를 이으게 할렸드니 이제 짐이 그 앙화를 받나 보다.

륭 : 그 버려야 신을 자도 없을, 짚신짝 같은 망국의 태자, 언제든지 도로 가져가옵소서.

왕 : 망국의 태자? 네놈 그 입에서 감히 그 소래가 목구멍을 넘나냐? (칼을 빼신다)

(…중략…)

륭 : (절망적으로 고개를 떨어트리고) 3년간 빼보신 적이 없으신 칼이오니 그 녹슬은 칼엔 악이 맺힌 신의 목도 버혀질 것 같지 않나이다.

왕 : 뭐, 뭐, 뭐라구?

효와 의직을 뿌리치시고 소도(小刀)를 빼서 던지신다. 륭, 다리에 맞고 쓰러진다. 선혈이 궁상(宮床)에 흐른다.

문사 : 조왕마마, 이것이 벌하신 모―두입니까? 이럴 것을 웨 신에게 고마미지현에 갔다오라 하셨나이까?

왕 : (눈물이 글성글성하시며) 어지어 내일이여, 어지어 내일이여. 애들

아, 누가 없느냐?[37)]

륭은 흥수와 더불어 나당연합군을 막을 비책을 건의하나 의자왕은 이를 듣지 않을 뿐 아니라 오히려 신라와 내통한 간신배들의 간언에 귀를 기울인다. 이에 격분한 륭이 아버지 의자왕에 대해 반항하는 태도를 보이다가 다리에 칼을 맞게 된다. 륭은 의자왕의 적자로서 왕위를 물려받기로 정해진 태자의 신분이어서 업둥이나 의붓자식과는 현실적으로 거리가 멀다. 그러나 그 아버지가 신라 출신의 왕비 시나라와 간신배들에게 둘러싸여 충신들의 충언을 듣지 못하고 륭을 멀리 하는 한 그는 고립된 고아나 다름없다. 그가 제 아비에게 할 수 있는 것은 극단적인 도전과 저항뿐이지만 그것은 왕의 강력한 응징을 부른다. 이런 의미에서 '의자왕 / 륭'의 부자갈등 관계는 '나쁜 의붓아버지 / 가련한 업둥이'의 갈등에 다름 아니다. 그러나 륭이 '나쁜 왕(현실의 아버지)'를 부정하고 '모반'을 꿈꾸는 것은 아니다. 그는 '고귀한 왕(다른 아버지=聖君)'을 갈망하지만 그것이 왕(아버지)에 대한 부정을 의미하는 것은 아니고, 왕(아버지)이 과거 어린 시절 기억 속의 좋은 왕[海東曾子]으로 되돌아가길 바라는 것이다. 그러나 현실의 아버지를 적극적으로 부정하지 못한 우유부단함이 그의 한계가 된다. 의자왕은 결국 과거의 좋은 아버지[聖君]로 다시는 돌아가지 못했고, 그 결과 의자왕이 '다른 아버지'가 되길 바라는 륭의 갈망도 무망한 일이 될 수밖에 없었다.

인도네시아 발리 섬을 배경으로 한 〈추장 이사베라〉 역시 부자갈

37) 함세덕, 〈낙화암〉, 앞의 책, 195~196면.

등이 중요한 갈등 축을 형성하고 있다. 식민지 조선의 작가가 남방(南方)을 배경으로 한 희곡을 쓴 것은 당시 제국 일본이 '대동아전쟁'을 수행함에 따라 '해양정신(海洋精神)'과 남방 진출을 강조하는 해양 정책을 적극적으로 편 데서 기인한다. 함세덕은 이 작품을 쓰기 전해에 빠뇰의 〈마리우스〉를 인천을 배경으로 번안, 각색한 〈흑경정(黑鯨亭)〉(1941.9)을 발표하여 좋은 반응을 얻은 바 있는데, 이 작품 역시 '남양(南洋)에 대한 동경과 꿈'을 그린 것이어서 대동아공영권 건설과 남양에의 진출이 요구되던 당대 시국에 부합하는 작품으로 평가받았다.[38] 그러나 그보다 흥미로운 점은 이 작품의 경우 '부자갈등'이라는 양상이 표면적인 것과 이면적인 것으로 이중화되어 있다는 점일 것이다. 먼저, 표면적 부자갈등을 살펴보면 추장 이사베라와 그 아들 요셉이 저항운동을 하다 감옥에 갇힌 차남 상기라의 구출문제를 둘러싸고 빚어지는 갈등을 들 수 있다. 네덜란드의 지배를 받고 있는 발리 섬의 추장 이사베라에게는 세 아들이 있었는데, 네덜란드에 대항하는 저항운동으로 인해 이미 첫째 아들을 잃었고 둘째 아들 상기라는 감옥에 갇혀있다. 셋째 아들 요셉은 감옥에서 갈증으로 시달리는 형 상기라에게 물을 먹이기 위해 네덜란드 상인 사리강에게 협조한다. 이에 네덜란드인에게 저항적 태도를 지닌 추장인 이사베라는 자신의 명령을 듣지 않은 마지막 아들 요셉을 총으로 쏘아 죽인다.

38) 이상우, 「현대극장 시절의 함세덕과 「황해」」, 『근대극의 풍경』, 연극과인간, 2004, 194~195면; 권명아, 『역사적 파시즘』, 책세상, 2005 참조.

이사베라 : 갈수록 학대와 착취는 심해질 겁니다. 머지않아 우리 토인들은 그나마두 썩은 열매 내버리듯, 이 섬에서 내쫓기게 될 겁니다.

후지키 : (날카롭게 질책한다) 라-쟈, 아까 나와 한 약속을 잊었습니까?

이사베라 : (찔린 듯이 몸을 떤다)

후지키 : (이사베라의 어깨에 손을 얹고) 나를 믿어주시오. 나를 믿는 것이란, 우리 일본이 정의를 위하야는 언제든지 싸운다는 것과, 여러분께 행복과 평화를 약속하는 팔굉일우의 국책을 믿는 것입니다.

이틈을 타서 요셉, 물병을 들고 담을 엄어 달려간다. 행길에서 들어오는 산시리아와 쾅하고 부듲힌다.

이사베라 : (분노에 찬 소래로) 요셉.

요셉, 뒤도 안 돌아보고 탈토(脫兎)같이 질주한다. 이사베라, 격분하야 포후(咆吼)하는 듯한 노성(怒聲)으로 "요셉", "요셉"하고 쫓아간다. 산시리아도 덩달아 "요셉", "요셉" 불른다. 이사베라, 가다가 말고 요셉을 겨냥하야 방아쇠를 잡아당긴다. 찰나, 산시리아와 후지키가 이사베라를 막었으나 벌써 늦어졌다. 총성과 함께 가느단 비명이 비단을 찢는 듯 들려올 뿐. 노부, 총소래에 놀라 안에서 뛰어나오드니 쓰러진 자식을 발견했나보다. "요셉" 하고 미칠 듯이 규환을 치며 밖으로 달려간다. 후지키, 뒤쫓아 나간다. 이사베라의 눈에서는 눈물이 뚝뚝 떨어진다.[39)]

---

39) 함세덕, 〈추장 이사베라〉, 앞의 책, 470~471면.

요셉이 네덜란드인 사리강에게 협조한 것은 갈증으로 고통 받으며 죽어가는 형을 구하기 위한 소년다운 순수함에서 비롯된 것이었음에도 이사베라는 부족 추장인 자신의 정치적 의지를 거역했다는 이유로 총을 쏘며 요셉의 행위를 제지하다가 죽게 만든다. 다시 말해, 아버지의 정치적 신념(종족, 민족=공적인 것)이 자식의 소년다운 순수함(가족=사적인 것)을 억압하고 종국에는 자기의 뜻을 고집하기 위해 어린 아들을 희생시킨 것이다. 자기 자식을 살해했다는 점에서 이사베라는 잔인한 아버지가 된 셈이지만 그럼에도 불구하고 그는 이 작품에서 여전히 프로타고니스트로서 긍정적 인물의 지위를 갖는다. 왜냐하면 그가 아들 요셉을 죽인 것은 공적인 것이라는 더 큰 대의를 위해 불가피하게 치룬 사적인 것의 희생이기 때문이다. 물론 그에게 있어 대의라는 것은 족장으로서의 정치적 지위에서 비롯된 것이다. 함세덕의 이전 희곡과는 달리, 어린 자식에게 억압적인 아버지이긴 하지만 그의 아동에 대한 억압행위가 긍정적으로 해석되는 것은 "팔굉일우의 국책을 믿는" 그의 정치적 신념 때문이다. 그러나 그의 이러한 정치적 신념은 외세 의존적인 것이다.

바로 이러한 의존성 때문에 이사베라는 이 작품의 이면적 부자갈등 구도에서 아들의 지위를 갖게 된다. 이사베라를 아들의 위치에 대입시키면 악독한 네덜란드 상인 사리강이 현실의 나쁜 아버지가 되고, 발리 섬 원주민의 해방을 후원하는 일본인 열대병 연구자 후지키가 이상적인 고귀한 아버지가 되는 것이다. 따라서 이사베라는 아들 요셉과 원주민에 대해서는 권위적인 인물이지만 후지키에 대해서는 의존성을 지닌 '어린 아이'같은 존재일 뿐이다. 때문에 어린 아들을 죽이고 난 뒤 그는 후지키에게 "나는 내 땅, 내 재물 다—뺏기고, 저것으로 우리 집 가계(家系)는 끄쳤습니다. 인제는 나도 시바도 믿을 수 없고, 후지키 센세이와 일본만 믿습니다"(474면)라고 토로하는 것이다. 이에 대해 후지키는 "염려 마십쇼"라고 이사베라를 달랜다. 함세덕은 이 작품을 통해 팔굉일우의 대동아공영권 사상을 신봉하는 남양 황국신민(皇國臣民)의 탄생을 찬양하고자 했지만, "후지키 센세이와 일본"이 없는 이사베라는 주인(주체) 없는 노예(타자)에 불과할 뿐이다. 즉, '후지키 / 이사베라'의 관계는 '제국 일본 / 대동아 신민'의 관계를 환유하는 동시에 '아버지 / 아들'의 관계이자 '주인 / 노예', '주체 / 타자'의 관계를 함의하는 것이라 할 수 있다. 이 '아버지=주인 / 아들=노예'의 관계에서 아들은 나쁜 주인을 추방하고, 믿고 추종할 만한 고귀한 주인을 대신 섬기는 것으로 '새로운 아버지'를 발견할 수밖에 없었다. 식민지 현실에서 나쁜 아버지를 대신할 대안적 아버지의 발견은 이러한 전체주의적 전도를 통해서 나타날 수밖에 없었던 것이다.

4. 새로운 청년의 탄생

현실의 아버지에 대한 부정과 새로운 아버지 찾기의 모험과정을 통해 근대적 주체를 형성하는 가족 로망스는 새로운 아버지, 이상적 아버지에 대한 가능성이 보이지 않는 한 명쾌한 낙관적 결말을 보여줄 수 없다. 〈동승〉이나 〈낙화암〉이 현실의 아버지에 대한 부정은 나타나지만 그것을 대신할 만한 새로운 아버지의 대안이 뚜렷하지 못했기에 그 결말은 비극적 여운이 남는 것이었다. 〈동승〉의 결말에서 도념이 바랑을 짊어지고 속세를 향해 비탈길을 내려오지만 현실적으로 그의 앞을 기다리는 것은 굶주림과 생활고일 뿐이다. 굶어죽거나 부랑자가 되거나 다시 심산고찰로 되돌아가는 길밖에는 남지 않을 것이다. 〈낙화암〉의 결말도 비극적이기는 마찬가지다. 륭과 문사, 애국충신들은 모두 죽거나 체포되어 고통을 겪는다. 그들을 따르는 삼천궁녀들은 아비 잃은 자식들처럼 방황하다가 낙화암에서 투신하는 길을 택한다. 륭 자신이 의자왕을 모반하고 스스로 '다른 아버지'가 되어서 나라를 구하기에 나서지 않는 한 비극적 결말을 피하기 어렵다.

그러나 일제 말기에 접어들어 함세덕의 희곡에 전체주의 사상이 개입해 들어오면 가족 로망스에 새로운 양상이 나타나기 시작한다. 국가(사회) 공동체의 강력한 요구에 의해 현실의 아버지가 마음을 고쳐먹고 다른 아버지로 탈바꿈하게 된다. 그러한 원형을 앞서 〈추장 이사베라〉에서 살펴본 바 있다. 이밖에 〈감자와 쪽제비와 여교원〉, 〈거리는 쾌청한 가을 날씨〉 등에서도 현실의 나쁜 아버지가 과거 어린 시절의 좋은 아버지로 되돌아오는 결말을 보여준다. 두 작품은 공히 사리사욕(私利私慾)을 추구하는 인색한 아버지와 공익(公益)을 우선시 하는 자식 간의 갈등을 다루고 있다. 〈감자와 쪽제비와 여교원〉에서 국가총동원법에 따른 당국의 감자 공출 정책에 협조하지 않고 몰래 감자를 토굴에 숨겨두었다가 거간꾼에게 팔아넘겨 사익을 추구하는 진풍년의 탐욕에 대해 그의 딸 수방은 거부감을 나타낸다.

족제비를 잡는 소동에 의해 진풍년이 토굴에 감자를 숨겨두었다는 사실이 폭로되어 궁지에 몰리게 되자 소학교 교사인 수방은 기지를 발휘하여 먹을 것이 없어 학교에 등교하지 못하는 아이들에게 감자를 가져가도록 함으로써 졸지에 진풍년을 마음씨 좋은 독지가로 보이게 만든다.

풍년 : 이년아, 뭐가 괜찮단 말이야? 가서 한 개라두 못 집어가게 하진 않구, 모두 가져 가라믄 어쩌자는 거야?

수방 : 우리 것 아닌데 어때요? 설마 아버지가 감잘 파묻어 두시진 않으셨겠지요?

풍년 : 파묻진 안 했지만…… (금시에 울음이 터질 듯) 파묻진 안 했지만……

이때 군 서기, 행길로 뛰어온다. 진풍년은 만사를 체념하고 처분만 기대린다.

군 서기 : 아깐 그렇게 없다드니, 저—기 패구 있는 건 뭐야?

풍년 : …….

군 서기 : 식량 감추고 공출 안 하면, 전시 총동원법에 걸려 처형당하는 줄 몰라?

풍년 : …….

군 서기 : (팔을 잡아끌며) 군청으로 잠깐 갑시다.

풍년 : (매달리며) 나리, 용서해주십쇼.

군 서기 : 용서할 께 따로 있지, 공출 위반은 국적 행위야.

수방 : 사실은 그 감잔 공출을 피할라구 감췄든 게 아니라, 구정리 애들이 점심이 없어 학교 못나오게 될 때 줄려구, 저장해뒀든 거에요.

군 서기 : 그럼 지금 패는 게 바루 거기 쓸 겁니까?

수방 : 네, 학교에 갖다두면 저장이 서툴러, 장마에 썩힐까봐 저희 밭에 묻어뒀었어요.

군 서기 : 아까 길에서 교장선생을 만나 댁에서 감잘 기부해준다는 얘긴 들었지요. 난 진영감이 그렇게 독지가이신 줄은 전연 몰랐는데요?

풍년 : 네, 나, 난 도, 독지갑니다.[40]

수방의 기지 발휘에 의해 사익을 추구하던 진풍년이 졸지에 공익을 위해 봉사하는 독지가가 되고 만다. 진풍년의 멸사봉공이 비록 자발적인 것이 아니고 딸의 지략에 의한 불가피한 것이었지만 결과적으로 그는 사익을 탐하는 나쁜 아버지에서 공익을 위해 봉사하는 좋은 아버지로 환원된다. 이러한 바람직한 아버지상이 등장할 수 있게 된 배경에는 극단적인 공익제일주의를 기반으로 하는 파시즘의 사상이 자리하고 있다. 현실의 아버지를 대신하는 다른 아버지(이상적 아버지)의 구체성 찾기가 사실상 식민지 현실에서 불가능할 수밖에 없었지만, 일제 말 파시즘체제의 연극에서는 비록 허구적인 것일지라도 체제가 요구하는 '이상적 아버지'상이 극에서 제시되지 않을 수 없었을 것이다. 함세덕도 그로부터 자유로울 수 없었고 결국 어정쩡한 타협을 택하고 마는 것이다. 때문에 그는 일제의 국책에 흔쾌하게

40) 함세덕, 〈감자와 쪽제비와 여교원〉, 앞의 책, 433~434면.

솔선수범하는 이상적 아버지상 대신에 과오와 결함을 지닌 나쁜 아버지가 공공의 이익 앞에 회개하고 다시 좋은 아버지로 돌아오는 서사를 사용함으로써 역할 전도에 의한 희극적 웃음을 유발하는 동시에 국책에 부응하는 효과를 거둘 수 있었다.

이는 〈거리는 쾌청한 가을 날씨〉[41]에서도 마찬가지다. 자기 집 뜰에 큰 느티나무를 가진 전당포 주인 만다이쿠라조[萬代藏造]는 선조의 유언대로 느티나무를 베어 전당포 창고 만드는 데 사용하려고 하지만 마을 사람들은 국가를 위해 헌납하라고 요구한다. 심지어 옆집에 사는 초부(樵夫)조차 느티나무를 베어달라는 그의 요구를 거절한다. 그럼에도 그는 마을 사람들의 헌납 요구를 거절한다. 그러나 병사로 출전한 아들 신이치[晨一]가 신체적 결함으로 군대에서 쫓겨나 집으로 돌아와서 자신이 국가에 대해 봉사하지 못한 대신에 느티나무를 헌납하자고 설득하자 결국 동의하고 만다. 그리고 신이치는 남방(南方)의 군속으로 자원한다. 쿠라조는 마을 사람들 앞에서 "여러분, 아들 신이치의 수치스러운 일은 이 느티나무로 대신 갚아주겠습니다. 저는 아들을 보내는 것과 같은 마음으로 이 나무를 헌납하겠습니다. 자식이 출정했을 때 여러분에게서 받은 전별품은 잊지 않겠습니다"[42]라고 연설하며 우레와 같은 박수를 받는다. 이에 맞춰 나무를 베는 도끼소리가 울리고 쿠라조와 마을 사람들은 희망에 벅차오

---

41) 이 작품은 함세덕이 일본어로 써서 〈町は秋晴れ〉라는 제목으로 1944년 11월 『국민문학』에 발표한 것을 번역하여 전집에 수록한 것이다. 이 작품은 일본어로 썼을 뿐 아니라 배경이 일본 도쿄 근교의 무사시노[武藏野]라는 마을이고 등장인물들도 모두 일본인이어서 한국문학으로 귀속시키기에 논란이 있는 작품이다. 작가 부기에 따르면 이 작품은 함세덕이 일본 유학시절에 일본 전진좌(前進座) 극단의 배우들을 위해 쓴 것이다.

42) 함세덕, 〈거리는 쾌청한 가을 날씨〉, 앞의 책, 583면.

른다. 쿠라조는 인색한 개인주의자에서 공익을 위해 앞장서는 고상한 아버지로 거듭난 것이다.

그러한 아버지의 귀환에는 그 아들(딸)이 앞장을 선다. 이제 아버지의 아들, 딸은 더 이상 아버지의 폭력과 억압에 좌절하는 수난자, 희생자로서의 소년(소녀)이 아니다. "동심의 천진함"을 지닌 보호 대상, 훈육 대상으로서의 소년을 넘어서서 아버지의 과오와 결함을 바로잡고 다른 아버지로 변모하도록 만드는 국가 동량인 계몽자로서의 청년(青年)으로 탄생한 것이다. 물론 그러한 청년은 파시즘의 허구적이고 낭만적인 국가주의 담론에 의해 탄생한 것이었다. 계몽과 훈육의 대상으로서 '소년(少年)'이라는 개념이 근대에 들어 발명되었듯이, 근대적 신조어로서 '청년(青年)'이라는 개념은 근대국민국가의 정치적 실천의 주체라는 의미로 탄생한 것이다. 근대적 신조어인 '청년'은 전통적 용어인 '자제(子弟)'와 결합하여 '청년자제(青年子弟)'라는 합성어로 유통되었다.[43] '수방'과 '신이치'는 연령적으로나 기능적으로 더 이상 소년이 아니고 청년이라고 할 수 있다. 이들은 근대국민국가의 정치적 목표를 추진하는 이상화된 근대적 주체인 '청년'으로 형상화된 것이다. 한나 아렌트는 유토피아를 구상하는 사람은 (그 유토피아의) 독재자라고 말했다.[44] 정치적으로 이상화된 존재로서 발명된 '청년'은 언제든 파시즘의 첨병으로 전이될 수 있었던 것이다. 즉, 청년 담론의 파시스트화가 일어날 수 있었다는 것이다.

---

43) 윤영실, 「국민국가의 주동력, '청년'과 '소년'의 거리」, 『민족문화연구』 제48호, 2008, 101~102면.

44) 가라타니 고진, 앞의 책, 176면.

정치적으로 이상화된 존재로서의 '청년' 이미지는 사회주의운동에서도 활용되었다. 1920년대 사회주의운동에서는 청년의 의미를 강조하여 해방운동의 전위 역할을 부여하였으나 1930년대에 들어서 정통 마르크스주의 인식이 확산됨에 따라 계급론이 강화되면서 사회주의운동 속에서 청년의 혁명적 역할은 약화된 것이 사실이다.[45] 그럼에도 불구하고 좌파 작가들의 작품에서 청년은 여전히 사회주의운동의 정치적 주체로 등장했다. 해방 직후 좌익 작가로 변신한 함세덕의 경우도 마찬가지여서 이 당시 그가 쓴 〈기미년 3월 1일〉, 〈고목〉, 〈산사람들〉 등에서도 청년 인물들은 중요한 정치적 주체로 활약한다. 〈기미년 3월 1일〉에서 3·1만세운동의 주도세력인 성화여학교 학생 정향현, 목계숙, 진국진, 손소복, 그리고 전문학교 학생 강기덕, 김원벽, 한위건 등과 〈고목〉에서 우익 정치인을 추종하는 박거복으로부터 나무를 헌납하게 만드는 수국, 진이, 청년단원들, 그리고 〈산사람들〉에서 제주도 4·3항쟁의 주역들인 부용철, 고제곤, 부을나, 김석민, 송백 등이 그들이다. 〈기미년 3월 1일〉에서 정향현, 강기덕을 비롯한 여학생, 전문학교 학생들은 최린, 최남선, 송진우 등 이른바 민족 지도자들이 개인적 안위에 대한 걱정으로 명월관에서 기미독립선언을 합법적 형식의 실내행사로 치르려는 데 반발하여 거리로 나가 일제에 맞서 용감하게 유혈투쟁을 벌인다.

손병희 : 다—들 나갑시다.

---

45) 이기훈, 「'청년', 갈 곳을 잃다—1930년대 청년담론에 대한 연구」, 『역사비평』, 2006년 가을, 373~374면.

최린 : 우리가 밖으로 나가려면 치안법 문제까지도 생각지 않으면 안 됩니다. 옥외에서 선언하는 것과 옥내에서 선언하는 것은 법(法)의 경중이 있습니다.

강기덕 : (돌연 그의 팔목을 잡으며) 일천육백만 민족이 그 목숨을 내걸고 사생결단을 하자는 이 마당에 치안법의 중과가 문젭니까? 그렇게 목숨이 아깝다면 애당초에 웨 시작을 했습니까?[46)]

일제의 치안법을 어기면 안 되기 때문에 옥내집회를 고집하는 최린 등 기성세대의 민족지도자에게 민족의 앞날을 기대할 수 없다는 것, 그리고 이 기성세대를 대신하여 새로운 근대민족국가의 건설을 이루어낼 사람들은 순수하고 정의로운 젊은 청년, 학생들이라는 사실을 이 희곡은 힘주어 선포하고 있는 것이다. 청년의 핵심자질은 '교육'이었고, 청년은 학교를 주 무대로 삼는 계몽의 실천자였기에 학생과 동일시되기 쉬웠다.[47)] 〈고목〉에서 박거복이 나무를 헌납하도록 만드는 수국과 진이 역시 〈기미년 3월 1일〉에서처럼 여학생으로 설정된 것도 이와 같은 이유에서였을 것이다. 해방공간에서 함세덕은 좌익으로 전향하여 좌파적 성향의 희곡들을 썼지만 그의 희곡에서 사실 노동자, 농민들을 주인공으로 한 작품은 찾아보기 어렵다. 그에게 진정한 계급의식은 찾아보기 어렵다는 의미가 된다. 그의 좌익 전향이 그만큼 치밀한 계급주의적 인식에서 비롯되었다기보다 당대를 풍미하던 젊은 혁명적 열정에 휩쓸린 것이었을 가능성이 크다고 보는 것도 무리한

46) 함세덕, 〈기미년 3월 1일〉, 『함세덕문학전집』 2(노제운 편), 지식산업사, 1996, 212면.
47) 이경훈, 「오빠의 탄생」, 『오빠의 탄생』, 문학과지성사, 2003, 45~49면.

해석이 아닐 것이다. 해방기 그의 희곡들을 통해 볼 때 그는 계급의식보다 청년적 순수함을 신봉했던 것으로 보인다. 그에게는 마르크스주의보다 청년이라는 절대순수에 대한 낭만주의적 믿음이 더 강했던 것이다. 어쩌면 그에게 마르크스의 혁명적 열정이 청년적 순수와 등가로 받아들여졌는지도 모른다. 그런 의미에서 보면 '항일 → 친일 → 좌익'으로 변모한 그를 가리켜 변신의 귀재로 꼬집은 일부의 지적이 있었음에도 불구하고[48] 그의 극작세계에는 하나의 뚜렷한 일관성이 있었다고 할 수 있다. 그의 작품세계를 꾸준하게 일관하는 개념은 순수한 존재로서의 소년(또는 청년) 이미지였던 것이다. 그에게는 그것이 바로 하나의 이상(理想)이었다고 생각된다.

5. 맺음말

이제 결론을 맺자. 함세덕 희곡의 주요 인물들이 대체로 어린이, 소년(소녀)들이라는 점은 앞에서 충분히 언급하였다. 이 주요 인물들은 10대 중반에서 후반에 이르는 소년들이 주류를 이룬다. 이밖에 〈추석〉, 〈감자와 쪽제비와 여교원〉, 〈거리는 쾌청한 가을 날씨〉 등의 주요 인물들은 20세가 조금 넘는 청년들이지만 이들 역시 확장된 맥락의 소년들로 분류할 수 있다. 이 논문은 함세덕 희곡의 주요한 특징의 하나인 소년 주인공의 형상화 문제에 관심을 갖는다. 그러나 이 논문이 기존 연구와 다른 점은 크게 두 가지로 나뉜다.

48) 유민영, 「사실과 낭만의 조화」, 『함세덕』, 태학사, 1995, 10면.

첫째, 소년담론의 관점에서 함세덕 작품세계의 일관성을 규명한다는 점이다. 이제까지 함세덕의 작품세계에 대한 접근은 비일관성에 초점을 맞추어 해석하는 견해가 우세했다. 심지어 함세덕을 가리켜 '변신의 귀재'라고 부르는 경우도 있을 만큼 그의 극작세계에는 변화의 폭이 컸다. 대개 그의 작품세계를 초기, 중기, 후기로 나눠 초기는 서정적 리얼리즘, 중기는 친일극, 후기는 좌익극의 성격이 강한 것으로 보는 견해가 일반적이다. 물론 이러한 견해가 전반적으로 타당하지만 문제는 세 시기를 아우르는 극작세계의 일관성을 찾아보려는 노력이 그동안 많지 않았다는 점이다. 그러나 소년담론은 함세덕의 작품세계를 관류하는 하나의 일관성을 발견할 수 있는 시사점을 제공해준다는 점에서 의의가 있다.

함세덕의 작품세계를 꾸준하게 일관하는 개념은 순수한 존재로서의 소년(또는 청년) 이미지가 초기부터 후기에 걸쳐 지속적으로 나타난다는 점이다. 그것은 서정적 리얼리즘이든, 국민연극이든, 좌익연극이든 상관없이 함세덕이 일관되게 추구한 이상적 이미지였던 것이다. 그는 초기에는 억압적 가부장과 열악한 환경으로부터 고난 받는 소년의 이미지를 주로 그렸고, 1940년대 전반기와 후반기에는 억압적 가부장을 교정하고 극복하는 새로운 청년의 이미지를 묘사하였다. 물론 이 청년 이미지는 순결한 존재로서의 소년 이미지를 확장한 것에 다름 아니다. 청년 인물들은 왜곡된 아버지를 극복하고 한 단계 더 성장한 모습의 소년들이라고 해도 과언이 아니다. 슬프고 나약한 존재로서의 소년 인물이 1940년대에 건강하고 씩씩한 청년 인물로 바뀌게 된 것은 무슨 이유에서일까. 이는 다름 아닌 전망의 확득에 의해서라고 할 수 있다. 1940년대 전반기에는 일본 제국주의가 제시한 '대동아(大東亞)'라는 판타지가 존재했었고, 1940년대 후반기에는 함세덕이 신봉한 '민주주의인민공화국'이라는 판타지가 있었다. 이 판타지들이 왜곡된 것이든 그렇지 않든 그것은 극작을 하는 함세덕에게 하나의 뚜렷한 전망으로 작용하였던 것이다. 드라마 창작에서 확고한 전망의 제시는 의지적 행동을 지닌 강한 인물을 창조하도록 만든다. 신념과 소신을 지닌 청년 이미지는 이러한 맥락에서 탄생하게 되는 것이다. 순진무구(innocence)의 존재로서의 소년 이미지는 근대적 산물인데, 이는 아동문학을 통해 확산되었다. 젊은 시절 아동문학 잡지를 편집하고 동시를 쓴 경험이 있는 함세덕은 이렇게 근대에 들어 만들어진 소년관(少年觀)을 내면화 하면서 작가 활동을 하였고, 이는 그의 희곡작품을 통해 처음부터 끝까지 일관성 있게 반영되었다.

둘째, 가족 로망스의 개념을 통해 함세덕 희곡에 나타나는 '아버지 / 아이(자식)의 갈등' 관계 분석에 초점을 맞추었다. 프로이트에 따르면 현실의 아버지에게 무시당한 아이는 스스로를 업둥이, 의붓자식으로 규정하고 다른 곳에 있을 고상한 진짜 아버지를 찾아 나서게 되는데 이를 일러 가족 로망스(family romance)라고 규정한다. 함세덕의 희곡에는 '아버지 / 아이(아들)'의 갈등 형태가 상당 부분 등장하는데, 이러한 갈등구조를 가족 로망스의 관점에서 해석할 여지가 다분하다. 여기서는 주로 〈동승〉, 〈낙화암〉, 〈추장 이사벨라〉에 나타난 부자갈등 구조를 가족 로망스 개념을 통해 분석하였다. 〈동승〉과 〈낙화암〉에서는 아들을 무시하고 억압하는 현실의 아버지에 대한 부정이 강하게 드러나는 반면 현실 너머에 있는 고상한 진짜 아버지에 대한 갈망은 암시적으로만 나타난다. 그러나 〈추장 이사벨라〉의 경우 현실의 나쁜 아버지(네덜란드 상인) 너머에 이를 대신할 고상한 진짜 아버지(일본 열대병 연구자)가 직접 등장한다. 이 또한 함세덕 희곡에서 1930년대 전망 부재의 작품들과 1940년대 전망 획득의 작품들 사이에 나타난 차이라고 할 수 있다.

함세덕 희곡에 자주 등장하는 업둥이 / 의붓자식 서사는 한국의 식민지적 근대 상황, 함세덕 가계의 환경 등과 연관이 있다고 판단된다. 서구의 경우 오이디푸스 구조에 대한 부적응에서 비롯된 업둥이 의식이 발생한 반면, 우리의 경우 국가를 상실한 정신적 고아상태에서 기인한 실제적 업둥이의식이 존재하였기에[49] 우리 근대문학작품에서 업둥이의식은 자주 발견되는 현상이다. 여기에 함세덕이 어린 시절에 생모와 헤어진 이복형 함금성과 함께 살았던 개인적 경험이 더해져 업둥이 / 의붓자식 서사에 대한 작가적 관심이 더욱 컸던 것으로 보인다. 함세덕 희곡에서 가족 로망스 구조가 뚜렷한 실감을 얻고 있는 이유는 바로 이러한 점에 있다고 할 수 있을 것이다.

49) 나병철, 『가족로망스와 성장소설』, 문예출판사, 2007, 29~31면.

북한 희곡에 나타난 이상적 여성국민 창출의 양상

1960년대 이전과 이후 이상적 여성국민의 변화양상을 중심으로

1. 문제제기

가부장적 사회에서 남성의 성역할은 '공적 영역(public sphere)'과 관련을 맺는 것으로 인식되는 반면 여성의 성역할은 '사적 영역(private sphere)'과 관련되는 것으로 인식되는 경향이 있다. 다시 말해, 사회에서 경제 활동에 종사하며 가족의 생계를 책임지는 일은 남성의 성역할로, 가정에서 출산과 양육, 가사를 책임지며 가족을 뒷바라지 하는 일은 여성의 성역할로 인식되는 것이 가부장적 사회의 전형적인 성별인식구조라고 할 수 있다. 이러한 인식구조는 가부장적 사회의 성별분업구조(the division of labour)에 의해 형성된 것이다.

우에노 치즈코[上野千鶴子]에 의하면 국민국가의 젠더전략은 크게 분리형 전략과 참가형 전략으로 나뉜다. 근대 국민국가는 전시와 같은 국가적 위급상황에서 정치적, 경제적, 군사적 요구에 의해 여성의 사회적 동원을 필요로 하는 경우가 있는데, 이 때 여성의 사회적 동원을 위해 국민국가가 구사하는 젠더전략이 크게 분리형과 참가형으로 대별된다는 것이다. 분리형 젠더전략은 여성을 국가의 필요에 의해 동원하되 '충직한 국민'의 출산과 양육, 근로 동원 등 생물학적 재생산(出産, reproduction)과 경제적 생산의 역할로 성역할을 제한하는 것을 말한다. 즉, 일본의 전시 총동원체제에서 만들어진 "남자는 국외 '전선(戰線)'으로 여자는 국내의 '후방(後方)'으로"라는 구호가 말해주듯이, 총력전 속에서조차 전시 국가에 기여할 수 있는 남성과 여성의 성역할 범위는 '집'의 안팎을 기준으로 구별되었던 것이다. 총력전 상황에서도 공적 영역과 사적 영역이라는 성별분업체제를 완고하게 유지하면서 여성의 사회적 동원을 이끌어내는 여성동원 전략을 분리형 젠더전략이라고 말한다. 반면, 참가형 전략은 국가적 필요에 의해 여성을 동원하면서 과거에 남성의 성역할로 인식되었던 공적 영역으로 여성의 참가를 일부 허용하는 것을 말한다. 전시 총동원체제 속에서 독일, 일본, 이탈리아 등 파시스트 국가들이 분리형 젠더전략을 채택하여 여성의 참전을 허용하지 않은 반면 미국, 영국 등 연합국의 경우는 여성의 참전을 허용하였는데 이러한 사례가 참가형 젠더전략을 채택한 대표적인 경우에 해당된다. 물론 미국과 영국의 경우에도 국민국가의 젠더 경계(성별분업체계)를 최종적으로 해체시키는 여성 징병형의 참가형 전략을 채택하지는 않았다. 지금까지 어떠한 국가도 '출산, 양육, 가사'라는 여성의 근본적인 성역할 경계를 포기한 적이 없지만, 제2차 세계대전 당시 미국과 영국의 여성 참전 허용은 젠더 경계의 부분적인 해체를 수락하는 사례라고 할 수 있다.[1)]

국민국가의 젠더전략을 분리형과 참가형으로 나누는 것은 다소 도식적이며 근본적인 한계가 있는 것이 사실이다. 거의 모든 국가가 가부장적 사회를 굳건히 유지하고 있는 상황이며 성별분업체계라는 틀이 크게 흔들리지 않는 범위 안에서 이루어진 작은 구별이라는 점이 가장 큰 이유가 될 것이다. 그러나 비록 성별분업체계의 틀을 지탱하는 범위 안에서 이루어진 구분이긴 하지만 국민국가의 젠더전략을 보다 세밀하게 분석하는데 유용한 측면이 있다. 특히 전시 또는 국가적 동원이 필요한 위기 상황과 같은 특수 상황에서 특정 국가가 취하는 젠더전략의 특수성에 대해 이해하는 데 도움이 될 수 있다. 특히 북한의 경우에는 국가수립 시기, 전쟁기와 같은 국가 총동원 시기에 잠정적으로 참가형 젠더전략에 가까운 여성정책을 채택하였기 때문에 이러한 젠더전략의 변화양상을 분석하는 것은 특정 시기의 북한 문학작품을 분석하는 데 유용할 수 있다.

북한은 국가수립과정에서 매우 진보적인 여성정책을 실시하였다. 북한은 해방직후 이른바 '민주기지건설'의 과정에서 일련의 민주적 개혁입법을 시행하는데, 이 가운데 대표적인 것이 1946년 3월의 토지개혁법령, 6월의 노동법령, 7월의 남녀평등권법령의 제정, 공포이다. 1946년 7월 30일에 발포된 남녀평등권법령은 북한에서 최초로 남녀평등을 법제화했다는 점에서 그 역사적 의미가 매우 크다.[2)] 그

1) 우에노 치즈코, 이선이 역, 『내셔널리즘과 젠더』, 박종철출판사, 1999, 63~74면.

러나 이러한 제반 개혁입법은 사회주의 국가건설을 위한 총동원체제의 일환으로 수행된 것이라고 보아야 한다. 근본적으로 사회주의 국가에서 여성의 지위는 자본주의 국가에 비해 상대적으로 높은 편에 속한다. 이는 여성의 예속은 자본주의 사회의 구조적 모순에서 비롯되었으며, 노동자와 더불어 여성은 해방의 대상이 되어야 한다는 마르크스적 여성관에 기인한다. 그러나 억압받는 존재로서 여성을 규정하고 여성의 해방을 강조하였다는 점에서 마르크스적 여성관이 진보적인 것은 분명하지만 사회주의 국가에서 실제로 여성의 지위와 권리를 남성과 평등한 것으로 끌어올린 데에는 사회주의 혁명과 국가 건설과정에서 여성의 동원을 필요로 했기 때문임을 부인할 수 없다. 즉, 북한을 비롯한 사회주의 국가는 여성 노동력의 사회적 동원을 위한 합법적 근거로서 남녀평등에 관한 법률을 제정하였던 것이다. 북한 역시 여성의 사회적 동원을 위해 '남녀평등권법령'을 제정했고, 이에 따라 이 시기에 사회의 거의 전 분야에서 여성이 남성과 동등하게 일하고 동등한 임금 및 권리를 보장받게 된다. 외형적으로나마 성별분업체계의 부분적 균열이 나타나게 된 것이다. 1940년대 후반 북한의 젠더전략은 참가형 전략에 가까운 형태를 나타낸다. 그러나 1950년대 말부터 1970년대 초반까지 점진적으로 진행된 유일사상체계 수립과정에서 북한의 젠더전략에는 많은 수정이 이루어진다. 1960년대에 접어들면서 북한은 여성의 사회적 동원보다 현모양처형의 '모성(motherhood)'을 보다 강조하기 시작한다. 김일성의 어머니 강반석과 아내 김정숙을 본받자는 운동을 전개하면서 현모양

2) 윤미량, 『북한의 여성정책』, 한울, 1991, 48면.

처형의 모성적 여성국민을 이상화된 여성상으로 제시한다. 즉, 1960년대 유일사상체계의 확립과정을 통해 북한은 건국 초기의 젠더전략을 대폭 수정하고 성별분업체계의 온존, 유지로 회귀하면서 여성을 전통적인 성역할 영역에 묶어두려는 분리형 젠더전략을 강화하는 것이다. 북한은 여성을 전래의 성역할 속에 묶어두면서 모성에 충실한 새로운 여성국민상을 창출하는 것이 유일사상체계의 유지에 유리하다고 판단한 것이다.

기본적으로 북한사회는 건국 초기부터 현재에 이르기까지 여성에게 출산(재생산), 양육, 가사와 같은 전통적인 여성의 성역할과 증산과 사상투쟁과 같은 새로운 사회주의적 여성의 임무를 함께 부과시키면서 '슈퍼우먼'이 될 것을 강요해왔다. 그러한 점에서 북한문학에서는 고정적 여성상이 반복적으로 재생산되는 측면이 있다. 엥겔스에 의하면 생산단위로서의 가족은 가부장제적 부부관계에 기초하는 것이므로 소거되어야만 하고 남녀가 개별적으로 생산수단을 소유한 채 대등하게 결합하는 새로운 부부관계가 탄생해야 한다. 그러나 소련, 중국 등과 마찬가지로 북한도 생산단위로서 가족의 개념을 소멸시키지 못하였다. 북한은 가족 중심의 경제단위를 그대로 유지한 채 여성의 사회적 생산이 부가적으로 강요되었기에 여성은 양육, 가사노동과 사회적 생산을 모두 떠맡는 이중고에 시달리게 된 것이다.[3] 대체로 이러한 이중고는 북한 여성에게 건국 초기부터 현재까지 지속적으로 요구된 것이었음은 물론이다. 그러나 북한의 여성정책과 젠더전략을 보다 세밀하게 살펴보면 각 시기에 따라 미세한 정책의

3) 최영석, 「여성해방과 국가적 기획」, 『현대문학의 연구』 제23집, 2004.7, 305면.

차이가 존재함을 알 수 있다. 그중에서도 가장 특징적인 시기가 바로 국가수립시기(1940년대 후반)와 유일사상체계의 수립시기(특히 1970년대 초반)라고 할 수 있다. 첫 번째 시기에는 건국 총동원의 기치 아래 여성을 사회적으로 동원하기 위해 일시적으로나마 여성을 가정의 굴레에서 벗어나도록 국가가 배려한 시기라고 할 수 있고, 두 번째 시기는 김일성 중심의 권력기반을 확립한 북한사회가 체제의 안정적 공고화를 위해 가정 내에서 여성, 특히 모성의 역할을 강조한 시기라는 점이 이 두 시기의 특징이라고 할 수 있다.

북한과 같은 전체주의(totalitarianism) 국가의 경우 국가 정책은 문학작품에 거의 그대로 반영되게 마련이다. 전체주의 국가에서 문학은 국민 만들기를 위한 서사(the narrative of nation building)로서의 기능을 다른 체제의 국가에 비해 훨씬 적극적으로 수행하기 때문이다. 그러한 점에서 북한문학의 경우 북한 당국의 정책 변화에 주목하지 않을 수 없다. 뿐만 아니라 문학을 통한 국가 정책의 집행이라는 측면을 적극적으로 고려해야 한다. 기본적으로 북한문학은 국가적 기획 아래 쓰인 민족이야기(the narrative of nation)이기 때문에 문학작품에서 작가의 사적 담론이 차지하는 비중은 현저히 적을 수밖에 없고 국가의 지원과 감독에 의해 이루어지는 공적 서사가 커다란 비중을 차지하게 된다.[4] 그렇게 볼 때 북한문학에 나타난 여성인물의 분석은 결국 이상화된 여성국민 창출의 서사(the narrative of idealized female-nation building)를 점검하는 자리가 될 수밖에 없다. 이 글은 북한희곡 전반에 걸쳐 나타난 이상화된 여성국민 만들기의 양상을 폭넓고 심도 있게 다루

4) 신형기, 「가상의 인격, 도덕의 광기」, 『민족이야기를 넘어서』, 삼인, 2003, 49~50면.

는 작업에는 미치지 못하는 한계를 갖는다. 그러나 본고는 몇 편의 희곡작품을 통해 북한희곡에 나타난 이상적 여성국민 만들기의 변화양상에 대한 분명한 논점을 제시하는 데 목표를 두고자 한다. 그것은 김일성의 권력기반이 강화되고 유일사상체계가 준비되는 시기인 1960년대를 기점으로 북한의 여성정책이 어떠한 변화를 보이며 그 의미는 무엇인지, 또 이것이 북한 희곡에 어떻게 반영되는가 하는 점을 희곡에 나타난 이상화된 여성국민 만들기의 변화양상을 통해 해명하는 데 있다.

2. 1940~50년대 사상-생산 전사로서의 여성국민 창출

해방이 되자 북한에는 북조선 임시인민위원회가 수립되고 이 기구에 의해 이른바 '반제반봉건 민주주의혁명'이 추진된다. 당시 북한의 현실적 토대를 식민지 반(半)봉건사회로 규정한 북한 정권은 토지개혁, 중요산업 국유화, 노동법령 제정, 남녀평등권법령 제정 등 일련의 민주개혁 조치를 단행하면서 사회주의 혁명을 앞당기기 위한 토대를 구축한다. 여성문제의 경우도 반(反)봉건이라는 차원에서 접근되었다. 여성의 성역할을 공적 영역으로부터 분리하는 가부장적 관습을 봉건적 폐습이라고 단정하고 이를 타파해야할 혁명 대상으로 파악하였다. 이에 따라 토지개혁에 있어서도 일정 토지를 여성에게 분할하여 여성의 경제적 지위를 향상시켰다. 한편, 1946년 6월에 제정된 노동법령은 연령과 성별을 불문하고 동일한 노동과 기술을 가진 자에게는 동일한 임금을 지불한다고 규정함으로써 근로조건에서 남녀동등권을 법적으로 보장하였을 뿐만 아니라 산전산후 휴가와 유아 수유시간을 보장함으로써 여성 노동자의 모성보호를 확립하였다. 더 나아가 1946년 7월 30일 '북조선의 남녀평등권에 대한 법령'을 제정함으로써 여성의 평등권과 선거권 및 피선거권, 교육의 권리, 자유 결혼 및 이혼의 권리, 재산 및 토지상속의 권리 등을 보장하여 여성의 사회적 지위를 제고시켰다. 1946년 8월 공민증에 관한 결정서에 따라 만18세 이상의 모든 여성이 남성과 동등하게 공민증을 교부받게 되었다. 1945년 11월에는 '북조선민주여성동맹'이 결성되어 여성의 사회적 동원을 위한 조직체가 만들어진다.5) 물론 사회주의 국가건설시기에 여성의 지위 향상과 해방을 위한 혁신적인 법과 제도의 정비를 이행하는 것은 북한만의 특수한 경우가 아니다. 베트남의 경우를 살펴보아도 1945년 9월에 베트남민주공화국이 수립되고 1946년에 제정된 헌법 제9조에는 "여성은 모든 분야에서 남성과 동등한 권리를 가진다"고 명시하였고, 유급 산후 휴가와 동일직종 동일임금의 원칙을 보장하는 등 진보적인 여성정책을 적극적으로 시행하였다.6)

여성 관련 법령 제정과 제도 정비는 북한이 건국과정에서 여성의 노동력이 절실히 요구됨에 따라 여성의 사회적 동원을 위한 토대 구축의 필요에 의해 이루어진 것이다. 북한은 국가수립시기에 일제 말

5) 윤미량, 앞의 책, 69~78면.

6) 정연식 · 황여주, 「사회주의 혁명과 여성지위 변화—베트남 사례」, 『21세기 정치학회보』 제14집 2호, 2004, 197면.

기의 전시 총동원체제에 비견되는 이른바 건국 총동원체제를 구축하고 이를 위해 여성 노동력의 동원에 열중하였다. 북한이 당시를 총력전 상황으로 인식한 것은 하루빨리 식민지 반봉건 사회를 극복하고 프롤레타리아 독재체제를 완수하여 안정적인 혁명 권력을 수립하려는 의도를 가졌기 때문이었다. 이러한 과도기적 상황인식으로 인해 남성의 영역으로 인식되던 공적 영역이 여성에게 대폭 개방되었다. 1946년부터 1949년까지 3년 동안 여성 노동자의 수는 1.8배가 증가하였고, 1947년부터 1949년까지 2년간 여성 기술자 수는 약 2배가 늘었다.[7] 여성 착암수, 여성 트랙터 운전수, 여성 선반공 등과 같은 기술직 여성 노동자들이 등장하게 되었다. 이 시기부터 1950년대 말까지 북한 사회가 여성에게 요구한 것은 사회적 생산에 능동적으로 참여하는 '혁명적 인간'이었다. 주지하는 바와 같이, 이 시기는 사회주의 국가수립과 6·25전쟁, 전후 복구건설의 격변기였으며, 이로 인해 국민의 사회적 동원이 절실히 요구되던 시기였다. 특히 혁명과 전쟁으로 인해 남성 인력의 손실이 커짐에 따라 여성의 사회적 동원이 필요할 수밖에 없었다. 이 시기에 여성은 가정이라는 울타리에서 벗어나 국가에 의해 '국민'으로 호명되었다. 이 시기에는 여성에게 가족의 구속을 벗어나는 것이 강조되었기에 아내와 어머니로서의 역할은 그다지 강조되지 않았으며,[8] 혁명적 의식을 가진 '사상-경제전 전사'를 요구했던 것이다.

7) 박영자, 「북한의 근대 여성주체의 형성(1945~1947)」, 『대동문화연구』 제46집, 2004, 308면.
8) 윤미량, 앞의 책, 135면.

사상–경제전 전사로서의 여성 이미지는 특히 송영의 희곡 〈나란히 선 두 집〉(1948)에 잘 형상화되어 있다. 〈나란히 선 두 집〉은 1949년[9] 흥남의 한 공장 마을을 배경으로 나란히 이웃한 두 가정의 이야기를 다룬 작품이다. 두 가정이 모두 공장에 나가 근로하는 혁명적 의식을 지닌 경제전 전사를 며느리로 두고 있고, 그로 인해 두 며느리는 완고한 의식을 지닌 시부모와 갈등을 빚게 된다. '왼편 집'에 사는 며느리 오금옥은 자신의 처지를 잘 이해하는 시아버지(윤성식)를 두고 있으나 고루한 성역할 의식을 지닌 시어머니(김우순)로부터 공박을 당하는 입장이다. 반면, '오른편 집'에 사는 며느리 김고분은 반대로 시어머니(박삼례)에게 따뜻한 격려를 받지만 완고한 시아버지(전삼룡)로부터는 냉대를 받는다. 이러한 부모–자식 간의 세대 갈등을 통해 이 작품은 성역할에 대한 '완고한 인식 / 진보적 인식'의 대결이라는 젠더의식의 갈등을 본격적으로 다루었다는 점에서 이 시기의 북한 희곡에서 보기 드문 주제의식을 지닌 작품이라고 할 수 있다.

①

삼룡 : 별안간에 떡은 왜 하누. (퉁명스런 목소리다. 언제든지 그렇다.)

삼례 : 그 애가 좋아하니까 저녁 대신 해주자고……

삼룡 : 아주 정성이 하늘까지 뻗쳤군…… 흥……

9) 〈나란히 선 두 집〉의 발표 시기는 희곡집에 1948년 2월로 표기되어 있다. 그러나 작품의 배경시간은 발표 시기보다 뒤인 1949년으로 되어 있어서 오기인 것 같은 인상을 준다. 그러나 작품에 '조선인민군 창설 1주년을 맞을 무렵'이라는 점을 분명히 밝히고 있어서 오기는 아니고 의도적인 표기로 보인다. 참고로, 조선인민군은 북한 건국보다 앞선 1948년 2월에 창설되었다.

삼룡 : 흥, 저건 어떤 게 시애민지 며느린지 모르겠단 말야. 공장 다닌답시고 젊은 것은 꼼짝 안 하고 늙은 시애미가 해다 바치는 것만 받아먹고, 그렇게 해주는 늙은 것이 글렀지, 엥히…

②

우순 : 며느리가 아니라 상전인감.

성식 : 아니 그래, 연설 그만하고 어서 시작이나 하오. 애기가 좋아하는 거 사왔소. 그 애는 구운 것을 좋아합디다. 양념장 잘 해서 푸짐하게 좀 먹입시다.

우순 : 아니 새파란 젊은 것을, 더군다나 소 같은 것을 그냥 앉혀두고 늙은 나만 부려 먹으려우? 이건 집안이 거꾸로 돼도 분수가 있지.

성식 : 못난 소리 좀 작작해. 어디 그 애가 놀고 아니 하나, 그 애는 당당한 공장 여맹위원장이야. 그러니까 그냥 공장 다니는 거보다 더 바쁘지 않소.[10)]

인용문 ①은 여성 노동자 김고분의 시부모 삼룡, 삼례와의 대화이고, ②는 여성 노동자인 오금옥의 시부모 성식, 우순과의 대화인데, 양쪽 모두 시부모 중 어느 한 쪽은 여성 노동자—며느리를 옹호하는 데 비해 다른 한 쪽은 여성 노동자—며느리를 용납하지 못하는 형국을 보여준다. 여성 노동자 고분과 금옥은 시부모를 모시고 사는 처지지만 공장 노동자로서 경제전 전사의 직분에 충실할 뿐 아니라 공장

10) 송영, 〈나란히 선 두 집〉, 『일체면회를 거절하라』, 평양 : 조선작가동맹출판사, 1955, 134~135면.

이 파한 후에는 여맹의 교양 선전 활동에 열중하는 등 사상전 전사로서도 열성을 다한다. 건국 초기 북한 사회는 여맹을 중심으로 가정주부에 대한 교양 선전사업을 전개하였고 노력 동원이 조직되기도 하였다.[11] 생산(증산)과 사상 활동에 헌신하는 '경제전 전사', '사상전 전사'로서 고분과 금옥의 활약상은 건국 초기 북한 당국이 여성들에게 기대하는 이상적인 여성국민의 모습이다. 따라서 이렇게 이상화된 여성국민과 갈등을 빚는 시부모의 봉건적인 완고함은 교정을 요구받을 수밖에 없다. 금옥의 시아버지 성식은 여성 며느리―노동자를 받아들이지 못하는 고분의 시아버지 삼룡에게 "먼저 이것을 고쳐야 하오. 케케묵었소. 나보담도 당신은 더 하오. (길턱에 올라서며 공장 편을 가리키면서) 눈이 없어서 저게 보이질 않소? 저 하늘까지 치받쳐 솟는 굴뚝 연기를, 모두들 우리 공화국을 튼튼하게 하기 위해서 얼마나들 애들을 쓰고 있느냐 말요"[12]라면서 낡은 성별의식의 개혁을 요구하고 있다. 낡고 봉건적인 성별 인식을 벗어던지고 혁명적인 여성국민의 공화국에 대한 헌신을 적극 후원해야 하는 것이 건국사상 총동원 운동이 풍미하던 당대 북한사회에서 국민의 임무였던 것이다. 이 작품은 우순과 삼룡이라는 낡은 성별의식을 가진 부정적 인물들이 세대갈등 속에서 자신들의 의식을 건전하게 전환하는 성격의 발전을 보여주고 있다.[13]

북한 건국시기에 어머니의 모성애와 며느리의 의무라는 전통적으

11) 박영자, 앞의 글, 308면.
12) 송영, 앞의 책, 139면.
13) 리령, 「해방 후 연극예술의 발전」, 『빛나는 우리예술』, 평양 : 조선예술사, 1960, 36면.

로 여성에게 부여된 종래의 성역할보다 사상-경제전 전사로서의 여성의 역할이 상대적으로 더 강조되었던 정황은 〈나란히 선 두 집〉에서 김고분과 오금옥의 대화를 통해서 극명하게 나타난다. 이들의 대화를 통해 우리는 북한 건국시기에 북한 사회가 지향한 여성의 성역할 인식이 어떠했는지를 단적으로 살펴 볼 수 있다.

> 금옥 : 내 우리 어머니의 완고를 과학적으로 분석해볼까.
>
> 첫째, 아들이라면 평생 눈앞에만 놓고 살겠다는 **'좋은 모성애'** 때문에 아들이 인민군대가 된 것을 집안의 영광이란 것보다도 혹시 다시 만나보지 못하면 어떡하나 하는 생각이야.
>
> 둘째, 우리 인민군대를 그렇지 않은 줄은 알면서도 그래도 속으로는 왜놈 때의 병정과 비슷한 것이겠지 하는 생각이 붙어있는 까닭이요.
>
> 고분 : 그건 우리 집 아버지도 매한가지요.
>
> 금옥 : 그러실거요. 더군다나 동무는 (무슨 말을 하려다가 급히 말끝을 돌려서 더 한층 쾌활하게)
>
> 셋째로는, **며느리라는 것은 그전같이 집안에만 붙어 있어서 시부모의 손발 노릇만 하는 것으로 아는 것이요. 이것이 우리 어머니의 완고라오.** 그러니깐 이런 완고는 말로써 만으로 설복이 되는 것이 아니라 우리들의 실천으로, 즉 사업으로써 극복시켜야 된다는 거요.[14](강조는 인용자)

위와 같은 시어머니의 완고에 대한 금옥의 분석에서 나타나듯이, 자식에 대한 어머니의 모성애와 시부모를 봉양해야 하는 며느리의

14) 송영, 앞의 책, 145~146면.

의무라는 전통적인 여성의 성역할 개념은 수정되고 극복되어야 할 대상으로 인식된다. 두 집안의 며느리인 고분과 금옥은 건국시기에 북한 여성이 취해야 할 사상―생산전 전사로서의 성역할 인식을 철저하게 갖고 있을 뿐만 아니라 이를 적극적으로 실천하는 인물들이다. 이들은 낮에는 공장에서 노동자로서 생산전 전사의 역할에 충실하며, 밤에는 여맹(女盟) 간부로서 사상전 전사의 임무를 투철하게 실천한다. 이 작품에서 이들의 성역할은 거의 공적 영역에만 집중된다. 시부모의 불만과 이로 인한 며느리와의 갈등은 이러한 사정에서 비롯된다. 그러나 사회적 책무에 충실한 며느리에 대해 불만을 표출하는 시부모들은 '완고'한 사상을 지닌 사회적 교정 대상에 불과할 뿐이다. 인민군대에 보낸 자식의 안위를 걱정하는 시부모의 모성애는 척결되어야 할 가족 이기주의로 치부되고, 며느리의 봉양을 받으려 하는 시부모의 여성인식은 극복되어야 할 봉건적 완고로 평가된다. 이러한 생각을 갖고 있는 두 집안의 며느리들은 가정을 도외시하지만 자신들의 행동에 대해 전혀 뉘우침이 없을 뿐만 아니라 오히려 시부모의 완고한 성역할 인식을 교정하기 위해 사상교양 사업을 더욱 열심히 실천하리라 다짐한다. 〈나란히 선 두 집〉은 결국 두 며느리, 고분과 금옥이라는 인물을 통해 건국 총동원 시기의 북한의 이상적 여성국민의 모습을 제시하고 있는 것인데, 이들의 행동에서 나타난 이상적 여성국민상은 가정의 희생을 감수하고서라도 국가적 총동원 체제하에서 사상전, 생산전 전사로서의 임무에 충실해야 하는 인물이라는 사실을 확인할 수 있다.

건국 초기에 급속하게 이루어진 북한 당국의 여성 평등권 확립 노력에도 불구하고 이 시기 북한에서 여성의 성역할 문제를 집중적으로 다룬 희곡 작품은 찾아보기 힘들다. 1940년대 후반 북한 희곡에서 주로 다루어진 소재는 ① 북한의 민주개혁, ② 항일혁명전통, ③ 남한의 사회 모순, ④ 애국 영웅 이야기 등이 대종을 이룬다. ①을 대표하는 희곡은 한태천의 〈바우〉(1946), 백문환의 〈성장〉(1948) 등이고, ②를 대표하는 희곡은 박령보의 〈장백산〉(1947), 〈태양을 기다리는 사람들〉(1948)이다. ③을 대표하는 희곡으로는 송영의 〈금산군수〉(1949), 남궁만의 〈하의도〉, 함세덕의 〈산사람들〉(1949), 그리고 ④를 대표하는 희곡으로는 김태진의 〈이순신 장군〉(1948) 등을 꼽을 수 있다.15) 이 네 가지 부류 가운데 여성평등권 확립의 문제는 ① 북한의 민주개혁 범주에 해당되는 것인데, 이 부류를 대표한 희곡들은 북한의 토지개혁 문제를 소재로 다룬 것이 대다수를 차지한다. 북한 민중의 2/3 이상을 농민이 차지하였기에 기본적으로 토지개혁 문제가 가장 중요한 민주개혁의 쟁점이 된 것이고, 생산(증산) 문제도 전반적으로 공장보다는 농촌을 중심으로 다루어졌다. 이러한 점에서 볼 때, 이 시기의 희곡에서 잘 다루어지지 않은 공장 근로자의 생산 문제와 여성평등권 문제를 포착하여 형상화했다는 점에서 송영의 〈나란히 선 두 집〉은 중요한 희곡사적 의미를 갖는다고 할 수 있다.

이 희곡을 통해 우리는 1940년대 후반 북한이 제시한 이상적 여성국민은 '경제전 전사', '사상전 전사'의 형상이었고, 현모양처형의 여성상은 거의 중요하게 취급되지 않았다는 사실을 발견할 수 있다. 이

15) 이상우, 「극양식을 중심으로 본 북한희곡의 양상」, 『한국극예술연구』 제11집, 2000, 383~385면.

상적 여성국민 형상이 현모양처의 여성상을 소거하고 경제전 전사, 사상전 전사의 모습으로만 남을 때 그것은 사실 이상적 남성국민의 형상과 별다른 차이가 있을 수 없다. 당시 북한의 여성국민에게 공적 영역으로의 진입이 대폭 허용되었다. 이는 국가수립시기 북한 당국이 채택한 여성정책이 참가형 젠더전략에 가까운 것이었기 때문이라고 보인다.

1950년대에 들어서 6·25전쟁과 전후복구건설 과정을 겪으면서 북한은 여성에 대한 동원정책을 지속할 수밖에 없는 상황을 맞는다. 따라서 이 시기에 쓰인 희곡들에 나타난 이상적 여성의 모습은 전쟁 승리와 전후 복구사업의 완수라는 국가적 목표에 헌신하는 양상을 보여준다. 그러나 문제는 이러한 이상적 여성의 모습이 대부분의 희곡에서 미미하게 다루어지거나 부수적 인물로 나타나는 데 그친다는 것이다.[16] 전후 복구건설기의 대표적인 작품인 리동춘의 〈새길〉(1953), 류기홍의 〈그립던 곳에서〉(1954), 탁진의 〈승리의 탑〉(1955) 등을 살펴보면 영웅적인 활동을 전개하는 이상적 주인공은 모두 남성 인물이다. 1953년 황해도의 '새길협동농장'의 성공담을 통해 협동경리의 우월성을 선전하는 〈새길〉은 위원장 김철수를 중심으로 한 협동농장의 지지자들이 협동농장의 가입을 꺼리고 주저하는 최근성, 민씨 등을 설복하여 협동농장의 건설에 성공하는 이야기를 담고 있다. 이 작품에서 주요 갈등 축은 '김철수를 비롯한 협동농장 지지자/

16) 예외적인 경우로 전쟁기에 발표된 〈어머니와 정찰병〉을 들 수 있다. 이 작품은 아들의 죽음을 계기로 혁명에 눈뜨게 되는 어머니의 성격 변화에 초점이 맞춰진 것으로서 〈피바다〉와 유사성을 지닌 것이다.

최근성을 비롯한 협동농장 미가입자' 사이에 형성되는데 무갈등 이론과 혁명적 낙관주의에 기초한 작품이어서 긍정적 인물과 부정적 인물 사이의 심각한 갈등양상은 잘 나타나지 않는다. 부정적 인물들이 '부정적'이 되는 것은 단지 그들이 협동농장의 성공에 확신을 갖지 않고 회의하고 의심한다는 점에 있다. 이 작품에서 제대군인인 김철수는 새길협동농장을 성공으로 이끄는 신념에 찬 노력영웅으로서 작품의 주인공이며, 긍정적 여성상은 부수적 인물의 형상으로 제시될 뿐이다.

〈그립던 곳에서〉 역시 1953년 어느 제강소에서 전후복구건설에 영웅적으로 헌신하는 제대군인인 박갑철을 주인공으로 그리고 있다는 점에서 마찬가지다. 문제점을 발견하고도 '60일 단축운동'의 목표를 달성하는 것이 우선인지, 아니면 낡은 전기로 문제부터 해결하는 것이 우선인지를 둘러싸고 박갑철은 직장장 김순업, 기사장 안용심과 갈등을 빚는다. 박갑철은 원칙주의자이고, 김순업과 안용심은 공명심과 무사안일주의, 형식주의에 빠진 인물로 묘사된다. 결국 전후복구 사업에 있어서 속도보다도 원칙의 준수가 더 중요함을 역설하는 박갑철이 당의 방침에 충실한 모범 국민이 되기에 극의 진정한 주인공이 되는 것이다. 반면, 이 극의 여성인물들인 제강소 노동자 명숙과 영자는 모범적인 남성 노동자들을 흠모하는 존재로서 남성 인물의 우월성을 부각시키기 위해 존재할 뿐이다. 그녀들은 남성 노동자들을 흠모한 나머지 그들을 위해 헌신한다.

영자 : 그런데 우리 어머니는 여고중까지 다닌 게 노동자한테 시집을

가겠느냐구 하니……

강순옥 : 그래서 너는 어떻게 맘 먹구 있니?

영자 : 언니, 나는 공장에 와서 배우구 느낀 게 많아. 한 때는 문학소녀로 시두 좋아했구, 세상에서 가장 아름다운 것을 조용한 가정에서 찾아볼려구 애두 썼는데. 아주 잘못인 걸 느꼈어요. 진정 아름다운 것, 그것은 오직 노력자 속에서만이 볼 수 있구 느낄 수 있었어요.

강순옥 : 네가 길남 동무를 사랑하는 동기가 거기 있구나?

영자 : 솔직한 로동자 기풍에 많이 끌렸어요. 소박하구, 거짓이 없구, 진심스러운 그게 행복할 것 같아요! 그런데 길남 동무는 나를 그렇게 믿구 있지 않으니 어떻게 하겠수.[17]

영자는 고등학교 교육까지 받은 '인텔리'에 속하지만 노동의 매력에 끌려 공장 노동자가 되었고 노동자의 기풍을 지닌 길남을 사랑하게 된다. 한편, 명숙은 '노력 영웅' 박갑철을 사랑하여 시험 부속품을 깎아주면서 조력하다가 누명을 쓰고 분공장으로 쫓겨 가는 수모를 겪기도 한다. 여성 인물들은 노동자로서 자기 임무에 충실하지만 스스로의 능력으로써 이상적 국민이 되지 못하고 이상적 남성국민을 흠모하는 협조자, 조력자로서만 자기 의미를 갖는다.

탁진의 〈승리의 탑〉도 그러한 점에서 〈그립던 곳에서〉와 마찬가지의 양상을 보인다. 정전 직후 어느 항구도시의 문화궁전을 건설하는 과정에서 원칙주의를 강조하는 젊은 건축가 리동식은 문화궁전의 건설기한에만 집착하는 자신의 매형이자 도 건설위원회 위원장

17) 류기홍, 〈그립던 곳에서〉, 『은하수』, 평양 : 조선작가동맹출판사, 1960, 111면.

인 강규필과 갈등을 빚는다. 이 과정에서 리동식은 가족 관계와 원칙 사이에서 잠시 고민하는데, 그를 바른 방향으로 이끌어주는 조력자는 그의 약혼녀인 시 탁아소 소장 유선정이다. 리동식은 결국 건설기한을 지키는 것보다도 후대에 물려줄 훌륭한 문화궁전을 짓기 위해 설계를 변경하자는 자신의 입장을 관철시키고 만다.

유선정은 리동식의 조력자 역할을 수행하는 과정에서 '여성다움'에 관한 문제로 리동식과 가벼운 마찰을 빚는다.[18] 리동식은 유선정에게 전통적인 부덕(婦德)을 요구하게 되고 유선정은 현대 여성의 역할은 과거의 그것과 다르다고 주장한다. 리동식이 현대 여성들도 조선의 여성들처럼 남편을 돕는 미덕을 배워야 한다고 말하자 유선정은 "물론 외유내강한 우리 할머니들의 품성을 배우고 있어요. 허지만 우리들의 생활은 항상 그렇게 조용하구 부드러울 수만은 없어요"라고 대응한다. 그러나 극의 결말에서 리동식이 공명심과 관료주의에 사로잡힌 강규필과의 갈등에서 승리하고 훌륭한 문화궁전을 건설하는 데 성공하자 유선정은 다시 연약한 조력자로 회귀한다.

유선정 : 축하해요. 그 때의 꽃다발이 있었으면 좋겠어요. (…중략…) 허지만 그 때 제가 여자다웁진 못했어요.

리동식 : 아닙니다. 동무는 그대로 발랄하십시오. 내가 자비하지요. 우리는 서로 상치되는 개성으로 도와 나가게 될 것입니다.

---

18) 리동식의 성격에는 상당한 모순이 존재한다. 그는 때로는 철두철미하게 고상한 사회주의적 도덕을 내세우지만 약혼자인 선정에게는 봉건적인 태도를 취한다. 박명진, 「전후 북한 희곡과 무갈등론」, 『한국희곡의 이데올로기』, 보고사, 1998, 331~332면.

유선정 : 우리 생활에는 많은 숙제가 생길 거예요.

리동식 : 숙제가 아니지요. 그것은 강인한 힘이며 동지애의 불꽃이지요.[19]

유선정은 원칙을 고수하는 데 망설이는 동식을 강하게 비판했던 자신의 과거 행동을 여자답지 못한 것이었다고 자인하는 유약한 모습을 보인다. 오히려 동식이 자신의 비판자로서의 역할을 계속해줄 것을 요구하는 것으로 작품은 끝을 맺는다. 이러한 점은 이 시기의 북한사회가 여성에게 요구하는 것이 무엇인가를 단적으로 보여주는 장면이라고 보인다. 즉, 북한의 남성은 여성에게 '여성다움'과 더불어 '강인한 사상을 지닌 동지적 관계'의 이중성을 요구하는 것이다. 1950년대 북한의 이상적 여성상은 여성다움을 유지한 채 사상전, 생산전 전사이어야 했던 것이다. 이러한 기조는 1950년대만의 특별한 현상은 아니며 현재까지 상당부분 지속되는 것이라 할 수 있다.

3. 1960년대 이후 모성적 여성국민 이미지의 강조

건국 초기부터 1950년대 말까지 북한이 여성들에게 요구한 것은 대체로 사회적 생산에 능동적으로 참여하는 혁명가로서의 여성이었지만, 이러한 여성관은 1961년경부터 서서히 변화하기 시작한다.

---

19) 탁진, 〈승리의 탑〉, 『승리의 탑, 우리는 언제나 함께 싸웠다』, 평양 : 조선작가동맹출판사, 1955, 151면.

1961년은 전후 복구사업이 상당 부분 마무리되고, 당 내부의 종파투쟁이 김일성의 승리로 끝이 났음을 확인하고 전면적 사회주의 건설이 시작될 것임을 천명한 시기이다. 이 시기에 접어들어 북한의 젠더 전략은 수정의 조짐을 보이기 시작한다. 즉, 같은 시기에 김일성은 여성들에게 7개년 인민경제계획에의 참여와 어머니로서의 역할을 요구하기 시작한다. 1961년 '전국 어머니 대회'에서 행한 연설 '자녀 교양에서 어머니들의 임무'에서 김일성은 여성들에게 후세를 공산주의적으로 교양, 육성하는 임무와 역할의 중요성을 강조하였다. 즉, 사회주의 건설 현장에 참여하는 것과 함께 어머니로서 가정을 잘 지키는 역할이 여성의 기본적 임무라고 선언한 것이다.[20]

1940~50년대에는 북한 여성에게 어머니와 아내로서의 역할과 의무가 그다지 중시되지 않고 생산과 사상 전사로서의 역할이 강조되어서 성별분업구조가 다소 균열되는 것으로 보였는데, 1960년대 이후에 와서 자녀와 남편을 공산주의 혁명가로 만드는 어머니, 아내로서의 여성, 즉 '모성적 여성국민'이 강조되는 것은 무슨 이유일까. 다시 말해, 성역할 구분을 무너뜨리고 여성을 공적 영역으로 대거 포용하는 정책 대신에 여성의 전통적인 성역할을 새삼 강조하면서 여성을 다시 사적 영역(어머니와 아내)으로 밀어 넣으려는 시도를 한 이유는 무엇인가.

가장 근본적인 원인은 1940~50년대 북한이 사회주의 제도와 권력의 성립과정에 있었던 데 비해 1960년대 이후의 북한은 사회주의 체제의 완비와 권력의 안정적 공고화가 이루어진 시기라는 상황적 변

20) 윤미량, 앞의 책, 135~136면.

화에 있다고 할 수 있다. 1940~50년대에는 사회주의 건설과 전후 복구사업이라는 과제에 충실한 산업역군, 생산전사로서의 여성국민이 요구되었지만, 1960년 이후 사회주의 체제가 안착하고 김일성체제의 권력기반이 안정화되기 시작하면서 이제는 현모양처로서의 여성국민이 요청되었던 것이다. 그렇다면, 체제와 권력의 공고화와 현모양처형의 모성적 여성국민의 요청은 어떤 상관성을 지니는 것일까. 이 해답은 근대 국가와 가족의 관계에 대한 고찰에서 찾아야 한다. 근대 국민국가와 전통적인 가족주의는 병립하기 어려운 관계에 놓여있다. 따라서 근대 국가는 가족의 의미를 재정립할 필요가 있었다. 즉, 국가 권력의 세포 단위로서의 가족을 재구성하기 위해서 효(孝) 개념을 국가보다 상위에 놓는 전통적 유교주의의 가족 개념은 깨어져야 하고 상하 위계 단위로서 국가와 가정의 관계로 가족 개념을 재정립할 필요가 있었다. 이러한 관계로 국가의 하부단위로서 가족의 의미가 재정립될 때 여성은 어머니, 아내이기 이전에 먼저 '국민'으로 탄생해야 했다.[21] 다음 세대의 국민이 될 자녀 교육에 충실한 현명한 어머니(賢母, wise mother), 충직한 국민이 되도록 남편을 내조하는 좋은 아내(良妻, good wife)가 바로 현모양처형의 여성국민인 것이다. 이러한 의미에서 현모양처 이데올로기는 근대 국민국가의 이상적 여성국민 창출을 위해 반드시 필요한 것이었다. 특히 근대 국가에서는 양육 주체로서 어머니의 역할이 중시되었다. 이때의 양육이라는 개념은 생물학적 개념의 양육만을 의미하는 것이 아니라 근대적 지식에 기반을 둔 사회적 기술로서의 '모성술(母性術, mothercraft)'의 개

21) 홍양희, 「한국 : 현모양처론과 식민지 '국민'만들기」, 『역사비평』, 2000년 가을, 368면.

념을 포괄하는 것이다. 전통 사회에서 모성의 역할은 여성의 생물학적 기능과 관련된 자연적인 역할로 이해되었지만 근대에서의 모성은 각종 근대적 지식과 전문가들에 의해 만들어진 표준을 학습해야 획득할 수 있는 기술이 되었던 것이다.[22] 이러한 근대적 모성술을 가진 어머니, 즉 현모(賢母)가 충량한 국민의 재생산을 위해 근대 국민국가에서 요구되었던 것이다.

김일성 중심의 권력기반을 확립한 북한은 특히 1960년대에 들어 충량한 국민을 재생산(출산)하고 양육할 어머니로서의 여성국민이 중요하다는 것을 발견하게 되었다. 1960년대에 접어들면서 북한은 이제 체제를 안정적으로 보위할 충성스런 국민의 재생산과 양육의 중요성을 재인식하게 되었고, 이를 위해 국가의 하위 세포단위로서 가정이 중요하고 그 양육자로서 어머니(모성)의 역할이 중대하다는 것을 깨닫게 된다. 북한에서 어머니, 모성의 역할을 중시하는 것은 가정이라는 세포단위를 국가체제의 중요한 하부단위로서 인식하기 때문인데, 이는 북한뿐만 아니라 근대 국민국가 일반에서 흔히 발견되는 것이다. 그런데 북한의 경우는 국가—가정의 상하 위계 체제를 수령을 정점으로 한 '사회주의 대가족'이라는 개념 속에서 파악하고 있다는 점이 독특하다. 북한은 1960년대 유일사상체계 확립 이후 북한 사회를 어버이 수령과 어머니 당, 그리고 그 자식으로서의 인민이라는 혈연적 관계에 기초한 정치적 생명체로 규정하고 있다. 어버이 수령을 정점으로 하부의 인민대중에 이르는 북한 사회 전체를 하나의

22) 김혜경, 「일제하 자녀양육과 어린이기의 형성—1920~30년대 가족담론을 중심으로」, 『근대주체와 식민지 규율권력』(김진균 · 정근식 편), 문화과학사, 1997, 259~260면.

확대된 가정의 개념으로 설정하고 있는 것이다. 이것이 이른바 '사회주의 대가정'이라는 개념인데, 이는 유교적 가부장제의 원리와 맥락을 같이하는 것이다.[23] 따라서 유일사상체계의 확립과 더불어 유교적 가부장제 원리에 기반을 둔 '사회주의 대가족' 개념을 설정하고 그러한 맥락에서 가정 내의 양육 주체로서 현모양처의 역할을 강조하였다는 것은 1960년대 이후의 북한 사회가 1940~50년대에 비해 보수화되었음을 의미하는 것이다.[24] 한 사회가 모성의 역할을 강조하는 것은 그만큼 그 사회가 사회의 개혁과 혁신보다 안정화, 지속화에 관심을 기울인다는 것을 의미한다. 1960년대 이후 북한은 김일성 체제의 권력 기반을 든든히 뒷받침해줄 수 있는 제4의 권력부문으로서 '모성'을 발견했던 것이다.

린다 커버(Linda Kerber)에 따르면, 모성(motherhood)은 인간이 할 수 있는 가장 온화한 방법으로 사회를 통제하는 수단으로서 입법부, 행정부, 사법부에 이어 국가 권력의 제4 부문으로 평가받는다. 모성을 활용함으로써 여성의 정치적 역할을 가정 안으로 제한하면서 동시에 국가가 사회를 통어할 수 있는 가정(모성)이라는 수단을 가질 수 있게 된 것이다.[25] 국가가 모성을 통해 사회를 통제하는 방법을 발견하게 되는 데에는 루소(Rousseau)의 모성론이 커다란 영향을 미쳤다. 루소의 저서 『에밀(Emile)』(1762)에서 주인공 에밀은 아버지도 가

23) 이미경, 「이상적인 여성상을 통해서 본 북한의 여성정책–『조선녀성』의 내용분석을 중심으로」, 『중소연구』 102호, 2004, 167면.

24) 정진성, 「현대 일본의 모성 인식」, 『모성의 담론과 현실』(심영희 · 정진성 · 윤정로 편), 나남출판, 1999, 246~248면.

25) Kaplan, E. Ann, *Motherhood and Representation*, New York : Routledge, 1992, 23면.

정교사도 아닌 어머니에 의해 교육받는다. 즉, 아이의 초기 교육은 여성에 의해 이루어진다. 루소는 소녀는 생물학적으로 어머니가 되도록 예정되었으므로 소년과 동등하게 취급되어서는 안 되며, 인류의 생존은 감정과 인간관계의 기술로써 가족을 접합하는(in cementing the family) 여성의 기능에 달려있기 때문에 여성은 주어진 역할에 적합하게 교육받아야 한다고 주장하였다.[26] 즉, 루소는 여성교육의 중요성과 함께 가정과 사회에서 모성 기능이 미치는 영향의 중요함을 발견하였다. 특히 루소가 모성이 가족 구성원을 결합시키는 조화와 화합의 기능을 갖고 있다는 사실을 발견한 것은 근대 국민국가가 사회적 안정과 통제를 위해 모성의 역할을 재인식하고 그것을 국가 통치를 위해 활용하게 만드는 데 이론적 근거로 작용하였다.

서구의 근대 국민국가들은 물론이거니와 일본의 경우도 메이지 시대에 근대 국가를 형성하는 과정에서 모성의 중요성을 인식하고 현모양처형 여성국민의 창출에 많은 관심을 기울였다. 일본은 특히 전시 총동원체제 하에서는 '군국(軍國)의 어머니', '황국(皇國)의 어머니'라는 개념을 사용하면서 어머니와 모성을 유별나게 강조하였다. 이는 모성이 전쟁이라는 피와 대량살육 이미지에 대한 심리적 보완물로 불가결하다는 점과 모성의 이미지가 국민통합의 기호로서 불가결하다는 점을 인식했기 때문이었다.[27] 파시스트 국가에서 국민

26) 위의 책, 20~21면.

27) 가와모토 아야, 「한국과 일본의 현모양처 사상」, 『모성의 담론과 현실』, 나남출판, 1999, 234~235면.

통합의 기호로서 모성이 적극 활용될 필요가 있었던 것이다. 극단적 국가주의와 민족주의 국가에서 통치수단으로서 모성 이데올로기를 활용한다는 사실은 근대 국민국가와 모성 담론의 밀착성을 잘 말해주는 것이다.

1960년대 이후 북한의 정치권력이 안정화되면서 북한 문학은 모성 담론과 긴밀하게 결합하게 되는데, 희곡의 경우를 보더라도 수령 형상화 희곡 〈우리의 어머니〉(1970), 〈위대한 전환〉(1973), 혁명가극 〈남강마을 여성들〉(1974) 등에서 그러한 사례를 발견할 수 있다.

1960년대 후반에 북한은 현모양처형의 이상적 여성국민 모델로 김일성의 어머니 강반석을 제시하면서 이른바 '강반석 여사 따라 배우기'를 여성들에게 요구하였다. 이에 따라 북한은 여성의 생활 교과서로서 『강반석 녀사를 따라 배우자』라는 책자를 수백만 부 발행하여 여성들에게 100번 읽기 운동을 강요하였다. 강반석과 김일성의 처 김정숙 등 김일성 가계의 여성들을 이상적 여성상으로 설정하고 북한 여성들에게 본받기를 강요한 것은 1960년대 후반 김일성을 중심으로 북한사회 전체가 일원적으로 재편되는 유일 지배체제의 형성과 관련이 있음은 물론이다. 김일성의 유일 지배체제를 합리화하는 차원에서 수령에 대한 우상화 작업이 김일성의 가계에까지 확대되면서 강반석과 김정숙이 북한의 이상적인 여성상으로 부각된 것이다.[28] 그 일례로서 1960년대 이후 북한은 강반석을 모델로 삼아 이상화된 여성국민 만들기 프로젝트를 추진하였다. 북한의 이상적 여성상으로 제시된 '조선의 어머니' 강반석은 인내, 순종, 겸소, 강인

28) 이미경, 앞의 글, 154~155면.

함 등의 전통적 부덕에 자녀에게 혁명정신을 교육하고 혁명에 헌신하는 등 혁명성을 가미하는 수준에서 창조되었는데, 이는 다양한 문학예술 작품을 통해 재현되었다. 희곡의 경우에도 많은 사례를 볼 수 있지만 〈우리의 어머니〉, 〈위대한 전환〉 등이 대표적이다.

집체창작 희곡인 〈우리의 어머니〉는 강반석을 주인공 삼아 1930년대 항일무장투쟁 과정에서 그가 보여준 혁명적 모성의 형상을 보여준 작품이다. 이 작품은 강반석과 김일성(금성동지) 등 수령과 그 가계 인물이 직접 등장하기에 '수령형상화' 작품으로 분류될 수 있는데, 작품의 제목이 말해 주듯이 이상적 여성국민의 모델을 제시하기 위해 강반석을 주인공으로 삼은 작품이다. 이 작품에서 강반석은 아들 금성동지가 영도하는 항일혁명운동을 내조하는 혁명의 보조자 역할을 헌신적으로 수행하다가 병들어 죽게 된다. 항일유격대의 지도자 금성동지의 어머니인 강반석은 때로는 어머니로서 자식의 혁명적 의식을 교육시키기도 하고 때로는 아내처럼 자식과 동지들을 내조하고 뒷바라지한다.

①

금성동지 : 그런데 어머니가…… (어머니의 손을 잡아 앉히신다.) 어머니의 몸이 말이 아니군요.

어머니 : 내 몸이 어쨌단 말이냐. (정색해지시며) 너 여기 무슨 일로 왔니?

금성동지 : 앓으시는 어머니를 두고 전…… 어머니, 절 용서해주십시오.

어머니 : 그게 무슨 말이냐? 나라가 병이 들어 신음하는데 큰일을 벌려놓고 그래 나 때문에 여기에 왔단 말이냐?

금성동지 : 어머니……

어머니 : 만약 나 때문에 왔다면 당장 돌아가거라.

금성동지 : ……

어머니 : 넌 내 아들이자 조국의 아들이다. 넌 날 생각하기 앞서 조선의 수많은 어머니를 생각해야 한다.[29](강조는 인용자)

②

어머니 : 가만! 단추가 떨어지는군! (단추를 달아주신다)

계춘 : 이젠 머리가 희어지시는군요?

어머니 : 가는 세월이야 막을 수 없지.

계춘 : 어머니는 왜놈들의 등쌀에 더 늙으셨지요.

어머니 : 왜놈이 망하고 조선이 독립되면 젊어지겠지. (입으로 실을 끊으신다) 다 됐네.

계춘 : 어머니!

어머니 : 부디 조심하게.[30](강조는 인용자)

인용문 ①은 항일유격대 활동을 하다가 오랜만에 집을 찾아온 금성동지가 어머니의 깊은 병환을 알고 떠나기를 주저하다가 어머니로부터 따끔한 질책을 받는 장면이다. 항일혁명 지도자인 금성동지는 혁명의 수범이지만 그 역시 자식으로서 인간적 약점을 지니고 있을 수밖에 없는데, 그러한 약점을 교정해줄 사람은 교육자(양육자)로

29) 『우리의 어머니』, 평양 : 문예출판사, 1970, 73~74면.

30) 위의 책, 108~109면.

서의 어머니[賢母]이다. 인용문 ②는 금성동지의 부하인 계춘이 임무를 수행하기 위해 떠나려 할 때 그의 옷에 단추가 떨어진 것을 발견한 어머니가 그의 옷에 단추를 달아주자 계춘이 감동하는 장면이다. 아들의 부하를 친자식처럼 사랑하는 자애로운 어머니의 모습을 통해 유격대원들에게 감명을 주는 대목인데, 여기서 주목해야 할 것은 금성동지와 그 부하 대원들의 항일유격 활동을 내조하는 조력자로서의 아내[良妻] 이미지를 보여준다는 점이다.

위의 인용문들과 흡사한 장면은 집체창작극인 〈위대한 전환〉에서 다시 반복된다.

금성동지 : 동무들. 우리가 이만한 난관 앞에서 주저앉는다면 무장투쟁이 언제 실현될지 모릅니다.

모두 : 그렇지만……

금성동지 : 우린 어떤 난관이라도 뚫고나가야 합니다.

어머니 : (나서시며) 네 생각이 옳은 것 같다. (모두에게) 아무리 험한 길이라도 갈 길은 가야지.

모두 : **어머님!**

금성동지 : 어머님. 이번에 오셨던 길에 여기 며칠 계시면서 부녀회 사업을 좀 봐주십시오.

어머니 : 여기 일은 염려 말아.[31](강조는 인용자)

금성동지와 그 동생들인 철성과 영성, 그리고 어머니 강반석 등 수

31) 『위대한 전환』, 평양 : 문예출판사, 1973, 34~35면.

령 가족의 애국적 투쟁을 그린 이 작품에서는 특히 어머니 강반석이 금성동지를 비롯한 항일유격대원들의 훈육자로서의 어머니 역할을 수행한다는 점이 앞의 〈우리의 어머니〉와 상당히 유사하다. 유격대원들은 적진에 동료를 구출하러 가는 금성동지에게 신변이 위험하다며 말린다. 그러나 강반석은 금성동지의 원칙론을 편들면서 유격대원들에게 어머니로서의 가르침을 준다.

이러한 모성적 여성상은 〈남강마을 녀성들〉에서도 재현된다. 6·25전쟁 시기 금강산의 어느 고지를 사수하는 인민군을 돕는 남강마을 여성들의 헌신적인 혁명정신과 애국심을 다룬 이 작품에서 여성들이 인민군을 도와 애국을 실행하는 방편은 모성적 행동을 통해 구현된다. 남강마을의 여성들은 고지를 지키는 인민군들에게 식량과 탄약 등을 날라주는 보급지원 활동을 해줌으로써 국가에 헌신하는데, 특히 주인공 봉녀는 적군의 폭격에 의해 취사장에 불이 붙자 불타는 취사장으로 들어가 생명의 위험을 감수하고 밥 가마를 끌고 나온다.

남성방창 : 고지의 전사들 생각하면서
억세게 싸워가는 남강의 어머니
조국에 바치는 불타는 마음
사나운 포화도 세찬 불길도 꺾지 못하네

◁ 덕만 취사장 안에서 부상당한 철호를 업고 나온다.

◁ 금옥, 녀성들 달려들어와 취사장에서 쌀가마니와 함지 등을 끌어낸다.

◁ 봉녀 가마를 내려놓고 쓰러진다.

◁ 마을 사람들 달려온다.

모두 : 어머니!

(…중략…)

봉녀 : 어서 고지에 오르자.

◁ 봉녀 밥 가마를 이고 앞장에 선다.

◁ 마을 녀성들이 그 뒤를 따라 고지로 올라간다.[32](강조는 인용자)

불타는 취사장에서 끌고나온 밥 가마를 머리에 이고 인민군에게 보급하기 위해 고지를 오르는 봉녀와 마을 여성들의 모습은 국가에 헌신하는 모성적 여성국민 이미지를 감동적으로 재현한다. 이 장면의 어머니 봉녀 역시 앞에서 〈우리의 어머니〉, 〈위대한 전환〉의 어머니와 마찬가지로 생명의 위협을 무릅쓰고 불타는 취사장에서 인민군의 생명줄인 밥 가마를 끌고 나오는 용감한 행동을 보여줌으로써 주변 사람들로부터 자발적으로 "어머니!"라는 감격적인 부르짖음을 이끌어내면서 추앙의 대상이 된다. 이 인용문들 속에서 어머니는 애국적 헌신으로 타인들로부터 존경과 추앙을 받는 존재이다. 문제는 이렇듯 사람들의 존경과 추앙을 받는 감격의 대상이 다른 무엇이 아닌 어머니, 즉 모성적 여성국민의 모습으로 재현되었다는 점이다. 〈우리의 어머니〉, 〈위대한 전환〉의 강반석이나 〈남강마을 녀성들〉의 봉녀는 혁명적 투쟁에 열성적으로 헌신한 인물이긴 하지만 그들은 남성 인물처럼 무기를 들고 싸우는 방식이 아닌 혁명가의 나약한 마음을 꾸짖거나 유격대원의 떨어진 단추를 달아준다거나 고지의

32) 가극 대본집, 『남강마을 녀성들』, 평양 : 문예출판사, 1975, 33면.

인민군에게 밥을 지어 나르는 현모양처의 방식으로 혁명과 애국에 참여하고 있다. 이러한 방식은 주위 사람들로 하여금 자애로운 어머니의 이미지를 통해 뜨거운 감격을 불러일으킨다. 이는 현명하고 자애로운 혁명적 어머니의 이미지가 곧 '국가' 또는 '민족'의 이미지로 직결되었기 때문일 것이다. 1960년대 이후 북한은 문학 작품에서 현모양처형의 모성 이미지의 창출을 통해 국민적 통합과 사회 안정을 의도했던 것이다.

4. 결론을 대신하여

북한은 1940~50년대에는 남성과 동등하게 사회적이며 능동적 혁명가로서의 여성국민 만들기를 추구하였으나 1960년대 이후 김일성의 권력 기반이 강화됨에 따라 가정적인 어머니로서의 여성국민을 강조하였다. 이는 북한의 젠더전략이 1960년경을 기준으로 수정된 점에서 그 근본적인 원인을 찾을 수 있다. 북한은 1940~50년대에 건국과 전쟁 수행, 그리고 전후 복구 사업 등으로 인해 국가 총동원체제를 가동하였고, 이로 인해 여성 노동력의 사회적 동원에 매진할 수밖에 없는 입장이었다. 이를 위해 이 시기 북한의 여성정책은 여성을 사적 영역에서 해방시켜 공적 영역으로 끌어들이는 참가형 젠더전략의 채택이 불가피하였다. 이 때문에 1940년대에 송영의 〈나란히 선 두 집〉에서처럼 가정을 시부모에게 맡기고 산업 전사와 사상 전사로 불철주야 활약하는 여성 인물이 희곡을 통해 재현되었던 것이다. 〈나란히 선 두 집〉에 나타난 여성 인물(고분, 금옥)들은 가정에서 해방되어 공장과 여맹의 임무에만 충실할 뿐 아니라 며느리의 의무를 강조하는 시부모를 완고한 인물로 규정하면서 이들의 의식구조를 교양사업을 통해 교정해야 한다고 생각한다. 이 인물들은 북한의 국가수립시기에 사상전, 생산전의 전사로서 공적 영역의 임무에 투철한 이상적인 여성국민의 형상으로 문학작품에 재현된 인물인 것이다. 1950년대 전후복구건설시기의 희곡에서는 특히 이상적인 남성국민상이 강조되었고 여성국민은 남성의 보조자나 조력자의 역할에 머무는 경향을 보인다. 〈그립던 곳에서〉의 명숙, 영자, 〈승리의 탑〉에서 유선정 등이 그러한 모습을 보여준다. 이들은 나름대로 당시 사회의 이상적 여성인물형이라고 할 수 있으나 남성 주인공 박갑철(〈그립던 곳에서〉)이나 리동식(〈승리의 탑〉)을 흠모하고 조력하는 데서 그들의 존재 의미가 정립되는 부수적 인물에 지나지 않는다. 이는 건국 초기의 진보적 젠더전략이 1950년대에 들어서 보수적 젠더전략으로 조금씩 수정되는 조짐을 보여주는 것으로 해석할 수 있다.

1960년대 이후 김일성 중심의 권력체제가 완성되고 사회체제가 안정화되면서 북한의 여성정책은 여성을 다시 사적 영역으로 묶어두려는 분리형 전략으로 수정된다. 수령을 정점으로 한 '사회주의 대가정'이라는 가정 개념의 국가적 확대를 통해 국가와 가정의 결속 관계는 더욱 증대된 것이다. 이를 통해 북한 당국은 가정의 통제를 강화하려고 했던 것이다. 북한은 1960년대 이후 국가의 하위 세포 단위인 가정의 사회적 통제를 위해서는 모성의 역할이 중대하다는 사실을 재인식하게 된다. 이에 따라 북한은 가장 이상화된 여성국민인 강반석을 전범으로 한 국가적 차원의 모성적 여성국민 이미지 만들기에 주력하였으며 문학작품을 통해 이상적 여성국민의 서사를 확대 재생산하도록 요구하게 된다. 1960년대 후반 유일사상체계의 확립에 따라 그러한 문학작품은 특히 1970년대 초반에 두드러지게 나타난다. 희곡의 경우 그러한 사례를 〈우리의 어머니〉, 〈위대한 전환〉, 〈남강마을의 녀성들〉에 형상화된 현모양처형의 여성국민으로서의 두 어머니(강반석, 봉녀)를 통해 확인할 수 있다.

북한의 젠더전략이 변화하는 양상에 따라 이상적인 여성국민의 창출이 어떻게 변모하는가를 몇 편의 희곡을 통해 살펴보면서, 1940~50년대가 국가수립, 전쟁 및 전후복구를 위한 국가적 총동원체제의 시기라는 특수 상황이었다는 사실을 감안하면 1960년대 이후부터 현재까지에 이르는 북한 사회의 본질은 결국 거대한 국가 가부장제 사회라는 일관성을 계속 유지해왔음을 확인하게 된다. 북한 사회에서 여성은 공식적으로 배제되지 않는다. 이는 여성을 예속적 존재에서 벗어나 해방되어야 할 대상으로 파악한 마르크스적 여성인식에서 비롯된다. 그러나 북한 사회는 남녀평등과 같은 여성문제는 이미 국가수립시기에 법적, 제도적으로 해결된 것이라고 간주하면서 여성을 모성이라는 이름으로 사적 영역, 즉 여성의 성역할 속에 영원히 가둬두는 국가적 폭력을 행사하고 있다. 이러한 점에서 북한을 국가 가부장제 사회라고 보는 관점은 타당해 보인다.[33] 북한 여성은 이러한 국가 가부장제 사회에서 혁명전사, 산업전사, 현모양처를 겸비하는 '슈퍼우먼'이 되도록 강요받고 있는 것이다. 결국 1940~50년대의 사상–생

33) 오유석, 「북한 사회주의 체제의 가부장제」, 『경제와 사회』, 2001년 봄, 97~99면.

산전 전사로서의 이상적 여성국민은 아예 사라진 것이 아니다. 그것은 여성에게 지속적으로 부과되어야 할 과제로 남아있는 상태에서 1960년대 이후 현모양처로서의 이상적 여성국민의 의무가 부가적으로 강조된 것이다. 여성에게 슈퍼우먼을 요구하는 것은 북한만의 사례가 아니고 사회주의 국가에 일반적으로 나타나는 현상이다. 베트남의 경우에도 혁명기에는 국가가 '싸우는 엄마 웃 틱(Ut Tich)'이라는 공식적 이미지를 내세워 이상적 여성국민으로서 여성 전사의 모델을 본받기를 요구하고 대신에 행정기관 및 산업조직에 여성의 참여를 대폭 허용했던 반면에 혁명이 완수되고 난 후 국가는 사회의 전 분야에서 여성을 밀어내기 시작하고 여성의 역할을 가정에 국한시키게 되었다.[34] 사회주의 국가에서 여성의 평등권 보장을 위한 법과 제도는 가부장적 체제를 여전히 유지, 존속하는 한계 내에서 국가가 여성에게 베푼 제도적 시혜에 불과했던 것이다. 북한을 비롯한 사회주의 국가의 이러한 여성정책과 이로 인한 여성국민 창출의 서사가 희곡 작품에 어떻게 재현되고 있는가에 대한 보다 자세한 분석은 다음 연구과제로 남겨두기로 한다.

북한 희곡에 나타난 여성 인물에 대한 분석은 아직 시작 단계에 불과하다. 본고는 이상적 여성국민 이미지의 형상이 1960년대를 전후하여 변화하는 양상을 비교 관찰한 데에 지나지 않는다. 보다 폭넓은 희곡 작품을 대상으로 북한 희곡에 재현된 여성 이미지의 다양성을 더욱 꼼꼼하게 관찰하고 분석하는 것이 새로운 연구 과제라고 할 수 있다.

---

34) 정연식 · 황영주, 앞의 글, 201~203면.

| 출처 |

「한 식민지 국문학자가 마주친 '동양 연구'의 길 : 김재철론」(염무웅, 고형진 외, 『분화와 심화, 어둠 속의 풍경들』, 민음사, 2007.12)

「표상으로서의 망국사 이야기」(『한국극예술연구』 제25집, 한국극예술학회 2007.4)

「심상지리로서의 대동아(大東亞)」(『한국극예술연구』 제27집, 한국극예술학회, 2008.4)

「식민지 극장의 전시된 만주(滿洲) 표상들」(『민족문화연구』 제51호, 고려대학교 민족문화연구원, 2009.12)

「극작가들, 동양(東洋)을 향해 가다」(원제「한국 희곡의 동양지향성과 오리엔탈리즘」, 『한국문학 이론과 비평』 제39호, 한국문학이론과 비평학회, 2008.6)

「근대계몽기 연극개량운동과 서사문학, 그리고 국민국가」(『어문논집』 제54집, 민족어문학회, 2006.10)

「입센주의와 여성, 그리고 한국근대극」(『현대문학의 연구』 제25호, 한국문학연구학회, 2005.3)

「함세덕과 아이들 : 가족 로망스, 혹은 청년의 탄생」(『한국극예술연구』 제29집, 한국극예술학회, 2009.4)

「북한 희곡을 통해본 이상적 여성국민의 변모양상」(『한국극예술연구』 제21집, 한국극예술학회, 2005.4)

| 참고문헌 |

1. 기본 자료

김규동 · 김병걸 편, 『친일문학작품선집』 2, 실천문학사, 1986.
김소운, 『김소운 수필선집』 5, 아성출판사, 1978.
김영민 · 구장률 · 이유미 편, 『근대계몽기 단형 서사문학 자료전집』 상 · 하, 소명출판, 2003.
김재성, 『노정기념첩』, 한성도서주식회사, 1938.
김재철, 『조선연극사』, 한성도서주식회사, 1933(동문선, 2003).
노제운 편, 『함세덕문학전집』 1 · 2, 지식산업사, 1996.
단국대 공연예술연구소 편, 『근대한국공연예술사 자료집』 1, 단국대 출판부, 1984.
류기홍, 〈그립던 곳에서〉, 『은하수』, 평양 : 조선작가동맹출판사, 1960.
송영, 〈나란히 선 두 집〉, 『일체면회를 거절하라』, 평양 : 조선작가동맹출판사, 1955.
신채호, 『꿈하늘』(송재소 · 강명관 편), 동광출판사, 1990.
유치진, 『동랑 유치진 전집』 1~9, 서울예대 출판부, 1993.
이인직, 『〈혈의 누〉, 〈귀의 성〉, 〈치악산〉』(권영민 외편), 서울대 출판부, 2003.
_____, 『〈은세계〉, 〈모란봉〉, 〈빈선랑의 일미인〉』(권영민 외편), 서울대 출판부, 2003.
이재명 편, 『해방 전 공연희곡집』 3, 평민사, 2004.
_______, 『해방 전 공연희곡집』 5, 평민사, 2004.
집체창작, 『우리의 어머니』, 평양 : 문예출판사, 1970.
_______, 『위대한 전환』, 평양 : 문예출판사, 1973.
_______, 『남강마을 녀성들』, 평양 : 문예출판사, 1975.
채만식, 『채만식 전집』 1, 창작사, 1987.
탁진, 『승리의 탑, 우리는 언제나 함께 싸웠다』, 평양 : 조선작가동맹출판사, 1955.
함세덕 · 노제운 편, 『함세덕 문학 전집』 1~2, 지식산업사, 1996.
루쉰, 노신문학회 역, 『노신 선집』 1, 여강출판사, 2003.
입센, 김유정 역, 『인형의 집』, 혜원출판사, 2000.

2. 단행본 및 논문

가와모토 아야, 「한국과 일본의 현모양처 사상」, 『모성의 담론과 현실』(심영희 · 정진성 · 윤정로 편), 나남출판, 1999.

강계철, 「중국 신문학과 중국 신극운동 연구—중국초기화극과 입센주의를 중심으로」, 『중국 연구』 14, 한국외대 중국연구소, 1993.

강만길 편, 『신채호』, 고려대 출판부, 1990.

고부응 편, 『탈식민주의—이론과 쟁점』, 문학과지성사, 2003.

고승길, 「한국 신연극에 끼친 헨릭 입센의 영향」, 『동양연극연구』, 중앙대 출판부, 1993.

공임순, 「식민지시대 홍망사 이야기와 여성 육체의 시각화」, 『시학과 언어학』 제9집, 시학과언어학회, 2005.

권명아, 『가족이야기는 어떻게 만들어지는가』, 책세상, 2000.

_____, 「수난사이야기로 다시 만들어진 민족이야기」, 『문학 속의 파시즘』(김철 · 신형기 외편), 삼인, 2001.

_____, 『역사적 파시즘』, 책세상, 2005.

김경수, 「어린이의 시간과 공간—순응인가, 아니면 생선적 변화인가?」, 『문화과학』 21호, 2001년 봄.

김경일, 『여성의 근대, 근대의 여성』, 푸른역사, 2004.

_____, 「만주의 조선인, 그들은 누구인가」, 『만주—그 땅, 사람 그리고 역사』, 고구려연구재단, 2005.

김기란, 「한국 근대계몽기 신연극 형성과정 연구」, 연세대 박사논문, 2004.8.

_____, 「임선규 장막극 「새벽길」의 극작법 연구」, 『해방전 공연희곡과 상영 시나리오의 이해』, 평민사, 2005.

김기훈, 「만주의 코리안 디아스포라」, 『만주, 동아시아 융합의 공간』(한석정 · 노기식 편), 소명출판, 2008.

김남석, 「오태석 초기작에 나타난 혼란 양상과 그 의미」, 『오태석공연대본전집』 3, 연극과인간, 2003.

김동원, 『미수의 커튼콜—김동원, 나의 삶과 예술』, 태학사, 2003.

김려실, 「인터 / 내셔널리즘과 만주」, 『상허학보』 제13집, 2004.

_____, 「일제말기 합작선전영화의 분석」, 『영화연구』 제26호, 2005.

_____, 『일본영화와 내셔널리즘』, 책세상, 2005.

김려실, 『투사하는 제국 투영하는 식민지』, 삼인, 2006.
김만수, 「소년의 성장과 새로운 세계와의 연대」, 『외국문학』, 1991년 여름.
______, 『희곡읽기의 방법론』, 태학사, 1996.
______, 『함세덕』, 건국대 출판부, 2003.
김명화, 「친일희곡의 극작술 연구—연극경연대회 작품상 수상작을 중심으로」, 『국제어문』 32집, 2005.
김문홍, 「함세덕의 역사극 〈낙화암〉 연구」, 『어문학교육』 제17집, 1995.
김미희, 「문화상호주의연극, 보편성인가 문화제국주의인가」, 『연극평론』, 2000년 겨울.
김방옥, 「문학적 연극의 위기」, 『「약장수」, 「신의 아그네스」, 그리고 마당극』, 문음사, 1989.
김병구, 「고전부흥의 기획과 '조선적인 것'의 형성」, 『민족문학사연구』 제31호, 2006.
김성희, 『한국현대극의 형성과 쟁점』, 연극과인간, 2007.
김숙현, 『드라마센터의 연출가들』, 현대미학사, 2005.
______, 『안민수 연출미학』, 현대미학사, 2007.
김영민, 『한국근대소설사』, 솔, 1997.
김옥란, 「국민연극의 욕망과 정치학」, 『한국극예술연구』 제25집, 2007.4.
김윤정, 「김재철의 『조선연극사』를 통해본 근대적 '연극'개념의 학문적 성립과정 고찰」, 『한국극예술연구』 제18집, 2003.
김재석, 「「동승」이 지닌 대중극적 성격의 의미」, 『함세덕』(이상우 편), 새미, 2001.
______, 「개화기 연극개량론의 성격」, 『인문과학』 제15집, 경북대 인문과학연구소, 2001.
______, 「〈혹룡강〉에 나타난 계몽 · 선전의 기법과 작가적 의미」, 『한국연극학의 위상』, 태학사, 2002.
김종원 · 정중헌, 『우리 영화 100년』, 현암사, 2001.
김종원, 「일제 강점기의 한국영화의 특성과 영화사적 평가」, 『해방전(1940~1945) 공연 희곡과 상영 시나리오의 이해』, 평민사, 2005.
김종철, 「판소리의 근대문학 지향과 〈은세계〉」, 『민족문학과 근대성』, 문학과지성사, 1995.
김찬기, 「근대계몽기 신문 잡지 소재 인물기사 연구」, 『어문논집』 제50호, 민족어문학회, 2004.
김혜경, 「일제하 자녀양육과 어린이기의 형성—1920~30년대 가족담론을 중심으로」, 『근대주체와 식민지 규율권력』(김진균 · 정근식 편), 문화과학사, 1997.
______, 『식민지하 근대가족의 형성과 젠더』, 창비, 2006.
나병철, 『가족로망스와 성장소설』, 문예출판사, 2007.
노제운, 「자유를 향한 동경에서 닫힌 현실로」, 『함세덕문학전집』 2, 지식산업사, 1996.
다지리 히로유키[田尻浩幸], 「이인직의 연극개량과 일본의 연극개량」, 『민족문화연구』 제34호, 고려대 민족문화연구원, 2001.
도면회, 「자주적 근대와 식민지적 근대」, 『국사의 신화를 넘어서』(임지현 · 이성시 편), 휴머니스트, 2004.
리령, 「해방 후 연극예술의 발전」, 『빛나는 우리예술』, 평양 : 조선예술사, 1960.
문경연, 「1940년대 국민연극과 친일협력의 논리-유치진을 중심으로」, 『드라마연구』 제29호, 2008.
민족문학연구소 편, 『일제 말기 문인들의 만주체험』, 역락, 2007.
박광현, 「경성제대 '조선어학조선문학' 강좌 연구」, 『한국어문학연구』 제41집, 2003.
박노자, 『우승열패의 신화』, 한겨레신문사, 2005.
박노현, 「조선의 지속을 상상하는 연극적 리소르지멘트」, 『한국극예술연구』 제21집, 2005.
박명진, 「전후 북한희곡과 무갈등론」, 『한국희곡의 이데올로기』, 보고사, 1998.
______, 『한국 극예술과 국민 / 국가의 무의식』, 연극과인간, 2006.
박영자, 「북한의 근대 여성주체의 형성(1945~1947)」, 『대동문화연구』 제46집, 2004.
박영정, 「함세덕 희곡의 개작 양상 연구 ①-〈해연〉을 중심으로」, 『한국극예술연구』 6, 한국극예술학회, 1996.
박유희, 「만주웨스턴 연구」, 『대중서사연구』 제20호, 2008.
박지향 외, 『영웅 만들기』, 휴머니스트, 2005.
박찬승, 『한국근대정치사상사연구』, 역사비평사, 1992.
박형지 · 설혜심, 『제국주의와 남성성』, 아카넷, 2004.
박희병, 「천태산인의 국문학 연구 상」, 『민족문학사연구』 제3호, 1993.
백현미, 『한국창극사연구』, 태학사, 1997.
______, 「민족적 전통과 동양적 전통-1930년대 후반 경성과 동경에서의 〈춘향전〉 공연을 중심으로」, 『현대문학이론연구』 제23집, 2004.
서경석, 「채만식의 〈인형의 집을 나와서〉론」, 『문예미학』, 문예미학회, 1999.
서연호, 『한국연극론』, 삼일각, 1975.
______, 『한국근대희곡사연구』, 고려대 민족문화연구소, 1982.

______, 『산대탈놀이』, 열화당, 1987.
______, 『동시대적 삶과 연극』, 열음사, 1988.
______, 『서낭굿탈놀이』, 열화당, 1991.
______, 『식민지시대의 친일극 연구』, 태학사, 1997.
______, 『한국근대극작가론』, 고려대 출판부, 1998.
______, 「김재철, 연극사 탐구로 이룬 우리문화 찾기」, 『우리시대의 연극인』, 연극과 인간, 2001.
서연호 · 이상우, 『우리 연극 100년』, 현암사, 2000.
손승회, 『근대 중국의 토비 세계』, 창비, 2008.
신정옥, 「북구의 입센과 신극」, 『한국 신극과 서양연극』, 새문사, 1994.
신현숙, 「연극에서의 문화상호주의에 관한 소고」, 『인문과학연구』 4호, 덕성여대 인문과학연구소, 1998.
신형기, 「가상의 인격, 도덕의 광기」, 『민족이야기를 넘어서』, 삼인, 2003.
심진경, 「채만식 문학과 여성－〈인형의 집을 나와서〉와 〈여인전기〉를 중심으로」, 『한국근대문학연구』 6, 한국근대문학회, 2002.
안미영, 「한국 근대소설에서 헨릭 입센의 〈인형의 집〉 수용」, 『비교문학』, 한국비교문학회, 2003.
양승국, 『한국신연극연구』, 연극과인간, 2001.
______, 「국민연극론의 현실」, 『해방전 공연희곡과 상영 시나리오의 이해』, 평민사, 2005.
양예선, 「일본의 만주문학－'대륙개척문예간화회'를 중심으로」, 『동북아의 국가와 민족관계』, 육군사관학교, 2006.
여석기, 『동서연극의 비교연구』, 고려대 출판부, 1987.
오선민, 「역사 속의 어린이, 어린이의 역사」, 『모더니티의 지층들』(이진경 편), 그린비, 2007.
오유석, 「북한 사회주의 체제의 가부장제」, 『경제와 사회』, 2001년 봄.
오태석 · 서연호 대담, 『오태석 연극－실험과 도전의 40년』(장원재 편), 연극과인간, 2002.
오태영, 「'향토'의 창안과 조선문학의 탈지방성」, 『한국근대문학연구』 제14호, 2006.
오현화, 「함세덕 희곡의 소년형 인물 연구」, 고려대 석사논문, 2000.
우수진, 「개화기 연극개량론의 국민화를 위한 감화기제 연구」, 『한국극예술연구』 제19집, 2004.4.
유민영, 「사실과 낭만의 조화」, 『함세덕』, 태학사, 1995.
유선영, 「황색식민지의 서양영화 관람과 소비의 정치, 1934~1942」, 『식민지의 일상,

지배와 균열』(공제욱·정근식 편), 문화과학사, 2006.
윤금선, 『유치진 희곡 연구』, 연극과 인간, 2004.
윤대석, 「『국민문학』의 '신지방주의'론」, 『한국근대문학과 일본』(사에구사 도시카쓰 외편), 소명출판, 2003.
______, 『식민지 국민문학론』, 역락, 2006.
윤미랑, 『북한의 여성정책』, 한울, 1991.
윤석진, 「전시 총동원 체제기의 역사극 고찰」, 『어문연구』 제46집, 어문연구학회, 2004.12.
윤영실, 「국민국가의 주동력, '청년'과 '소년'의 거리」, 『민족문화연구』 제48호, 2008.
윤진현, 「김재철과 『조선연극사』」, 『민족문학사연구』 제32호, 2006.
______, 『풍경, 함세덕』, 다인아트, 2008.
이경훈, 「오빠의 탄생」, 『오빠의 탄생』, 문학과지성사, 2003.
이기훈, 「'청년', 갈 곳을 잃다—1930년대 청년담론에 대한 연구」, 『역사비평』, 2006년 가을.
이미경, 「이상적인 여성상을 통해서 본 북한의 여성정책—『조선녀성』의 내용분석을 중심으로」, 『중소연구』 102호, 2004.
이상우, 『유치진 연구』, 태학사, 1997.
______, 「극양식을 중심으로 본 북한희곡의 양상」, 『한국극예술연구』 제11집, 2000.
______, 「일제 말기 유치진의 만주 체험과 친일극」, 『연극의 이론과 비평』 창간호, 한국예술종합학교 연극원, 2000.
______, 「1900년대 연극개량운동과 근대국민국가 만들기」, 『한국연극학』 제23호, 2004.8.
______, 『근대극의 풍경』, 연극과인간, 2004.
이상일, 『한국연극의 문화형성력』, 눈빛, 2000.
이성환, 「조선 총독부의 지배정책과 다카하시 도루」, 『오늘의 동양 사상』 제13호, 2005.
이승희, 『한국사실주의희곡, 그 욕망의 식민성』, 소명출판, 2004.
이영재, 『제국 일본의 조선영화』, 현실문화, 2008.
이재명, 「유치진 희곡의 인물형상화 연구—해방 전에 발표한 장막극을 중심으로」, 『한국연극학』 제28호, 2006.
이철우, 「함세덕 희곡 〈낙화암〉 연극성 연구」, 『한성어문학』 제21집, 2002.
______, 「함세덕 희곡의 연극성 연구」, 고려대 박사논문, 2002.

이충우, 『경성제국대학』, 다락원, 1980.
이해랑, 『허상의 진실』, 새문사, 1991.
이화진, 「일제 말기 역사극과 그 의미」, 『한국극예술연구』 제18집, 2003.
임용택, 「근대한일문학교류소고」, 『분화와 심화, 어둠 속의 풍경들』, 민음사, 2007.
임지현 · 사카이 나오키, 『오만과 편견』, 휴머니스트, 2003.
장혜전, 「〈빙화〉의 희곡사적 의미」, 『한국연극학』 제27호, 2005.
전경수, 「학문과 제국 사이의 秋葉隆－경성제국대학 교수론 1」, 『한국학보』 제31호 3권, 2005.
전복희, 『사회진화론과 국가사상』, 한울아카데미, 1996.
전화, 「입센이 중국 근대문학에 끼친 영향」, 미발표 논문, 2004.
정선태, 「입센주의의 번역과 동아시아 근대성 1~2」, 『심연을 탐사하는 고래의 눈』, 소명출판, 2003.
정연식 · 황영주, 「사회주의 혁명과 여성지위 변화－베트남 사례」, 『21세기 정치학회보』 제14집 2호, 2004.
정종현, 「식민지 후반기(1937~1945) 한국문학에 나타난 동양론 연구」, 동국대 박사논문, 2005.
정지창, 「모더니즘 연극의 수용과 극복」, 『서사극, 마당극, 민족극』, 창작과비평사, 1989.
정진석, 『한국언론사』, 나남출판사, 1990.
정진성, 「현대 일본의 모성인식」, 『모성의 담론과 현실』(심영희 · 정진성 · 윤정로 편), 나남출판, 1999.
정형호, 「김재철의 『조선연극사』 연구」, 『한국민속학』 제28호, 1996.
차승기, 「1930년대 후반 전통론 연구」, 연세대 박사논문, 2002.
천정환, 『끝나지 않는 신드롬』, 푸른역사, 2005.
최길성, 「아키바 다카시[秋葉隆]의 식민주의 조선관」, 『한국민속학』 제40호, 2004.
최덕규, 「만주에서의 러시아」, 『만주, 동아시아 융합의 공간』(한석정 · 노기식 편), 소명출판, 2008.
최석영, 「일제 식민지 상황에서의 부여 고적에 대한 재해석과 '관광명소'화」, 『비교문화연구』 제9집 1호, 서울대 비교문화연구소, 2003.
최영석, 「여성해방과 국가적 기획」, 『현대문학의 연구』 제23집, 2004.7.
최원식, 「〈은세계〉 연구」, 『민족문학의 논리』, 창작과비평사, 1982.
최원식 · 백영서 편, 『동아시아인의 '동양' 인식－19~20세기』, 문학과지성사, 1997.
______, 『한국계몽주의문학사론』, 소명출판, 2002.

최원식 · 백영서 편, 『동아시아인의 '동양' 인식－19~20세기』, 문학과지성사, 1997.
최재서, 노상래 역, 『전환기의 조선문학』(1943), 영남대 출판부, 2006.
최정은, 「함세덕의 역사극 연구」, 영남대 석사논문, 2000.6.
최지영, 「헨릭 입센의 〈인형의 집〉이 근대 한국의 여성해방 운동과 연극에 끼친 영향」, 중앙대 석사논문, 1992.6.
한국극예술학회 편, 『함세덕』, 태학사, 1995.
한기형, 『한국근대소설사의 시각』, 소명출판, 1999.
한지현, 「채만식의 〈인형의 집을 나와서〉에 나타난 여성문제 인식」, 『민족문학사연구』, 민족문학사학회, 1996.
홍양희, 「한국－현모양처론과 식민지 '국민'만들기」, 『역사비평』, 2000년 가을.
홍창수, 『역사와 실존』, 연극과인간, 2006.

가라타니 고진, 박유하 역, 「아동의 발견」, 『일본근대문학의 기원』, 민음사, 1997.
____________, 왕숙현 역, 「미술관으로서의 역사」, 『창조된 고전』(하루오 시라네 · 스즈키 토미 편), 소명출판, 2002.
가와하라 카즈에, 양미화 역, 『어린이관의 근대』, 소명출판, 2007.
강상중, 이경덕 · 임성모 역, 『오리엔탈리즘을 넘어서』, 이산, 1997.
______, 임성모 역, 『내셔널리즘』, 이산, 2004.
까오유엔, 「'낙토(樂土)'를 달리는 관광버스」, 『확장하는 모더니티』, 소명출판, 2007.
고모리 요이치, 송태욱 역, 『포스트 콜로니얼』, 삼인, 2002.
고야스 노부쿠니, 이승연 역, 『동아, 대동아, 동아시아』, 역사비평사, 2005.
고자카이 도시아키, 방광석 역, 『민족은 없다』, 뿌리와이파리, 2003.
나카무라 미츠오 · 니시타니 게이지 외, 이경훈 외역, 『태평양전쟁의 사상』, 이매진, 2007.
니토베 이나조, 심우성 역, 『武士道란 무엇인가』, 동문선, 2002.
다케우치 요시미, 서광석 · 백지운 역, 『일본과 아시아』, 소명출판, 2004.
루쉰, 이욱연 역, 「노라는 집을 나간 뒤 어떻게 되었는가」, 『아침 꽃을 저녁에 줍다』, 예문, 2003.
모테기 도시오, 「국민국가 건설과 내국 식민지－중국 변강의 '해방'」, 『국사의 신화를 넘어서』(임지현 · 이성시 편), 휴머니스트, 2004.
사카이 나오키, 이규수 역, 『국민주의의 포에시스』, 창비, 2003.

스가이 유키오, 서연호 · 박영산 역, 『근대일본연극논쟁사』, 연극과인간, 2003.
야나기 무네요시, 심우성 역, 『조선을 생각한다』, 학고재, 1995.
야마무로 신이치, 임성모 역, 『여럿이며 하나인 아시아』, 창비, 2003.
오구마 에이지, 조현설 역, 『일본 단일민족신화의 기원』, 소명출판, 2003.
요시미 슌야, 이태문 역, 『박람회—근대의 시선』, 논형, 2004.
와다 하루키, 이종석 역, 『김일성과 만주항일전쟁』, 창작과비평사, 1992.
왕충상, 「5 · 4 전후의 입센 및 그의 연극」, 『外國文學研究』 제2기, 1979.
우에노 치즈코, 이선이 역, 『내셔널리즘과 젠더』, 박종철출판사, 1999.
호쇼 마사오 외, 고재석 역, 『일본현대문학사』 상, 문학과지성사, 1998.

레이 초우, 정재서 역, 『원시적 열정』, 이산, 2004.
마크 네오클레우스, 정준영 역, 『파시즘』, 이후, 2002.
샤오메이 첸, 정진배 · 김정아 역, 『옥시덴탈리즘』, 강, 2001.
스테판 타나카, 박영재 · 함동주 역, 『일본 동양학의 구조』, 문학과지성사, 2004.
에드워드 사이드, 박홍규 역, 『오리엔탈리즘』, 교보문고, 1991.
예지 그로토프스키, 고승길 역, 『가난한 연극』, 교보문고, 1987.
월레 소잉카, 장경렬 역, 「문학의 서쪽을 향한 정전, 동쪽을 향한 정전」, 『경계를 넘어 글쓰기』, 민음사, 2001.
이언 바루마 · 아비샤이 마갤릿, 송충기 역, 『옥시덴탈리즘—반서양주의의 기원을 찾아서』, 민음사, 2007.
존 맥킨지, 박홍규 외역, 『오리엔탈리즘—예술과 역사』, 문화디자인, 2006.
지그문트 프로이트, 김정일 역, 『성욕에 관한 세 편의 에세이』, 열린책들, 1996.
토마스 샤츠, 한창호 · 허문영 역, 『할리우드 장르의 구조』, 한나래, 1995.
피터 브룩, 김선 역, 『빈 공간』, 청하, 1989.
필립 아리에스, 문지영 역, 『아동의 탄생』, 새물결, 2003.
한나 아렌트, 이진우 · 박미애 역, 『전체주의의 기원』 1, 한길사, 2006.
해리 하르투니언, 윤영실 · 서정은 역, 『역사의 요동』, 휴머니스트, 2006.
E. J. 홉스봄, 강명세 역, 『1780년 이후 민족과 민족주의』, 창작과비평사, 1994.
K. 마르크스, 김수행 역, 『자본론』 1(하), 비봉출판사, 1989.
W. G. 비즐리, 장인성 역, 『일본근현대사』, 을유문화사, 2004.

吉村壽夫, 「歌舞伎—演劇改良運動」, 『愛知學院大學大學院 文學研究科 文研會紀要』第9號, 1998.3.
晏妮, 「'大東亞映畵'への階段ー'大陸映畵' 試論」, 『映畵と'大東亞共榮圈'』(岩本憲兒 編), 東京：森話社, 2004.
野村 喬・藤木宏幸 編, 『近代文學評論大系 9ー演劇論』, 東京：角川書店, 1972.
秋庭太郎, 「明治二十年前後の演劇改良運動における脚本改革問題について」, 『商學集志』第44券, 東京：日本大學商學硏究會, 1974.
河上徹太郎 外, 『近代の超克』, 東京：創元社, 1943.

Buruma, Ian, *Inventing Japan*, New York : Modern Library, 2003.
Chen, Xiaomei, "Occidentalism as Counterdiscourse-"He Shang" in Post-Mao China", *Critical Inquiry* Vol.18 No.4, Summer, 1992.
Dines, Gail, "King Kong and the White Woman-Hustler Magazine and the Demonization of Black Masculinity", *Genre, Race, and Class in Media*, Thousand Oaks : Sage, 2003.
Hobsbawm, Eric · Ranger, Terence, ed, *The Invention of Tradition*, Cambridge : Cambridge University Press, 1983.
Ibsen, Henrik, *Ibsen-the Complete Major Plays*, New York : A Plume Book, 1965.
Jager, Sheila, Miyoshi, *Narratives of Nation Building in Korea-A Genealogy of Patriotism*, New York : An East Great Book, 2003.
Kaplan, E. Ann, *Motherhood and Representation*, New York : Routledge, 1992.
Kashiwagi Hiroshi, "On Rationalization and the National Lifestyle", *Being Modern in Japan*, Honolulu : University of Hawaii Press, 2000.
Kim, Brandt, "Objects of Desire-Japanese Collectors and Colonial Korea", *Positions* Vol.8 No.3, Duke University Press, 2000.
Mulvey, Laura, "Visual Pleasure and Narrative Cinema", *Media and Cultural Studies*, Malden : Blackwell Publishing, 2001.
Neele, Steve, "masculinity as spectacle", *Feminism & Film*, Oxford : Oxford university press, 2000.
Park, Sang Mi, "The Making of a Cultural Icon for the Japanese Empire-Choe Seung-hui's U. S. Dance Tours and "New Asian Culture" in the 1930s and 1940s", *Positions* 14 : 3, Duke University, 2006.
Pecora, Vincent, P. ed., *Nation and Identities*, Malden : Blackwell, 2001.

Roose-Evans, James, *Experimental Theatre*, London : RKP, 1984.
Shaw, Bernard, *The Quintessence of Ibsenism*, New York : Hill&Wang, 1957.
Templeton, Joan, *Ibsen's Women*, Cambridge : Cambridge University Press, 1997.
Weisenfeld, Gennifer, "Touring Japan-as-Museum-NIPPON and Other Japanese Imperialist Travelogues", *Positions* Vol.8 No.3, Duke University Press, 2000.

| 찾아보기 |